인문학 접근의 창의 · 융합적 인재양성의 길잡이

# 뉴 리터러시 학습 길잡이

김 지 숙

국학자료원

이 저서는 2013년도 정부지원(교육과학기술부)으로 한국연구재단의 지원을 받아 연구되었음.
[NPF-2013-SIA5B5A02-030259]

인문학 접근의 창의·융합적 인재양성의 길잡이

# 뉴 리터러시 학습 길잡이

김 지 숙

# 프롤로그

최근 미국 국세청 공무원 면접시험에서 제시된 질문을 잠깐 읽어보자. 5문제의 인터뷰가 영어로 진행되었지만 지면 관계상 이 중 3문제만을 우리말로 옮겨보고자 한다.


1. 세금채무가 있는 식당주인을 만나서 세금에 관한 이야기를 하려고 가는 길이다. 막상 식당에 도착하고 보니 식당 주인이 당일 "식당 보건검사(health inspection)"에서 D등급을 받아 식당 문을 닫아야 한다는 통지를 방금 받은 상태라 지금 식당주인은 매우 화가 나 있다. 당신은 어떻게 대처하고 처리할 것인가?


2. 세금채무가 있는 어느 한 가정집을 방문한다. 그런데 이 세금채납자의 상황이... 부인은 아이들을 데리고 집을 나간 상황이며, 양육권 문제로 30분 뒤에 법조인을 만나러 가야만 한다고 한다. 당신은 어떻게 대처하고 처리할 것인가?


3. 세금채무가 있는 사람이 하필 당신 옆집에 살고 있다. 당신은 그 사람의 세금문제와 세금채무 기록을 알고 있다. 당신은 어떻게 대처하고 처리할 것인가?


위의 3문제를 보고서 사회가 요구하는 인재양성을 위해 교육자로서 자녀나 학생들을 어떻게 가르치는 것이 옳을까 라는 생각을 하게 되었다. 위의 문제들 뿐 아니라 나머지 2

문제도 역시 상황 대처와 문제해결을 위해 응답자에게 비판적이고 창의적인 해결방법을 제시하도록 요구하고 있다. 상기 질의·응답 유형을 볼 때, 이제 교사는 사회가 요구하는 학생주도적 문제해결 및 대처방식을 위한 학생들의 비판적 사고와 창의적 표현능력을 길러주는 새로운 지도방식을 찾아야한다는 생각이 든다. 이를 위해 인문학 접근의 뉴 리터러시 학습은 초등학교 교과주제통합학습에서 사회가 요구하는 현장중심의 체험을 교과수업에 적용하고자 하는 저자의 교육철학이 담긴 훌륭한 학습 길잡이가 되고 있다.

이유는 뉴 리터러시 학습과정은 바로 학생 스스로가 교과주제에 관한 현실 문제를 제시하고, 문제해결을 위해 학생스스로 문제해결에 답이 되는 다양한 정보들을 비판적 사고로 분석하고, 평가하고, 통합하여 자신의 의견으로 표현하는 학생주도적 탐구 학습과정을 따르기 때문이다. 이처럼 뉴 리터러시 학습과정은 인문학적 현장 이해를 요구하고 있기 때문에 뉴 리터러시 학습을 한 학생들은 위의 3문제에 대한 문제해결 및 창의적 처리방식을 학생 스스로 찾아낼 수 있을 것이다.

뉴 리터러시 학습 길잡이의 학습 원리는 바로 이런 문제해결식 현장 체험학습의 실제에 대한 가르침을 준다.

학생 자신의 길은 부모나 교사들이 만들어주지 않는다. 또한, 어딘가에 있지도 않다. 때문에 학생이나 자녀들 스스로가 인쇄매체 책이나 인터넷을 뒤져 디지털매체 텍스트 읽기를 통해 현장에서 더 많은 실재적인 해결책을 알아보는 노력이 필요하다. 그러다보면, 식견이 생겨 스스로 자신의 길을 찾아낼 수 있다. 자신의 길을 찾기 위해서는 질문을 수시로 던지고, 그 질문에 답을 찾기 위해, 지식을 적용하는 방법을 찾아가는 능력을 갖추어야 한다.

여기에 뉴 리터러시 학습원리가 숨어있다.

원하든 원하지 않든, 매일매일 수많은 정보들이 우리에게 전달된다. 그 때마다 그 정보들을 어떻게 처리하는가? 자녀들이 현장체험에 적합한 해결책을 찾고자 인쇄매체 책이나 디지털매체 텍스트를 읽을 때 교사나 부모들은 어떻게 도와주는가? 초등학교 교과 주제통합수업은 학생들에게 어떻게 학습하게 하고 있는가? 이 같은 문제들의 해결을 위해 뉴 리터러시 학습이 그 길잡이가 되었다.

읽을거리가 넘쳐나고, 원하면 인터넷에서 수많은 읽기자료를 찾을 수 있다. 인쇄매체 책읽기를 하는 경우나, 인터넷에서 디지털매체 텍스트읽기를 하는 경우에, 교사나 학생들이 해야 할 가장 우선되는 일은 바로 현장체험에 적합한 구체적인 질문을 만들고, 질문을 하고, 질문을 던지는 일이다. 하지만 그 질문들은 단순히 텍스트 내용을 파악하기나 암기를 강요하는 질문이 되어서는 안 된다. 학생 자신이 실생활에서 궁금하고 흥미롭게 느끼며, 더 궁금한 뭔가를 찾고 싶은 그런 질문이어야 한다. 그리고 그 질문에 답(길)을 찾기 위해서는 학생 스스로 자신의 생각을 끌어내야 하는 그런 실제적이며 구체적인 질문이어야 한다. 인쇄매체 책이나 디지털매체 텍스트의 단순한 내용파악이나 내용암기를 강요하는 질문은 학생들에게서 실제로 생각할 시간을 빼앗아 버린다. 그냥 지식으로서 단순암기를 위한 눈치만 생기게 할 뿐이다. 이는 미술관에서 많은 그림을 감상할 시간을 갖게 하기보다, 그림 아래 적혀있는 그림을 그린 작가이름과 그림제목을 빨리 암기하도록 강요하는 질문과 같다. 이러한 질문은 자녀들에게서 그림을 감상하고 이를 실생활과 연결하는 시간을 빼앗고 있는 부모나 교사가 되는 것이다.

학생들은 눈을 뜨면 손안에 디지털매체정보를 보고, 듣고, 읽기를 하면서 하루를 시작한다. 학교교육이 디지털매체에 익숙해진 학생들에게 지식 중심의 인쇄매체 책읽기만을 강요하는 것은 정말 안타까운 일이다. 인쇄매체읽기와 디지털매체읽기 기회를 함께 제공해야 한다. 특히 교과학습을 인쇄매체읽기와 디지털매체읽기로 연결하고 또한, 이를 실생활과 연계한 교과수업이 이루어진다면 금상첨화일 것이다. 왜냐하면 디지털매체읽기를 할 때는 인쇄매체읽기에서 사용하는 스킬들과는 다른 차원의 경험을 요구하기 때문이다. 무엇보다 인쇄매체 책은 부모나 교사가 추천해주거나 전문가가 쓴 신뢰 있는 읽기자료들이 대부분이다. 반면에 디지털매체 텍스트는 인터넷 온라인 접속만 가능하면 누구나 검증되지 않은 텍스트를 언제, 어디서든 실생활과 연계하여 포스팅할 수 있다. 때문에 디지털매체 텍스트읽기는 인쇄매체읽기와는 다른 실생활 체험 스킬들이 필요하다. 이러한 이유로 전세계 OECD 국가들은 자국의 학생들의 뉴 리터러시 스킬을 10년 이상 평가해오고 있는 것이다.

학생들이 실생활체험 기반의 디지털매체 텍스트를 올바르게 읽도록(내용암기를 위한 읽기가 아닌)하기 위해서는 몇 가지 점검과정이 필요하다. 무엇보다 학생들이 디지털매체읽기를 하는 경우는 대부분 원하는 것을 실생활에서 찾고자 할 때, 또는 교과학습 과제의 해결방법을 실생활에서 찾기 위해서이다. 따라서 디지털매체읽기를 하는 경우는 학생이 무엇을 읽고자 하는지, 왜 읽고자 하는지 등에 대해 실생활체험 중심으로 생각하고, 이에 대한 해결책을 찾기 위해 학생 스스로 구체적인 질문을 만드는 단계가 필요하다. 그리고 학생이 교과주제 관련 질문이나 문제에 답을 찾으려면 어떤 중심어를 사용하여 어떻게 정보를 찾을 것인지에 대해 생각하는 실제 시간이 있어야 한다. 그 다음에는 교과기반 문제해결안을 탐색하기 위해 끊임없이 묻고 읽는 단계가 필요하다. 이렇듯 답을 찾아가는 탐구읽기활동은 학생 스스로 깨달음을 갖도록 도와주는 탐구활동으로서 문제에 답이 되는 실제 정보를 찾고, 경험에 비추어 비판적으로 읽고, 그 정보를 평가하고, 연결하고, 종합하여 학생 자신의 의견을 구체적으로 정리하는 과정을 따른다. 그리고 이를 세상의 다른 사람들과 현장에서 소통할 수 있는 쓰기단계로 이끈다. 이러한 비판적 탐구읽기와 창의적 쓰기활동을 연결하는 뉴 리터러시 학습 과정은 학생들에게 교과주제학습을 다양한 매체텍스트 읽기활동으로 확장하여 교과학습과 실생활을 연결하는 뉴 리터러시 학습을 가르치고 배우는 구체적인 방법이 제시된다.

본서는 초등학교 교과주제통합학습에서 교과학습과 실생활을 연결하는 뉴 리터러시 학습을 가르치는 데 교사나 부모들을 위한 길잡이 역할을 할 것이다. 뉴 리터러시 학습은 다양한 매체읽기를 쓰기로 연결하고, 교과목과 실생활의 연결을 바탕으로 비판적 사고와 창의·융합적 인재양성을 위한 인문학 접근의 융·복합 리터러시 학습이 될 것이다. 무엇보다 뉴 리터러시 학습은 학생이 인문학 접근의 탐구학습을 통해 스스로 질문을 만든다. 특히, 뉴 리터러시 학습은 교과 질문에 답을 찾기 위해 학생들이 실제 삶에 직접 참여하는 탐구학습을 통해 문제해결 능력을 갖추도록 돕는다. 특히 학생들의 미래역량인 질문 스킬, 탐구능력, 창의적 표현 및 소통 스킬은 인문학 접근의 문제해결식 뉴 리터러시 탐구학습과정을 통해 길러진다. 이렇듯 뉴 리터러시 학습은 학생 주도적 탐구학습 훈련을 통해 초등학교 교과주제통합학습을 한 단계 업그레이드 해줄 것이다. 이러한 점에서 볼 때, 뉴 리터러시 학습은 초등학교 교과주제통합수업에서 다양한 매체읽기를 통한 교과주제학습과 리터러시 학습을 통합한 인문학 접근의 창의·융합적 인재 양성의 길잡이가 될 것이라 확신한다.

본서는 정보전달 방식의 설명체로 기술되어 읽으신 분들께 약간의 무례함을 들게 하지 않을까하는 우려가 있다. 이는 설명의 간결함을 위함이지 본심이 아니라는 점을 양지해 주시기 바란다. 무엇보다 본서의 출간을 위해 도움을 주신 많은 분들께 진심으로 감사를 드린다. 뉴 리터러시 교수학습 방법과 교사의 역할에 대한 연구를 위해 많은 조언을 주신 [미국의 리터러시 코칭]의 저자, 양병현 교수님께 깊은 감사를 드린다. 또한, 참고자료와 번역 및 검색 등 연구에 실질적인 도움을 준 서울대학교 지능형 융합정보시스템 박사과정에 있는 John Yang군과 미국의 뉴 리터러시 교수학습에 대한 많은 자료를 보내준 University of California, San Diego에 재학중인 Josha Yhang군께도 감사드린다. 무엇보다 이 책을 정성스럽게 출간해주신 (주)국학자료원 새미의 정구형 대표님과 우정민 편집자께도 깊은 감사를 드린다.

2016년 6월 말
저자 드림

# 격려사

뉴 리터러시 학습 길잡이는 교사와 학생들이 교실에서 무엇을 어떻게 할 것인가에 대한 길을 안내해준다.

뉴 리터러시는 끊임없이 발전하고 변화하는 환경과 그 환경에서 살고 있는 사람들과의 관계를 만들어가고 있다. 뉴 리터러시 학습은 변화하는 교육환경과 그 교육환경에서 배움의 경험을 하는 학생들과의 관계를 찾아 공유하고 소통하는 뉴 리터러시 학습과정을 이끈다. 초등학교 교과주제통합수업에서 이루어지는 뉴 리터러시 과정과 교수학습 방법을 다른 사람들과 상호작용하며 공유할 책임이 교사들에게 있다. 이러한 점에서 뉴 리터러시 학습 길잡이는 교사와 학생들이 뉴 리터러시 교수학습에 대한 지식과 방법을 공유하기 위해 다양한 매체 활용을 통해 상호작용을 이끌도록 해줄 것이다.

책의 저자는 지난 3년간 한국연구재단의 지원으로 뉴 3Rs 리터러시 교수학습 프로토콜과 교사의 역할이라는 연구과제로 연구를 해왔다. 연구자가 초등학교 교실수업에서 뉴 리터러시 교육을 중요하게 여기는 것은 리터러시 교육이 어린이교육부터 대학교육까지 모든 학년의 교과목 학습에서 가장 기본이 되며 필수적인 스킬을 길러주기 때문일 것이다. 학교생활에서 공부 잘하는 학생이 되는 것은 모든 학생들의 목표일 것이다. 또한, 자녀들이 미래 사회가 요구하는 유능한 리더로 성장하기를 바라는 것은 모든 부모들의 바람일 것이다. 이 책은 뉴 리터러시 교육이 학생들의 목표와 부모님들의 바람을 이루게 해주는 가장 실질적인 길잡이라는 점을 증거한다. 이 책은 또한, 초등학교 교과 주제통합학습과 다양한 매체읽기를 연결하여 인문학적 소양을 통한 창의·융합적 인재를 길러주는 길잡이가 될 것이다.

학교 교육과정은 여러 교과목이 독립적으로 나뉘어 수업이 이루어진다. 하지만 각 교과는 독립적일 수 없는 통합학문의 영역이다. 그럼에도 많은 교육자들이 자신들의 교과 전공영역을 챙기느라 융·복합될 수 있는 교과목들이 독립되어 교수·학습되고 있다. 적어도 초등학교에서는 전 교과목이 주제로 통합되는 교육과정이 이루어져야 한다. 이러한 이유로 최근 초등학교 교과서가 통합교과서로 수업이 이루어지고 있기는 하다. 하지만 교과주제통합수업을 위한 올바른 교수학습 방법을 찾지 못해, 초등학교 교사들은 여전히 통합교과서를 지식전달 방식으로 가르치고 있다. 이는 시대와 학습자의 변화를 반영한 통합교과의 목적과 의도가 제대로 반영되지 못하고 있는 증거다.

최근 세계 많은 국가들의 교육정책은 교과목의 경계를 넘나들며 자연과학과 인문학의 융합을 통해 창의 · 융합적 인재양성을 추구한다. 이러한 취지에도 불구하고 많은 학교들은 자연과학을 인문학과 연계하는 방법을 찾지 못하고, 자연과학의 발전만을 추구하여 인문학의 가치추락을 야기하고 있다. 이러한 와중에 뉴 리터러시 학습을 통한 초등학교 교과주제통합학습은 인문학적 소양을 통해 학습자가 주도적으로 다양한 교과목의 문제를 찾고, 경험하고 탐구하여 문제를 해결하는 학습이며, 지식을 수용하는 학습이 아니라 지식을 창조하는 학습을 한다. 그리고 교과주제통합학습을 통해 교과목간 경계를 넘나드는 인문학 접근의 뉴 리터러시 학습은 창의 · 융합적 학습을 이끄는 데 큰 가치가 있다고 하겠다. 인문학 접근의 창의 · 융합적 인재양성을 위한 현실적인 방안은 초등학교 교과주제 통합하는 학습 환경에 적합한 뉴 리터러시 수업을 실현하는 것이다. 본서는 초등학생부터 다양한 매체읽기와 쓰기를 통한 인문학 접근의 뉴 리터러시 학습으로 학생들의 창의 · 융합적 사고와 표현을 이끌고, 학생들을 미래역량을 갖춘 인재로 이끄는 길잡이가 될 것으로 확신한다.

본서에서 제시한 뉴 3Rs 리터러시 교수학습 모델을 교과주제 통합수업에서 따르다보면, 학생들의 비판적 사고력, 융합적 탐구력, 그리고 창의적 표현력은 자연스럽게 길러질 수 있다. 이러한 점에서 본서는 차세대 뉴 리터러시 학습전략과 방법을 이끄는 길잡이 책이 분명하다. 또한, 본서는 인문학 접근을 통해 학습자 주도적인 교실수업에서 학생들을 창의 · 융합적 인재로 성장시킬 수 있는 차세대 뉴 리터러시 학습 길잡이가 될 것이라 확신한다. 특히 본서는 뉴 리터러시 코치가 되고자 하는 교사나 학부모들에게 실용적인 길잡이가 될 것이다.

전 세계의 최근 교육이슈를 반영한 본서를 학생들에게 인문학 접근의 창의 · 융합적 소양을 길러주는 차세대 바른 리터러시 학습, 뉴 리터러시 학습 길잡이로 추천한다.

미국의 리터러시 코칭 저자
양 병 현 교수

# 목차

New literacy

뉴 리터러시 학습을 하자

# 1 뉴 리터러시 학습을 하면 공부 잘하게 된다

'공부를 잘하려면 책을 많이 읽어라'는 말을 우리는 귀에 못이 박히도록 듣고 자랐다. 그래서 '책을 많이 있으면 공부를 잘하게 된다'는 신념 같은 것을 갖고 있다. 옆집 형 · 누나들은 얼마나 많은 책을, 얼마나 잘 읽었기에. 부모님은 책을 많이 읽어 좋은 대학에 갔다는(확인을 해봤는지는 모르겠지만) 얼굴도 보지 못한 형 · 누나들을 들먹이며 시도 때도 없이 책을 많이 읽으라고 하셨다. 우리 옆집 정현이 부모님도 정현이가 책을 많이 읽도록 해주고 싶다고 Why책을 시리즈로 사두고 정현이에게 매일 책 읽기를 강요(권장)하고, 책 읽기 과외도 시킨다. 이처럼 대한민국 부모님들은 책읽기가 성공의 길잡이라는 신념(?)때문에 자녀들에게 책 잘 읽는 훈련과 책 읽기 습관을 길러주기 위해 오늘도 무지 무지 애쓰고 있다.

그런데, 최근 '책을 많이 읽으면 공부 잘하게 된다'는 믿음에 이상기류가 흐르고 있다. 이젠 책만 많이 읽는다고 공부를 잘하게 된다는 믿음을 자녀들에게 강요하기 어렵게 될 것 같다. 이유는 학생들이 읽어야 하는 대상이 달라지고 있기 때문이다. 이야기가 일직선처럼 나열되고 전개되는 책을 잘 읽던 학생들이, 다양한 방식으로 엉켜서 접근하고, 다양한 영역과 정보를 걸러 평가해서 이해해야 하고, 생각을 서로 연결하고 통합해야 하는 스크린 읽기에서는 많은 어려움을 겪는다는 최근 연구결과들이 속속 드러나고 있다. 다시 말해, 리터러시(Literacy) 환경과 방식, 그리고 접근방법에 변화가 생긴 것이다. 학생들이 접근해야 하는 많은 정보들이 다양한 방식으로 확장되고 접근되며, 이를 소통하는 방식에도 많은 변화가 생긴 것이다. 이는 그동안 공부 잘하던 학생들이 갖추고 있던 리터러시(읽고, 사고하고 표현하는) 능력에 변화를 모색할 때라는 신호로 보인다. 이처럼 변화되고 있는 새로운 '리터러시 방식'을 준비시키는 일은 교사나 학부모님들이 하루라도 일찍 새로운 리터러시 학습 환경을 받아들이는 것부터 시작해야 할 것 같다.

초등교육에서부터 대학교육까지 자녀들이 밟게 되는 학교 전체 교과과정에서 공부를 잘하기 위해 가장 필수적인 스킬이 무엇일까? 국어, 영어, 사회, 수학과 과학 등 모든 교과에서 공통적으로 필수적인 스킬은 바로 '**잘 읽고, 읽은 내용에 자신의 삶의 경험과 생각을 잘 녹아내어, 잘 표현하는 쓰기능력**', 즉 3Rs(Reading, Researching, wRiting)리터러시 능력이다. 스토리텔링 수학이나 과학교과도 주어진 문제나 상황에 대해 잘 읽고 이해하여, 그 내용을 자신의 경험과 사고로 녹아내고, 이를 잘 표현해야 하는 교과임에는 예외일 수 없다. 공부를 잘하는 학생들은 주어진 글을 제대로 읽어내고, 제대로 이해 · 사고하고 · 판단해서, 자기의 생각으로 제대로 표현해내는 리터러시 능력을 잘 갖춘 학생이다. 그런데 인쇄된 책 읽기에 필요한 리터러시 능력만으로는 앞으로 공부를 잘하기 어려운 세상이 된 것이다. 이 말은 지금까지 공부 잘하던 학생들이 앞으로도 반드시 공부를 잘한다는 보장을 할 수 없게 되었다는 것을 의미한다.

기술발달로 인해 변화된 세상에서 살아가는 학습대상이 달라지고 있으니 이에 맞는 교육환경도 변화되어야 한다. 따라서 그동안 공부 잘 한 학생들이 갖추고 있던, 또는 공부 잘하기 위해 필요했던 리터러시 능력에도 변화가 필요하게 되었다. 변화된 교육환경에서도 변함없이 공부 잘하도록 이끌기 위해서는 무엇을 어떻게 준비시켜야 할까? 답은 바로 유치원부터 대학까지 전 교육과정에서 가장 필수적이며 핵심적인 리터러시 교육환경에 대한 변화를 똑 바로 이해하고 준비하는 것이다. 이유는 변화된 리터러시 학습환경에서도 학생들이 공부 잘 할 수 있도록 똑바로 이끌어야 할 필요가 있기 때문이다. 이제 학생들에게 책만 많이 읽는 리터러시 능력보다는 기술발달로 인한 시대적 변화에 맞는 인터넷 웹사이트의 디지털매체 텍스트읽기(추후 디지털매체읽기) 리터러시 능력이 필요하다. 때문에 이에 적합한 리터러시 학습을 이끌어야 한다. 변화하는 세상에서도 변함없이 공부 잘 할 수 있도록 자녀들을 가장 필수적인 새로운(뉴) 리터러시 교육으로 무장시켜야 한다.

학생들은 눈을 뜨면 가장 먼저 스마트폰을 만지작거리며 하루를 시작한다. 그 스마트폰 세상 안에서 학생들은 정보를 습득할 수도 있고, 친구들과 자유자재로 소통을 할 수도 있다. 이렇듯 손안의 인터넷 세상은 다양한 네트웍 환경 및 멀티 테스킹이 일어나는 다양한 리터러시 능력이 요구되는 세상이다. 학생들은 눈을 뜨고 감을 때까지 새로운 (뉴) 리터러시 세상에 노출되어 매 순간 새로운 리터러시 능력을 발휘하며 살아간다. 그럼에도 학교 교사들이나 학부모들(디지털 이민자로서)은 뉴 리터러시 스킬이 생활화된 학생(디지털 토박이)들에게 교사 자신들이 익숙한 전통적 리터러시 스킬만을 전수하는 경향이 있다. 그로인해 학생들은 변화하는 리터러시 세상을 자의든 타의든 거부하고 있으며, 이중생활(일상의 삶은 뉴 리터러시 능력으로, 학습은 전통적 리터러시 능력으로)을 하게 된다. 때문에 학생들은 학교와 집에서 다양한 네트웍 세상에 잘 적응하기 위한 '뉴 리터러시 능력'을 제대로 배우지 못하고 있다.

새로운 정보와 편리한 소통기술을 담고 있는 손안의 인터넷은 매일매일 변화하고 있는 뉴 리터러시 환경이다. 학생들이 매일매일 손안에서 접하고 있는 인터넷 환경은 리터러시(literacy), 학습(learning), 그리고 삶(life)을 통합적으로 연결하는 새로운 학습 환경이다. 학생들은 손안에 인터넷을 매순간 만지작거리면서 뉴 리터러시 학습 환경을 매순간 경험한다. 이는 학교에서 경험하지 못한 세상의 심오한 변화를 매일매일 경험하며 해결해내고 있다. 이렇듯 뉴 리터러시 학습 환경이 학생들에게는 쉽게 접하는 일상임에도 학교 교과수업이나 사교육 기관, 어떤 수업에서도 뉴 리터러시 환경에 맞는 뉴 리터러시 학습이 거의 이루어지지 못하고 있다. 교육정책에 의한 고의적이든, 아니면 학생들처럼 인터넷 환경에 익숙하지 못한 교사들의 자의적이든, 교실수업에서 뉴 리터러시 접근이 거부되고 있어 안타깝다.

이처럼 인터넷은 이 시대 학생들이 공부를 잘하기 위해 가장 필수적인 능력인 '리터러시능력, 학습능력 그리고 그들의 삶'을 연결해준 최고의 학습 환경이다. 때문에 교실수업은 현실과 인터넷 환경을 넘나들며 체계적인 리터러시 능력, 학습능력과 학생들의 삶을 연결하고 통합하고 자유롭게 표현하도록 이끌어주는 학습 공간, 협업 공간, 그리고 소통공간이 되어야 한다. 다시 말해 인터넷 환경을 넘나들며 뉴 리터러시 환경에서 학생들이 자유롭게 학습하는 교실수업이 되어야 한다. 변화하는 세상에 잘 적응하도록, 그리고 세계 다양한 평가들에서도 좋은 점수를 맞을 수 있고, 전 학교과정에서 공부 잘하는 학생이 되도록 이끌어주기 위해서는 인터넷과 교과수업을 연결하고 통합하고 소통하는 교실수업을 만들어야 한다. 하지만 안타깝게도 교육현장에서 이러한 노력을 하고 있는 일부 교사들조차도 인터넷을 학생들이 공부 잘하도록 이끌어주는 학습 환경으로 사용하기 보다는 단순히 인터넷 기술의 사용적인 면에 초점을 두는 경우가 대부분이다.

인터넷이 공부 잘하는 학생으로 이끄는 차세대 학습 환경이라는 증거를 보여주는 평가가 있다. 세계 많은 국가들은 학생들의 교과학습의 성공을 위한 필수적인 능력으로 리터러시 능력을 꼽는다. 따라서 세계 각국은 자국 학생들의 리터러시 능력을 평가하는 OECD PISA(The new Programme for International Student Assessment of the OECD) 국제평가를 실시하고 있다. 이 평가에서 각국 학생들은 인터넷을 학습 환경으로 사용하면서 뉴 리터러시 능력을 평가 받는다. 이는 세계 각국이 기술발달로 인해 변화하는 학습 환경에서도 학생들이 공부를 잘하기 위해 가장 핵심적인 능력은 바로 '뉴 리터러시 능력', '학습능력', 그리고 '삶을 풍요롭게 영위하는 능력'이라고 여긴다는 증거이다.

세계 각국들이 인터넷을 차세대 학습 환경으로 사용하고 평가하는 근거들도 있다. 먼저, 인터넷은 학생들이 다양한 정보를 즉각적이며 제대로 읽고, 이를 탐구하면서 통합하고 평가하여, 자신의 생각으로 표현하는 뉴 리터러시 능력 향상을 위한 최적의 학습 환경이기 때문이다. 둘째는 인터넷은 학생들이 교과학습을 더 깊이 있고 풍부하게 탐구하도록 무한한 정보를 제공해주고, 다양한 참고문헌 및 자료를 제공해주는 학습 환경이기 때문이다. 셋째, 학생들의 학습능력을 향상시켜주는 데 도움을 주거나, 학생들의 삶을 풍요롭게 도와주는 다양한 정보를 무한정 제공해주기 때문이다.

이와 같이 인터넷은 학생들이 교과공부를 잘하도록 이끌기 위해 반드시 사용해야 하는 차세대 학습 환경이다. 이러한 인식으로 세계 각국에서는 학교에서 인터넷을 통한 학생들의 읽기, 탐구학습과 뉴 리터러시 학습에 관심을 갖기 시작하고 있다. 뿐만 아니라 똑똑한 학부모님들은 집에서도 인터넷을 효과적인 학습 환경으로 여기고 자녀들이 공부하는 동안 인터넷 사용을 권유하고 있다.

그렇다면 학생들의 읽기, 탐구학습과 쓰기 향상을 위한 학습 환경인, 인터넷에서 다양한 매체정보를 사용하는 뉴 리터러시 학습을 위해 학생들에게 꼭 필요한 새로운 능력은 과연 무엇일까? 최근 많은 연구들이 이 질문에 답을 주고 있다. 이 질문에 대한 답은 앞으로 차근차근 정리하고자 한다. 이와 달리 뉴 리터러시 학습에 대해 일부 연구자들은 우려를 표하기도 한다. 예를 들어, 끊임없이 변화하고 있는 인터넷을 통한 뉴 리터러시 능력은 내일, 모래, 그리고 아마 내년에는 더 새로운 기술을 요구하게 될 지도 모른다고 말한다. 그러므로 뉴 리터러시 학습에 대한 완전한 이해는 결코 도달(완수)할 수 없는 과제일 수 있으므로 교육적 가치가 없다는 점을 주장하기도 한다. 하지만 교육자로서 도달할 수 없는 과제라고 해서 새로운 학습 환경을 사용하지 말아야 한다는 어리석음을 범하지 말아야 할 것 같다.

일부 연구자들이 뉴 리터러시 학습에 대해 우려의 말을 함에도 불구하고 인터넷은 21세기 리터러시와 학습을 연결해 주는 가장 효과적인 학습 환경이라는 점은 부정할 수 없다. 인터넷은 학생들의 매일매일 삶의 동반자이며, 학생들이 궁금해 하고 필요로 한 많은 질문과 답들로 가득 채워져 있다. 이러한 점 때문에 21세기에 들어와 2016년 현재까지 수많은 사람들은 길에서, 지하철에서, 학교에서, 직장에서 인터넷을 통해 읽기를 시작했고 자신들이 궁금하고 원하는 답을 찾고 있다. 읽기, 탐구하기, 쓰기와 소통하는 리터러시 학습에서 사용되어온 어떤 기술도 이렇게 많은 사람들이 찾고, 그렇게 많은 장소에서 사용되고, 그렇게 짧은 시간에 휩쓴 적이 지금껏 없었다. 이전 어떤 리터러시 환경에서도 이렇듯 많은 인터넷 사용이 이루어진 적이 내 기억으로는 전혀 없었던 거 같다.

21세기가 시작되면서 인터넷 사용은 일터에서도 급증하였다. 글로벌 환경에서 경쟁적 경제활동과 생산성 증대를 위해 인터넷 사용은 일터에서 새로운 경제기반을 재구축하기 위해 사용되고 있다. 일터에서는 생산성 증가를 위해 인터넷을 사용하게 되었고, 인터넷은 원하는 정보에 접근을 쉽게 해주었다. 뿐만 아니라 일터에서 인터넷을 사용하게 되면서 사람들은 뉴 리터러시 능력에 대한 필요성을 느끼게 되었다. 또한, 인터넷은 사람들이 다양한 정보를 읽고, 찾고, 다른 사람과 소통하는 동안 뉴 리터러시 능력에 대한 갈증을 갖게 해주었다. 기업의 조직에서는 어떤 문제가 발생되면 그 문제해결을 위해 인터넷을 뒤져서 적절한 정보를 찾아야 한다. 그리고 그 정보를 읽고, 다양한 정보를 통합하여 쓰고, 이를 조직간 소통할 줄 알아야 한다. 그래서 일터에서는 불시에 발생되는 문제해결이 가능한 뉴 리터러시 능력을 가진 사람들이 필요해지게 되었다. 앞으로 사회는 자신의 일과 연결하는 뉴 리터러시 능력을 갖춘 사람을 찾을 것이다.

일터에서는 불시에 발생되는 문제를 확인하고, 문제와 관련된 유용한 정보를 인터넷에서 찾아야 한다. 그들이 찾은 정보를 비판적으로 분석하고, 문제해결을 위해 찾은 정보들을 통합해야한다. 그리고서 해결점을 조직원들과 빠르게 소통해야 한다. 즉, 그 결과를 조직 내 모든 사람들에게 알려야 한다. 그 결과 모든 직원들이 읽고, 소통하고, 문제해결을 위해 정보를 사용하게 된다. 치열한 글로벌 경쟁에서 경제적 조직은 생산성을 증대시켜야 한다. 따라서 사회는 변화하는 환경에 빠르게 대처하고 주어진 문제에 대해 인터넷을 통해 가능한 빨리 바르게 해결점을 찾아낼 수 있는 뉴 리터러시 능력을 갖춘 인재를 원한다. 결국 학교에서 공부 잘하는 사람이 일터에서도 잘 적응하는 사람이 되도록 이끌어주는 것이 교육자의 할 일이다. 사회에 잘 적응하는 인재로 양성하기 위해 학교에서 교육되어야 하는 차세대 가장 필수적인 능력이 바로 뉴 리터러시 능력이다.

변화는 이미 학습 환경 곳곳에 들어왔다. 일터에서 읽고, 쓰고 대화하면서 인터넷을 사용하는 25세 이상 어른 고용인들은 거의 90%가 인터넷을 사용할 것으로 보인다. 사회가 인터넷 사용을 이토록 원하고 있는데, 학생들이 추후 사회에 잘 적응하도록 이끌어야 하는 교실수업은 당연히 인터넷을 기반으로 한 뉴 리터러시 능력을 키워주는 장이 되어야 함은 자명한 일이다. 때문에 세계 많은 국가들은 집에서 뿐 아니라 학교 수업에서도 인터넷 사용을 적극 격려하고 있다. 그렇다면 사회가 필요로 하고, 학생들이 공부 잘하기 위해서도 갖추어야 할 뉴 리터러시 능력은 과연 무엇인가? 최근 다양한 학문분야들에서 리터러시 특성에 대한 새로운 관점들이 나타나고 있다. 관점의 대부분은 뉴 리터러시 능력이 바로 21세기에 필요한 리터러시 능력을 의미하는 것이라는 점이다.

다음은 연구자들의 관점에 따른 뉴 리터러시에 대한 정의들이다.

〈뉴 리터러시에 관한 다양한 관점〉

| 저자 | 뉴 리터러시에 관한 관점 |
|---|---|
| Street, 1995; 2003 | 뉴 리터러시는 새로운 기술과 함께 등장한 새로운 사회적 실제이다. |
| Coiro, 2003; Leu, et. a; 2004 | 뉴 리터러시는 소통을 위한 가장 기본적인 온라인 독해력 학습으로 인터넷에 의해 요구된 새로운 전략이며 특성이다. |
| Kress, 2003; Lemke, 2002 | 뉴 리터러시는 새로운 기술에 의해 만들어질 수 있는 담화(Gee, 2003)나 새로운 의미적 환경이다. |
| Lankshear & Knobel, 2003 | 뉴 리터러시는 다중 리터러시나 다중 모달 환경, 또는 이러한 여러 가지 동향을 병렬하는 구조로서 새로운 리터러시이다. |

뉴 리터러시를 이해하기 위해서는 다양한 관점에서 분석을 해 볼 필요가 있다. 뉴 리터러시는 교과 간 협업을 통해 효과적으로 이루어질 수 있는 학습의 전 과정으로 설명될 수 있다. 뉴 리터러시는 모든 학문 분야에서 학생 개개인들의 참여를 극대화하는 데 중점을 둔다. 그래서 뉴 리터러시는 끊임없이 발전되고 상황에 따라 변화하므로 끊임없이 공부를 해야 하는 대상이다. 학생들이 뉴 리터러시 능력을 제대로 이해하고 강화할 수 있도록 교사는 끊임없이 적절한 교육을 제공하여야 한다. 인터넷은 리터러시를 위한 기술의 변화를 끊임없이 제공한다. 위키피디아 같은 새로운 기술은 한번 클릭으로 온라인상에 있는 모든 사람들에게 뿌려진다. 그래서 읽기 수업이나 리터러시 교육에서 가장 중요할 수 있는 것은 뉴 리터러시에 대한 단순한 단위를 가르치는 것이 아니라, 평생 동안 인터넷 상에서 나타날 끊임없이 변화하는 뉴 리터러시를 학생들이 어떻게 배워야 하는지에 대한 방법을 가르치는 것이 중요하다.

사회가 요구하는 인재양성을 이끌어야 하는 학교환경에서 학습과 인터넷을 연결하고 통합하는 일은 오래전에도 있었던 새로운 것이 아니다. 1994년만 해도 미국의 모든 학년에 모든 수업의 3%가 인터넷을 학습과 연결한 바가 있다. 최근에는(2005년 기준) 학습과정에 93%가 인터넷을 접속한다. 하지만 이렇듯 교과 학습활동에서 인터넷 사용을 한다고 해서 학생들이 교과학습과 연계한 실제 정보에 대한 위치를 찾고, 읽고, 비판적으로 사고하는 뉴 리터러시 스킬을 가르치고 학습한 것이라고 보기는 어렵다. 하지만 인터넷이 리터러시 학습에 긍정적인 영향을 미친다는 최근 연구결과들이 발표되면서 인터넷을 연결하는 교과학습에서 긍정적 효과가 검증되고 있는 것이 사실이다. 하지만 이러한 연구들은 학생들이 새로운 리터러시 기술을 갖도록 요구하는 것이지, 리터러시 스킬을 교과학습에 어떻게 연결하고 분석하며 가르치는 것인가에 대한 연구는 아직 알려지지 않고 있다.

학생들은 인터넷을 통해 하루의 삶을 시작한다. 인터넷 세상에서 보여주는 다양한 정보를 친구들이나 주위 사람들과 소통하면서 새로운 기술과 새로운 상상적 이미지들을 마주하게 된다. 이제는 이러한 것들을 학교 교과학습 활동과 연결하는 새로운 능력을 가져야 할 필요가 생겼다. 이러한 능력은 우리가 사용하게 되는 특정한 구조나 환경에 따라 달라질 수 있다. 따라서 학교에서 공부를 잘하기 위해 효과적으로 인터넷을 사용할 수 있는 새로운 '뉴 리터러시 스킬, 전략, 그리고 특질'을 알아볼 볼 필요가 있다. 뉴 리터러시는 환경에 따라 그리고 기술이 변화함에 따라 규칙적으로 변화한다. 교과 공부를 잘하기 위한 효과적인 인터넷 사용으로서 뉴 리터러시는 이제 새로운 것이 아니다. 하지만 뉴 리터러시는 내일 아마 더 새로운 것으로 다가 올 수도 있고, 다음 주에는 더 새로운 것으로, 그리고 뉴 리터러시 능력은 계속 새로워질 수 있다. 이렇듯 뉴 리터러시는 리터러시를 위한 기술이 변화함에 따라 항상 변화해오고 있다. 따라서 새로움을 받아들이고 그에 맞는 뉴 리터러시를 학습에 적용할 수 있도록 끊임없이 새로움을 학습하여야 하는 것이 바로 뉴 리터러시 학습능력이다.

이렇듯 학습의 장이 될 수 있는 인터넷과 교과학습과정이 될 수 있는 뉴 리터러시에 대한 다양한 관점과 특징들이 최근 정의되고 있다. 그리고 세계적인 리터러시 평가들이 점차 인터넷을 학습활동에 사용하여 읽고, 사고하고, 통합하고, 평가하고, 소통하는 뉴 리터러시 능력을 평가하고 있다. 또한, 학생들이 삶을 위해 경제활동을 해야 하는 일터에서도 조직의 문제를 해결하기 위해 정보를 찾아 읽고, 통합하고, 평가하여 문제해결을 하고, 이를 조직에 보고하는 소통 능력을 요구하고 있다. 때문에 일정하게 한 방향으로 전개되는 책을 잘 읽는 사람으로 길러준다고 해서 사회가 요구하는 멀티 테스크를 해결할 수 있는 능력이 갖추어지는 것이 아니라는 점을 강조하고 있다. 이를 위해 건전한 시민으로 성장하고 사회가 요구하는 인재로 양성하기 위해, 교실에서는 뉴 리터러시 능력을 갖추도록 학생들을 이끌어야 한다. 그리고 세계가 요구하는 뉴 리터러시 능력을 갖추도록 가르치고 평가해야 한다. 그래서 학교에서 공부 잘하는 학생은 바로 뉴 리터러시 능력을 갖춘 학생이 되고, 학교교육이 바로 사회기여로 연결되는 실천적 교육이 되어야 한다.

전 세계 교육 동향은 크게 두 가지 관점을 지향하고 있어 보인다. 하나는 (1) Back to the Basics, 다른 하나는 (2) Back to the Future이다. 이는 아무도 가보지 않아 예측할 수도 없는 미래를 준비하려면 미래 교육은 과거의 기본교육에 충실해야한다는 점을 강조하는 말이다. 그래야 학생들의 미래 삶을 대비하는 두 마리 토끼를 모두 잡을 수 있는 교육이 될 수 있다는 의미다. 다시 말해 미래 교육은 '변화의 철학'을 수용하면서 '기본기를 중시하는 교육'을 필요로 하고 있다. 이러한 필요에는 모든 학습의 기반이 되는 리터러시 교육을 바탕으로 '기본과 미래'를 하나로 융합하는 차세대 '뉴 리터러시 교육'개념을 전제로 하고 있다고 하겠다. 이런 점에서 세상과 소통하고 변화하는 교육환경에 맞춘 인문학 접근의 '뉴 3Rs 리터러시' 학습은 선진사회에서 필요로 하는 새로운 학습개념으로서 학습자를 인문학 접근의 창의・융합적 인재로 양성하는 데 도입되고 있다.

전통적인 읽기 리터러시 교육은 텍스트를 읽고 사실(fact)를 찾고, 주어진 내용을 이해하는 Bloom's Taxonomy의 수동적 입력단계인 '지식습득'(Knowledge Acquisition)과 이해(Understanding)단계에 머물렀다고 볼 수 있다. 하지만 학습자가 사실을 파악하는 것 이외에도 얻은 지식을 적용하고, 분석하고, 평가하여 결국 자신의 생각과 감정, 그리고 행동을 변화시키고, 궁극적으로 이를 통해 사회에 기여하는 행동을 할 때 적극적인 학습자가 될 수 있다.

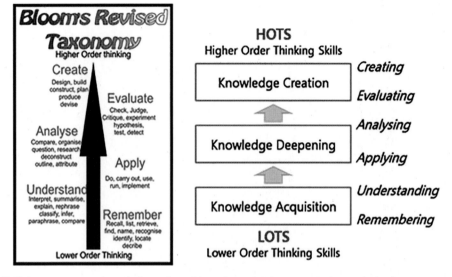

* 출처: http:www.google.co.kr/search?q=bloom's+revised+taxonomy&newwindow)

공교육기관에서는 여전히 암기와 이해를 중심으로 한 수동적인 리터러시 학습을 이끌고 있다. 뉴 리터러시 교육은 이러한 공교육을 한 단계 업그레이드 할 수 있는, 그리고 전 세계 교육환경의 변화를 반영한 교육이다.

〈전통적인 리터러시 교육과 뉴 리터러시 교육 비교〉

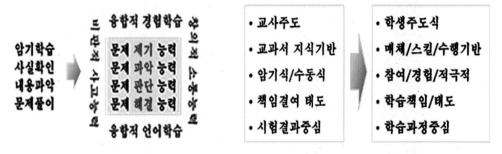

전통적인 읽기 리터러시 교육은 텍스트 내용을 암기하고, 사실을 확인하고, 글의 내용을 이해하고, 문제풀이로 확인하는 학생들이 수동적인 독자가 되는 읽기 교수학습이 이루어졌다. 반면에 뉴 리터러시 교육은 읽기를 하는 목적에 대한 문제를 제기하고, 읽기목적에 맞는지, 문제해결을 위해 내용을 파악하고, 평가하기 위해 글의 변인간 연결하거나, 자신과 저자의 생각을 연결하는, 결국 텍스트와 세계를 연결하는 힘을 준다. 이렇듯 뉴 리터러시 교육은 학생들의 사고를 창조로 이끄는 실천교육이라 할 수 있다. 결국, 전통적인 공교육의 읽기학습은 암기위주, 또는 사실 확인을 위한 내용파악과 문제풀이식 읽기 교육에 치중해왔다고 할 수 있다. 반면에 뉴 리터러시 교육은 기존의 수동적인 읽기 학습을 다양한 매체읽기학습을 통해 적극적 읽기활동으로 승화시킨다.

최근 국외 연구들 중 ICT를 활용하고 있는 뉴 리터러시 교육 분야에서 가장 핫 이슈는 읽기 독해력에 관한 연구들이다. 구체적으로 말하면, 디지털매체 텍스트읽기에 관한 연구들이다. 하지만 초등학교 리터러시 교수학습과 관련한 연구들에서는 4가지 영역들, 즉 기초연구, 평가, 교수학습 활동, 그리고 교사교육에서 전통적 읽기의 중요성을 강조한다. 이는 교육환경의 변화에 기초교육의 중요성을 간과해서는 안 된다는 메시지이다. 이러한 메시지는 교사들이 학생들의 읽기학습과 읽기과제를 뉴 리터러시 교육과정에 어떻게 통합할지에 대한 문제의식이 필요하다는 점을 말하고 있다. 선진사회의 경우 정보통신기술은 디지털, 소셜 네트워크, 하이퍼텍스트 등의 디지털 정보통신 환경에서 리터러시 교육 분야의 3가지 핵심요소인 '정보', '읽기', 그리고 '학습'을 통합하며 미래형 리터러시 교육매체로 자리매김하고 있다. 특히 OECD가 ICT 활용기반 교육평가 표준인 PISA 2009년부터 PISA 2015까지 디지털매체읽기 리터러시 능력에 대한 국제평가를 실시해 오고 있다. 이러한 추세는 인쇄매체읽기 리터러시 능력을 디지털매체읽기 리터러시 능력으로 융합한 교육 형태이며, 바로 뉴 리터러시 교육의 핵심이다.

뉴 리터러시 교육은 인터넷 세상에서 뉴 리터러시 활동을 포함한다. 그리고 최근 많은 평가들은 뉴 리터러시 능력을 평가한다. 이 말은 공부 잘하는 학생은 뉴 리터러시 능력을 갖추어야 한다는 점을 의미한다. 과거 공부 잘하는 학생은 교사중심 수업에서 교사가 정해준 텍스트가 시험을 위한 수단이었으므로 문제풀이나 교과내용에 대한 암기학습을 잘하는 학생이었다. 하지만 미래에 공부 잘하는 학생은 학생 주도적 탐구학습을 잘하는 학생이다. 그리고 교과주제학습의 문제를 제기하고, 학습목적을 설정하고, 탐구학습의 주체가 되며, 학습결과보다는 학습과정에서 인지하고, 분석하고, 평가하고 종합하는 창의·융합적 탐구학습 과정을 잘하는 학생이다. 또한, 이러한 탐구학습과정에서 자신의 스토리를 담은 다른 콘텐츠를 기반으로 새로운 지식을 창조해내는 뉴 리터러시 학습을 잘하는 학생이다. 그래서 미래는 뉴 리터러시 학습을 하면 공부를 잘하게 된다.

# 2 뉴 리터러시 학습을 하면 창의 · 융합적 인재가 된다

뉴 리터러시 학습에서 '뉴'는 '새로움(New)'을 받아들인다는 의미이다. 새로움을 수용하는 '뉴'는 '변화의 철학'을 기반으로 과거와 미래, 기본과 변화의 '통합과 조화'을 이끈다. 이 책에서 '뉴 리터러시 교육'은 전통학습과 기술과 디지털 시대의 학습을 고차원적 사고력으로 융합하고 소통하는, 즉 차세대 인문학 접근의 창의 · 융합적 리터러시 교육으로 개념화한다. 따라서 뉴 리터러시 학습은 인문학 접근의 창의 · 융합적 인재를 양성하는 길잡이가 된다.

뉴 리터러시 학습은 인쇄된 책에서 전개되는 일직선상의 내용을 이해하고, 판단하고, 표현하는 리터러시 스킬 이상을 의미한다. 뉴 리터러시 학습은 교과학습을 주제로 융합하고, 교과학습을 확장하는 방식으로 진행한다. 특히 인터넷상의 여러 방향에서 병렬적으로 쏟아지는 다양한 멀티 텍스트 정보를 비판하고, 평가하고, 종합하는 탐구활동을 통해 자신의 삶과 관련된 교과문제를 해결하고, 소통하는 인문학 접근의 창의 · 융합적 학습을 이끄는 뉴 리터러시 전과정을 의미한다.

하지만 뉴 리터러시에 대한 개념은 어디서나 같은 방식으로 정의되지는 않는다. 뉴 리터러시에 대한 이해를 돕기 위해 좀 더 구체적으로 설명하자면, 뉴 리터러시 학습은 블로그, 이메일 등 인터넷이나 다른 소통기술(ICTs)를 통한 다양한 매체읽기 독해 스킬과 학습 스킬이라 할 수 있다. 뉴 리터러시는 인터넷을 사용한다는 의미만이 아니라, 전통적 리터러시 능력을 기반으로 한 다양한 가치와 미래 학교교육의 동력이 되는 개념이다. 뉴 리터러시는 전통적인 리터러시보다는 보다 참여, 협조와 분배의 특성을 가진다. 전통적인 리터러시와 뉴 리터러시의 차이는 사고방식의 차이로 보는 관점도 있다. 즉 전통적인 리터러시는 물리적 분야로 본 web 1.0이라면 뉴 리터러시는 사이버 공간적 분야인 web 2.0이라고 보기도 한다(http://www.differencebetween.net/technology/internet/difference-between-web-1-0-and-web-2-0/).

| web 1.0 : 리터러시 | web 2.0 : 뉴 리터러시 |
|---|---|
| 사용, 권리, 소비자, 에이전시 | 참여, 경험, 협조, 분배 |

학생들은 하루에도 몇 번씩 페이스북 같은 즉각적인 메시징, 스마트폰 문자, 사회적 네트웍 웹사이트 같은 디지털 소통을 한다. 학생들은 페이스 북을 통해 다른 사람들과 상호작용을 하면서 많은 도움을 받기도 한다. 그럼에도 구글같은 소셜네트웍 사이트에 관한 연구들 중 교육이나 학습 관점에서 사회적 네트웍을 사용한다는 점에 대한 연구는 거의 없다. 최근 OECD 주관으로 시행되고 있는 PISA평가는 각 국가의 정규교육과정을 마친 학생들을 대상으로 이들이 사회에서 건강한 시민으로 살아가는데 필요한 리터러시 능력을 3년마다 평가하고 있다. 특히 PISA 2009부터 읽기 리터러시 평가는 지필고사와 더불어 인터넷에서 적정한 자료를 찾아 분석하고 평가하여 비판적으로 읽어내고 창의적으로 자기 생각을 표현해내는, 학생들의 인문학 접근의 창의·융합적 뉴 리터러시 능력을 평가하고 있다. 이처럼 글로벌 세상에서 살아가기 위해 요구되는 뉴 리터러시 능력이 앞으로 교육계가 해결해야 할 큰 과제 중 하나가 되고 있다.

교과목을 넘나드는 융합교육을 지향하는 교육환경의 변화와는 달리, 학교교육의 교과과정은 일반적으로 국어, 수학, 과학과 사회 등의 독립된 교과목으로 운영되고 있다. 따라서 수학과 사회는 상호 연결되지 못하는 독립된 교과목처럼 학습되어 왔다. 하지만 우리나라 교육과정과 미국의 교육과정을 비교 분석해보면, 우리나라에서는 덧셈/뺄셈 활동을 수학(산수)과목에서 가르치고 있지만, 미국의 교육과정은 사회 과목의 은행활동에서 셈 활동으로 다루어지기도 한다. 결국 교과목 학습은 같은 주제내용을 수학과목에서 또는 사회과목에서도 상호 통합되어 가르쳐질 수 있는 것이다. 교과목이 주제별로 상호 통합될 수 없는 독립적인 교과목으로 가르쳐온 것은 학자들의 전공에 대한 기득권을 갖고자 하는 욕심이 아니었나 싶다. 뉴 리터러시 학습은 나누어진 독립된 교과목을 주제학습으로 통합하고, 다양한 매체를 넘나들며 학생들이 스스로 삶의 문제를 제기하고, 이를 탐구하며, 문제해결을 통해 교과학습의 확장을 이끈다. 이렇듯 뉴 리터러시 학습은 교과학습과 다양한 매체읽기를 연결하는 인문학 접근의 창의·융합적 사고활동과 자기주도적 탐구기반 문제해결을 이끄는 학습과정을 취한다.

뉴 리터러시 학습을 하면 이렇듯 창의·융합적 인재가 된다. 이는 뉴 리터러시 학습과정은 교과목을 주제학습으로 통합하여 교과목에서 학생이 궁금하고 흥미있는 주제나 문제의 답을 학생 스스로 찾는 탐구활동을 한다. 학생들은 탐구활동을 통해 다양한 정보를 읽고, 또 다르게 읽어 적정한 정보를 찾아 문제를 해결하고, 이를 다른 사람들과 공유하고 소통하는 뉴 리터러시 학습의 전과정을 직접 이끈다. 뉴 리터러시 학습과정을 통해 얻어진 문제해결능력, 탐구능력, 비판적이고 융합적 사고능력, 그리고 창의적 소통능력은 뉴 리터러시 학습의 성과물이다. 이러한 학습 성과물은 학생이 스스로 정한 자신의 학습목적을 성취하고, 폭넓은 지식과 잠재적 능력을 계발하며, 변화하는 사회에 적극적으로 참여하고, 다양한 매체텍스트(소리, 글, 그림/사진, 동영상, IOT 등)를 이용하고 활용할 때 얻어진다. 이렇듯 뉴 리터러시 학습과정을 통해 얻어진 학습 성과물은 또 다시 학생들의 삶과 연결하여 성찰하고, 평가하여, 또 다른 새로운 아름다움으로 창조해내기 위해 다양한 매체텍스트 읽기, 탐구하기와 쓰기활동에 적극적으로 참여하도록 이끈다. 이렇듯 뉴 리터러시 학습과정은 '질문을 통한 묻는 읽기'와 '비판적이나 융합적 사고를 통한 다르게 탐구읽기' 그리고 '자신의 의견을 창조적 쓰기'로 연결하면서 학생들은 다양한 매체 리터러시 학습활동을 통한 인문학 접근의 창의·융합적 인재가 된다.

교육이란 용어에 약간의 거품이 들어있는 요즘, 그 어느 때보다 기본교육이 충실하게 이루어지고 있는지에 대한 점검이 필요하다. 학생들이 교과학습에서 성공하기 위해 가장 기본이 되는 것이 바로 리터러시 교육이다. 학교교육은 세상의 변화에 순응하고 학생들의 니즈에 맞는 리터러시 교육이 이루어져야 할 필요가 있다. 오늘 학교에서 공부 잘하는 학생이 되고, 내일도 학교에서 공부 잘하는 학생이 되기 위해서는 기술발달로 변화하는 학습환경에 적응하면서 건강한 배움의 경험을 하도록 학생들을 뉴 리터러시 환경에 맞춘 뉴 리터러시 교육으로 이끌어야 한다.

뉴 리터러시 학습은 교과목 주제학습을 통해 책과 인터넷 매체를 오가며 교과주제문제와 관련된 다양한 매체 정보를 찾아 읽고, 평가하고, 종합하고 소통한다. 그리고 뉴 리터러시 학습은 시대의 변화에 순응하며, 학생들을 인문학 접근의 창의·융합형 인재로 이끄는 학습과정을 따른다. 뉴 리터러시 학습과정에서 교사들은 학생들이 다양한 매체읽기를 통해 비판적 사고활동과 창의·융합적 뉴 리터러시 학습활동을 하고 있는지를 점검할 필요가 있다. 점검할 때 사용하는 5가지 질문이 있다.

1. 누가 이 텍스트나 메시지를 생성했는가?
2. 나의 관심을 끌어내려고 텍스트는 어떤 기술을 사용하였는가?
3. 다른 사람들은 이 메시지를 나와 어떻게 다르게 이해하는가?
4. 이 정보에서는 어떤 삶의 방식, 가치와 관점이 표현되고 또는 생략되고 있는가?
5. 이 메시지가 왜 보내졌을까? 이같은 질문으로 뉴 리터러시 활동을 점검한다.

뉴 리터러시 학습활동은 서울 한복판을 가로지르는 한강에 대한 사회지리 교과목 주제학습에서 한강이 서울 사람들에게 어떤 영향 미치고, 우리가 이 한강에 어떤 영향을 미칠 것인지를 이해하고 의견을 표현하는 것이다. 이는 학생들이 교과주제 관련 다양한 매체 정보를 찾아 읽고, 정보를 통합하고, 정보를 평가하여, 자신의 정보로 창조해내는 인문학 접근의 창의·융합적 사고활동을 이끈다.

매일 눈을 뜨면 원하든 원하지 않든, 우리는 수많은 메시지를 받고 보내야 한다. 우리 앞에 펼쳐지는 많은 정보나 메시지들을 위와 같은 5가지 입장에서 바라보는 새로운 리터러시 관점을 갖는 것이 창의·융합적으로 사고하고 행하는 힘을 갖게 해준다. 뿐만 아니라 인터넷을 통해 날아오는 다양한 매체 메시지가 우리에게 어떤 영향을 미치고, 또한, 우리가 그 정보에 대해 어떻게 영향을 받는지를 생각하고 행동하는 것이 뉴 리터러시 능력이다. 무엇보다 세상을 자신의 관점에서 똑바로 바라보고 살아가는 것이 '뉴 리터러시 능력'을 갖춘 사람이 되는 길이다. 이렇듯 매일 매일 날아오는 새로운 정보에 대해 다른 눈을 가지고 묻고, 읽고, 찾고, 평가하고 통합하여 창의적인 자신의 관점으로 표현할 수 있는 사람이 가장 창의·융합적 인재이며, 뉴 리터러시 능력을 갖춘 사람이다.

이미 언급한바와 같이, 삶과 학습 환경은 엄청나게 변화되고 있다. 세계 교육은 스템(STEAM:Science, Technology, Electronics, Arts and Mathematics)이라는 다양한 교과목을 넘나드는 융·복합 교육을 지향하고 있다. 그럼에도 학교 교사들은 여전히 독립된 교과목으로 교과서에 있는 지식을 전달하고, 학생들은 이를 수동적으로 학습하고 있다. 이유는 교과 간 융·복합 교육방법도 잘 모르고, 교육 행정도 따라주지 않는데서 기인되기 때문이라고 본다. 뉴 리터러시 학습방법으로 교과수업이 이루어지면 다양한 교과목을 주제를 중심으로 융·복합된다. 또한, 교과주제내용을 확장하기 위해 다양한 디지털매체읽기를 하며 원하는 정보를 찾고 통합하고 평가하여 자신의 관점으로 표현하는 인문학 접근의 창의·융합적 학습 전략과 활동이 가능해진다. 그리고 뉴 리터러시 학습을 하면 디지털매체정보를 활용하여 자신의 감정과 사고를 마음껏 표현할 수 있는 수업활동이 이루어질 수 있다. 이는 디지털과 아날로그의 융합을 이끌며, 인문학을 접근으로 한 학생 주도적 창의·융합적 인재로 양성하는 스템(STEAM)교육의 시작이라 하겠다.

잘 알다시피, 학생들은 가르치는 대로 학습 되는 것이 아니다. 누구에 의해 가르쳐진 것은 그 효과가 오래가지 않는다. 이것이 뉴 리터러시 교육의 원리이며 실제이다. 뉴 리터러시 학습은 발견학습(discovery learning)과 경험학습(experience learning)의 중요성을 기반으로 한다. 뉴 리터러시 학습과정은 학생 스스로 실제적 문제를 제기하고, 다양한 정보를 검색하여 찾아, 읽고 또 다르게 읽기를 통한 학생 주도적 탐구학습이 이루어진다. 탐구된 내용은 자신의 관점에서 재창조되어 표현되고 이를 다른 사람들과 소통하는 과정을 거친다. 뉴 리터러시 교육은 바로 교사 중심의 학습을 지양하고, 학생 중심의 학습을 적극적으로 추구한다. 한편 교사는 지식의 전달자가 아니라 학습 코치(learning coach)며 동기 유발자(motivator)의 역할을 하는 것이다. 진정한 학습은 학생의 수준과 흥미에 맞는 자료로 학생 자신에 맞는 속도와 학습 성향에 맞게 배우는 것이다. 이런 점에서 볼 때, 뉴 리터러시 학습은 진정한 학습모델을 따른다. 결국, 뉴 리터러시 교육을 하면 학생수준과 흥미에 따른 학생 주도적 학습을 통해 학생들은 인문학 접근의 창의・융합적 인재로 양성될 수 있다.

'이 같은 교수학습 방법에 관해서는 그동안 수없이 들어왔다. 이론적으로는 모두 다 맞는 말이다. 그런데 이론과 실제는 다르다'. 교육현장에 계시는 분들은 이구동성으로 이같이 말을 한다. '왜 옳다고 생각하는 대로 현장에서는 교수학습이 안 되는가요?'라고 물으면, '현장을 모르는 소리'라며 무엇보다 입시제도 때문이라고 말한다. 또는 현장 교사들의 문제가 아니라 국가 교육정책의 문제라고 말한다. 교육 행정가들은 대학이 바뀌 주면, 대학은 학생들이나 부모님들의 니즈가 바뀌면, 초중고 교육기관들에서는 대학입시 제도가 바뀐다면 모든 문제가 없어지는 것처럼 말한다. 과연 그럴까? 결국 닭이 먼저 인지, 달걀이 먼저인지에 대한 핑계는 예나 지금이나 어디서나 통용되는 진리인 듯하다.

국가 교육정책과 입시제도 탓이지, 학교 현장교사들의 책임은 전혀 없는 것인가? 현재의 교육정책 하에서 창의・융합적 인재양성을 위한 초등학교 리터러시 교육에 대한 답은 없는 것일까? 만약에 모든 교육자들이 자기의 위치에서 교육의 본질과 학생들이 미래 사회에서 성공적인 건강한 시민으로 살아가도록 이끌기 위해서 지금 무엇을 어떻게 가르쳐야 할지를 교육적 측면에서 고민하면 답을 쉽게 찾을 수 있지 않을까? 그런데 지금은 고민할 때가 아니라 실천해야 할 긴급한 시점이다. 최근 세계 교육정책 추이를 보면, 해답은 이장의 첫머리에서 찾을 수 있을 것 같다. 앞에서 언급했듯이 발견학습과 경험학습으로 교수자 중심의 학습을 지양하고, 학습자 중심의 학습이 되도록 교실수업이 이루어진다면 가능할 수 있다고 본다. 미래 사회에서는 교사에 의해 주어지고 가르쳐진 내용과 지식을 이해하는 능력만으로는 부족하다. 수없이 쏟아지는 지식, 정보, 다양한 변화와 문제들에 대처하고 해결할 수 있는 능력을 요구한다. 그래서 교사가 무엇을 가르치고 제시해 줄 것인가 보다, 학생 스스로가 지식과 정보를 사용해 어떻게 문제 해결을 할 것인가에 초점을 둔 뉴 리터러시 교육이 실천되어야 한다. 이는 기존의 교육 내용에 뭔가 다른 하나를 더하는 것이 아니라, 새로운 정보들에 대한 창의・융합적 교수학습 방법으로 새롭게 변화하는 것이어야 한다.

　최근 세계적인 교육정책 방향을 비추어볼 때 우리나라에서도 교수학습에 대한 변화의 필요성이 더욱 절실하다. 본인은 언제부턴가 세계 각 국가들이 추진하고 있는 교육정책들에 관심을 갖기 시작했다. 이와 관련하여 세계 각국에서 자국의 현 학생들이 미래 사회에 성공적으로 적응할 수 있도록 하는 뉴 리터러시 능력에 대해 꾸준히 연구를 해오고 있다. 우리나라 공/사교육기관들도 이제 뉴 리터러시 학습에 관심을 가져야 할 때이다. 지금까지 뉴 리터러시에 대한 연구는 대부분 ICT 관련 연구가 이루어져왔다. 그리고 교사들은 뉴 리터러시 분야가 자신의 영역이 아니라고 소홀히 취급해왔다. 하지만 이러한 사고로는 학생들의 미래를 책임질 수 없다. 최근 뉴 리터러시에 관한 연구는 미래 사회를 살아가는 데 필요한 가장 기본이 되는 소양으로서 수학, 과학, 그리고 읽기 리터러시를 강조하고 있다. 그중에서도 가장 핵심인 다양한 매체 정보 읽기 리터러시에 대한 교육계의 관심은 뜨거울 정도이다.

　이제 우리나라 초등학교 교사들도 교과서의 지식을 전달하는 수준에서 벗어나, 학생들이 흥미있어 하거나 궁금해 하는 실제적인 문제들에 대해 인터넷 세상에서 직접 필요한 것들을 찾고 문제해결 능력을 갖추도록 이끌어주는 인문학 접근의 창의·융합적 사고와 학습활동들을 제공해 주어야 한다. 그리고 교사들은 디지털 원주민인 학생들과 디지털 세상에서 함께 놀아주는 놀이꾼으로서, 그리고 뉴 리터러시 학습코치로의 변화가 필요하다. 일반적인 학습코치는 학생들이 변화해도 자신들은 잘 변화하지 않는다. 하지만 뉴 리터러시 학습코치는 학생들의 다양한 강점과 니즈를 가지고 새로운 리터러시 학습에 참여한다는 사실을 이해하는 사람이다. 그래서 학생들과 하나가 되기 위해 변화를 추구한다. 무엇보다 학생들의 강점을 어떻게 살리고 그들의 니즈를 어떻게 이끌 것인지를 알려고 노력한다. 뿐만 아니라 변화하는 학습환경에 맞춰 세계 교육평가에 맞춘 인문학 접근의 창의·융합적 뉴 리터러시 학습활동을 지원한다.

　코치라는 단어는 스포츠계에서 흔히 접해왔다. 코치들은 학생이 앞으로 이룰 것에 대한 모델을 갖추고 학생들을 이끈다. 그리고 학생들이 그들의 학습목표에 도달하기 위해 학습전략을 사용하도록 도와준다. 뉴 리터러시 학습 코치들은 밖에 서서 지켜보는 사람이 아니라, 학생의 보조에 맞추며 때론 함께 뛰며 일하는 사람들이다. 그리고 학생들에게 피드백을 주며 학생과 함께 학습활동에 참여한다. 뉴 리터러시 학습코치가 되기 위해 교사는 학생들의 학습태도와 스킬을 확인하고 이끈다.

시대의 변화에 따른 인문학 접근의 창의·융합적 학습을 이끄는 유능한 뉴 리터러시 학습코치는 여러 가지 영역에서 능숙해야 한다. 특히 교과 학습목표에 타당한 주제 및 학습내용, 학생과의 관계 및 소통 스킬에서도 능숙함을 가져야 한다. 특히 뉴 리터러시 학습코치들은 학생들을 위한 인간적인 코칭 스킬 뿐 아니라 학습내용과 교육적 지식에 대한 코칭 스킬도 필요하다. 다음의 사이트는 뉴 리터러시 학습코치들의 역할과 질에 대해 구체적으로 정리하고 있다
(http://www.reading.org/resources/issues/positions_coach.html).

모든 공/사교육기관에서도 교과학습의 기본이 되는 인문학을 제대로 교육하고자 뉴 리터러시 학습코치를 두고 학생들의 미래교육을 준비해야 할 필요가 있다. 뉴 리터러시 코치교사들은 미래사회에서 살아가야 할 학생들에게 지금 필요한 교육이 무엇이며, 어떤 능력을 갖추어야 하는지를 연구해야 한다. 그리고 교육기관에서 제공하는 모든 프로그램들에 대한 내용과 방법에 대한 변화를 이끌어 새로운 교수학습 방법을 각 프로그램에 녹여내야 한다. 이렇듯 모든 교사들이 뉴 리터러시 전문가가 되도록 끊임없는 뉴 리터러시 교사교육을 이끌어야 할 필요가 있다.

다양한 매체 정보를 읽고 원하는 정보를 찾아 자신의 관점으로 재해석하는 창조적 쓰기를 이끄는 인문학 접근의 창의·융합적 인재양성을 목표로 하는 뉴 리터러시 학습코치들은 흔히 다음과 같은 역할과 특징을 보인다.

1. 인문학 접근의 창의·융합적 인재 양성을 이끄는 뉴 리터러시 학습코치는 모든 교사들이 어떤 점에서든 학생들을 도울 수 있다는 확신을 갖도록 교사들을 지원한다. 그리고 교사들의 수행을 평가하기 보다는 학생들의 창의·융합적 뉴 리터러시 학습과정

을 신중히 지켜보고 다른 교사들을 도와주는 사람들이다

2. 인문학 접근의 창의·융합적 인재 양성을 이끄는 뉴 리터러시 학습코치는 뉴 리터러시 교육에 대한 내용지식을 발전시키고 다른 교사들의 뉴 리터러시 교수활동을 발전시키는 교사코칭 모델을 제시하고 실시한다.

3. 인문학 접근의 창의·융합적 인재 양성을 이끄는 뉴 리터러시 학습코치는 창의·융합적 교수학습 활동에서 적절한 질문 스킬을 보여주며 학생들이 주도적으로 학습경험을 갖도록 이끌며 신뢰를 보여준다.

4. 인문학 접근의 창의·융합적 인재 양성을 이끄는 뉴 리터러시 학습코치도 결코 모든 것을 알지 못한다. 때문에 능숙한 뉴 리터러시 학습코치는 교사들의 이슈와 관심을 공유하면서, 신뢰를 기반으로 뉴 리터러시 교수학습 활동을 다른 동료교사들과 함께 협업적으로 해결한다.

위와 같이 인문학 접근의 창의·융합적 인재 양성을 이끄는 뉴 리터러시 학습코치들은 수업의 실제에 학생들과 함께 참여한다. 그리고 학생들의 창의·융합적 학습 스킬을 지원한다. 뿐만 아니라, 더 유능한 뉴 리터러시 학습코치로 성장하기 위해 뉴 리터러시 교수학습에 관한 지식, 스킬, 성향에 대해 스스로 체크리스트를 작성하며 점검한다.

교사들은 세상이 원하고 있는 교육자의 새로운 개념인 인문학 접근의 뉴 리터러시 학습코치가 되어야 한다. 그래서 미래 사회가 원하는 창의·융합적 인재 양성을 추구하는 교육을 실천함으로서 학생들에게 미래 뉴 리터러시 학습 스킬을 길러주어야 한다. 지금의 위치에서 인문학 접근의 창의·융합적 인재 양성을 이끄는 뉴 리터러시 학습을 향한 교사 개개인의 노력이 하찮고 미세하다 해도, 점차 도미노 되어 우리나라 교육계 전반의 변화를 이끌어내는 큰 동력이 될 것이다. 교사나 학부모들은 오늘도 자녀들의 창의·융합적 뉴 리터러시 학습코치로서의 노력을 실현해야 한다

# 3 뉴 리터러시 학습을 하면 읽기가 달라진다

디지털매체읽기와 뉴 리터러시 교육이 어떻게 관련되는지에 대한 이론과 연구가 그리 많지 않다. 인터넷이 없으면 한 시간도 지탱하기 어려울 정도로 인터넷은 우리 삶의 갑 중 갑인데도 말이다. 인터넷이 우리 삶의 일부가 되면서 매일매일 디지털매체정보의 홍수 속에서 원하지 않아도 디지털매체를 읽고 쓰는 일이 일상이 되고 있다는 것을 인지하고 있는데도 그렇다. 이렇듯 디지털매체읽기와 뉴 리터러시 교육과의 관련성에 대한 이론과 연구가 많지 않은 이유는 인쇄매체읽기에 익숙해있던 우리들이 디지털매체읽기를 인쇄매체읽기와 거의 동일하게 여겨, 둘 사이의 차이나 관련성에 별 관심을 갖지 않았기 때문일 것이다.

그런데 최근 디지털매체읽기와 뉴 리터러시 교육과의 관련성과 차이점에 대한 연구들이 시작되고 있다. 예를 들어, 6학년 학생들을 대상으로 한 연구에서 인쇄매체읽기에 우수한 학생들은 디지털매체읽기와 인쇄매체읽기능력에 거의 차이를 보이지 않는다는 연구결과를 보여준다. 또한, 7학년 학생들 중 인쇄매체읽기능력과 디지털매체읽기능력 사이에는 일관성을 거의 찾지 못했다고 보고된 바가 있다. 그 외에도 청소년들에게 디지털매체읽기를 가르치는 프로젝(TICA)으로 읽기를 잘하는 7학년 학생들이 디지털매체읽기를 하는 동안 사용하는 스킬과 전략을 연구[1]하기도 했다.

---

1) 이 프로젝트의 웹사이트는 http://www.newliteracies.uconn.edu/iesproject/이다.

이처럼 최근 디지털매체읽기와 뉴 리터러시 능력과 관련된 연구들은 대부분 다음과 같은 연구문제들을 다룬다.

　1) 디지털매체읽기와 인쇄매체읽기에서 학생들은 어떤 차이를 보이는가?

　2) 디지털매체읽기에서 능숙하기 위해 학생들은 무엇을 습득해야 하는가?

　3) 디지털매체읽기를 하는 동안 학생들은 뉴 리터러시 스킬, 전략 그리고 특성을 어떻게 습득하는가?

지금까지 읽기관한 연구들은 대부분의 경우 학생들의 내면에서 수행되는 활동들에 관심을 가져왔다. 읽기를 하는 학생들의 이해과정을 인지적으로 관찰하거나 그들의 언어학적인 면들을 주로 설명하였다. 또는 읽기 이해과정에서 사용되는 다양한 기능들이 어떻게 수행되는지를 관찰하기도 했다. 그런데 최근에는 디지털매체읽기에 관한 연구들이 주를 이룬다. 이런 연구들은 디지털매체읽기, 디지털매체읽기와 소통결과, 그리고 디지털매체읽기를 하는 동안 필요한 스킬, 전략과 특성, 그리고 이들의 꾸준한 변화를 이끄는 읽기목적에 대한 연구들이 있다. 이러한 연구들은 전통적인 인쇄매체읽기에 대한 확장된 연구들로 보여진다.

디지털매체읽기와 뉴 리터러시 학습은 우리 삶의 많은 영역에 영향을 미치고 있는 것이 사실이다. 그리고 우리의 삶에 매일매일 등장하고 있다. 때문에 우리는 빠르게 변화하는 디지털매체정보와 소통기술을 사용하고, 이러한 환경에 적응하기 위해 필요한 스킬, 전략 그리고 특성을 익혀야 할 필요가 있다. 학생들이 교과학습을 할 때나 일상의 삶에서 디지털매체읽기활동을 통한 뉴 리터러시 스킬은 매우 중요해지고 있다. 학생들은 매일 필요한 정보위치를 찾기 위해 인터넷 환경을 뒤지고 서핑을 한다. 정보를 찾았다고 해도 찾은 정보의 유용성과 신뢰성을 비판적으로 평가를 해야 한다. 필요한 정보나 질문에 답이 되는 정보를 찾기 위해 다양한 정보를 통합하는 비판적이고 융합적 사고과정을 거친다. 또한, 이를 다른 사람들에게 소통하기 위해 인터넷이나 다른 ICTs 기술을 사용한다.

최근 연구들에서는 학생들이 디지털매체읽기를 하는 뉴 리터러시 읽기과정에서 나타나는 5가지 주요 스킬을 확인하고 있다(Coiro, J. (2011, 2012). 참고문헌).

1) 교과주제학습에서 관심 있는 중요한 문제를 인식하고 확인한다.

2) 필요한 정보를 찾아 읽으면서 적절한 정보의 위치를 확인한다.

3) 찾은 정보결과를 읽고 정보의 유용성을 분석/평가한다.

4) 찾은 정보의 페이지를 읽으면서 문제해결을 위해 정보를 통합한다.

5) 통합된 정보를 자신의 관점에서 다시 쓰고, 이를 다른 사람에게 알린다.

위의 5가지 뉴 리터러시 스킬들은 디지털매체읽기에서만 보이는 스킬들도, 인쇄매체읽기를 할 때도 나타나는 스킬들도, 그리고 다소 중첩되는 스킬들도 있다. 이러한 5가지 뉴 리터러시 스킬들은 디지털매체읽기를 하는 동안 읽기목적, 읽기과제, 읽기환경 그리고 학생의 마음속에서 일어나는 읽기 전과정을 정리해준다. 뉴 리터러시 학습은 교과주제관련 궁금한 점과 탐구문제를 찾고, 이를 디지털매체읽기를 통해 답을 찾고자 인쇄매체읽기와 디지털매체읽기를 연결한다. 뉴 리터러시 읽기를 하는 동안 학생들이 행하는 읽기활동들을 구체적으로 정리해보는 것은 뉴 리터러시 학습과정을 이해하는 데 큰 도움이 될 것이다.

## 1) 교과주제에 대한 질문이나 궁금한 문제를 확인하기

디지털매체정보를 읽는 이유는 2가지 크고 작은 문제들에 답을 찾거나 문제를 해결하기 위해서일 것이다. 큰 문제는 '국제테러 발생이 있었던 국가들을 찾고 공통점과 차이점을 구분하라' 같은 것이라면, 작은 문제는 '여름방학때 미국을 가는데 가장 낮은 가격은 얼마인가?' 같은 문제를 해결하기 위해 디지털매체정보를 읽는다. 이처럼 디지털매체읽기가 궁금한 질문이나 문제들에 답을 찾기 위해 읽기를 시작하게 된다는 점은 디지털매체읽기가 인쇄매체읽기와 차이가 되는 중요한 특징이 될 수 있다. 그런데 디지털매체읽기와 뉴 리터러시 관련 연구에서 보면, 인쇄매체읽기에서도 궁금한 문제나 질문을 가지고 읽기를 시작하는 것은 그렇지 않은 읽기와는 읽기과정, 목적과 이해 등에서 큰 차이를 보인다는 점을 강조하고 있다.

디지털매체읽기와 인쇄매체읽기에서 학생 자신이 교과주제에 대해 평소 궁금한 것이나 관심을 갖고 있던 실제 사항에 대해 학생이 스스로 문제를 만드는 일은 탐구활동의 기본이 된다. 학생 스스로가 문제를 제기하는 것은 탐구학습과 자기주도 학습의 네비게이션이 된다. 이처럼 디지털매체읽기 목적은 인쇄매체읽기 목적과는 다르게 학생 자신의 궁금한 문제에 답을 찾는 것으로 시작된다. 학생이 만든 질문에 답을 찾기 위한 디지털매체읽기는 교사나 부모님이 선택해준 책이나 인쇄매체텍스트를 읽는 것과는 차별화된 읽기목적이며 읽기동기를 가진다. 하지만 인쇄매체인 책을 읽을 때도 학생 스스로가 직접 선택한 책 읽기를 하는 것과 부모가 사준 책을 읽는 것과는 읽기 동기에 큰 차이가 있을 수 있다. 학생 스스로가 선택한 책은 왜 이 책을 읽으려고 선택한 것인지에 대한 질문과 답을 갖고 읽기를 시작하는 것과 비슷하기 때문이다. 이는 궁금한 문제를 갖고 읽기를 하는 것은 읽기동기를 이끌어 효과적인 읽기를 가능하게 한다.

## 2) 질문이나 문제해결을 위해 필요한 정보를 찾고 위치를 지정하기

인터넷은 방대한 정보를 포함하고 있다. 때문에 찾고자 하는 정보가 어디에 있는지를 찾는 일은 인쇄매체읽기에서는 경험하지 못한 읽기과정이다. 스스로 만든 질문이나 문제에 해결안을 주는 적절한 정보를 찾고, 정보의 위치를 찾는 스킬은 인쇄매체읽기에서 경험해보지 못한 디지털매체읽기과정에서 중요한 스킬이며 전략이다. 원하는 정보를 찾기 위해 수많은 정보가 있는 인터넷 환경을 검색해야 한다. 우리는 여태까지 검색엔진을 사용하여 필요한 정보를 찾는 일은 도서관 전문가들이나 사용하던 전략이라고 여겨왔다. 디지털매체읽기에서 필요한 정보를 찾는 일은 전문가들이 하는 검색전략을 필요로 한다. 수많은 정보들을 담고 있는 인터넷 환경에서 자신이 찾고자 하는 정보의 위치를 찾고, 정보위치를 지정하는 스킬과 전략은 디지털매체읽기과정에서 반드시 점검되어야 하는 중요한 스킬이다.

<디지털매체읽기에서 정보위치 지정 스킬을 확인하는 질문들>

| 1) | 필요한 정보가 있는 위치를 찾고자 검색엔진 사용방법을 아는가? |
|----|------------------------------------------------------|
| 2) | 검색엔진 결과를 제대로 읽는가? |
| 3) | 필요한 정보가 있을 것 같은 정보위치의 웹페이지를 읽는가? |
| 4) | 다른 사이트에서도 정보를 찾기 위해 한 사이트에서 링크하여 정보가 어디에 위치하는 지를 추론하는가? |

이 같은 스킬들은 순서대로 나타나기도 하고 서로 엉켜 나타나기도 한다. 학생들이 디지털매체읽기를 하는 동안 다른 읽기전략이 필요하기도 한다. 인터넷에 있는 정보위치를 찾는 능력은 디지털매체읽기에서 매우 중요한 기술이다. 그 이유는 인터넷 상에서 질문이나 문제해결을 위해 관련 정보를 어떻게 접근하고, 무엇을 찾는지를 아는 일은 학생의 주관적인 활동이기 때문이다. 정확한 정보위치를 찾는 일은 디지털매체읽기의 효과성을 결정하는 가장 중요한 문지기 역할이기도 하다. 수많은 정보가 담겨있는 인터넷에서 학생 스스로가 작성한 질문에 답이 되는 정확한 정보를 찾는 일은 쉽지 않은 일이다. 대다수의 학생들은 단순히 '클릭하고 그냥 보는'전략을 사용한다. 사실, 결과페이지 항목들을 읽는 학생들은 거의 없다. 대다수 학생들은 필요한 것과 비슷하게 보이는 것을 대충 훑어보는 듯하다가, 읽지 않고 결과페이지만 클릭하고 URL을 바로 적는다. 대부분 학생들은 검색엔진 결과의 리스트를 다운하고 검색결과 설명에 대해서는 거의 읽지 않는다. 하지만 간혹 구글 같은 검색엔진에서 결과페이지를 읽어 찾아내는 학생들이 있기도 하다. 검색결과를 읽는 방법을 아는 학생과 그렇지 않은 학생은 디지털매체읽기를 잘 할 수 있는지를 가늠하는 중요한 지표가 된다.

## 3) 다양한 정보를 비판적으로 평가하기

인터넷 상에는 검증되지 않은 수많은 정보들이 있다. 하지만 이 많은 정보들이 전문가들의 정보인지, 아니면 신뢰 있는 정보인지를 비판적으로 분석하고 평가하는 스킬과 전략이 필요하다. 이러한 스킬과 전략은 다양한 매체읽기를 하는 학생들이 반드시 갖추어야 하는 중요한 스킬이며 전략들이기 때문이다. 대부분의 학생들은 자신이 찾은 정보가 있는 글을 무조건 신뢰해버린다. 무엇보다 인터넷에 있는 많은 정보가 신뢰할 수 없다는 사실을 알고서도 자신이 찾은 정보는 무조건 신뢰해 버린다.

디지털매체읽기를 하는 동안 수시로 나타나는 다양한 정보들을 비판적으로 평가하는데 능숙한 학생들이 주로 사용하는 5가지 정보평가 체크리스트 항목들이 있다.

〈디지털매체읽기에서 정보평가하기를 확인하는 질문들〉

| | |
|---|---|
| 1) 정보가 이해도를 평가 | 내용이 나에게 이해가 되는지? |
| 2) 정보의 관련성을 평가 | 내가 필요로 한 정보인지? |
| 3) 정보의 정확성을 평가 | 다른 신뢰있는 자료로 이 정보를 증거할 수 있는지? |
| 4) 정보의 신뢰성을 평가 | 내가 그 정보를 신뢰할 수 있는지? |
| 5) 정보의 편견을 평가 | 작가는 그것을 어떻게 표현하는지? |

이 항목들은 인쇄매체읽기과정에서도 발견될 수 있는 항목들이다. 하지만 디지털매체정보를 평가하는 일은 인쇄매체읽기과정에서는 경험하지 못한 새로운 스킬과 전략이 필요하다. 예를 들어, 처음 방문할 웹사이트를 지정하기 위해 검색엔진 결과를 어떻게 평가할지를 아는 것은 매우 중요하다. 특히 이 사이트의 URL이 .org, .com, .exe 인지, 아니면 개인이나 그룹에 의해 만들어진 것인지를 평가해야 한다. 이는 정보유형을 알 수 있는 지표이기 때문이다. 하나의 사이트에 대해 평가한 후, 작가가 누구인지 알아보기 위해 어느 사이트로 이동하는지? 글을 쓴 사람의 배경은 어떠한지? 작가는 인터넷에 정보를 어떻게 표현하고 있는지? 이 정보를 입증할 수 있는 다른 사이트가 있는지? 디지털매체정보를 읽는 동안 이 같은 많은 질문들을 하면서 주어진 정보에 대해 평가를 한다. 디지털매체정보는 누구든 탑재가 가능하기 때문에 정보의 신뢰도에 대한 분석과 평가는 디지털매체읽기과정에서 매우 중요한 스킬이며 전략이다.

## 4) 다양한 정보를 통합하기

디지털매체읽기가 인쇄매체읽기와 다른 또 하나의 스킬은 정보를 통합해야 하는 일이다. 정보통합과 관련된 많은 연구가 앞으로 있을 것이다. 왜냐하면 정보통합은 학생들의 머릿속에서 일어나는 활동이기 때문이다. 정보통합 과정은 눈에 보이지 않는 빠르게 일어나는 사고활동이고, 과정이다. 정보통합 스킬과 전략은 눈으로 보이지 않는 특성이며 스킬이므로 학생들의 활동을 관찰하는 데 많은 어려움이 있다. 그래서 정보통합 과정은 그동안 읽기 관련 연구들에서 연구자들의 관심영역이기도 하다. 전통적인 읽기 연구에서도 읽기의 인지적 과정에 대한 연구가 가장 많았다는 점을 볼 때, 정보통합 과정은 미래 디지털매체읽기에서 가장 많은 연구 분야로 예측된다.

학생들이 문제해결을 위해 질문에 답을 찾고자 디지털매체읽기를 하는 경우 2가지 방식의 정보통합 과정이 진행된다. 인쇄매체읽기를 할 때처럼 디지털매체읽기에서도 학생들은 정보에 대해 이해한 것을 함께 놓고 텍스트들의 의미를 통합한다. 이는 인쇄매체읽기에서도 발견되는 정보통합 방식이다. 반면에 디지털매체읽기에서는 질문에 답을 찾고자 학생들이 선택한 사이트를 방문하고, 그 다음에 링크될 사이트를 뒤지면서 앞으로 누군가와 소통할지를 생각하며 텍스트 메시지를 적극적으로 구축해간다. 그런데 정보통합 과정에서는 읽기에 참여하는 두 학생이 물리적으로 같은 텍스트 정보를 읽지 않는다. 심지어 해결할 문제와 질문이 같다고 해도 똑 같은 텍스트를 읽지 않는다. 읽을 텍스트를 선택하는 일은 인쇄매체읽기에서도 일어난다. 하지만 디지털매체읽기에서는 학생이 주관적으로 텍스트를 선택하고, 선택한 텍스트를 읽고, 정보를 통합하는 일들이 다른 학생과 같을 수 없다. 읽는 스피드, 읽는 정도, 읽는 텍스트 길이나 텍스트 내용 등, 어떤 것도 두 학생이 같을 수 없기 때문이다. 이렇듯 학생이 주관적으로 선택한 텍스트가 다른 학생의 텍스트와 같지 않다는 점은 디지털매체읽기에서만 가능한 일이다. 다시 말해, 텍스트를 주관적으로 선택하는 일은 디지털매체읽기를 정의하는 특징이라는 말이다. 인쇄매체읽기과정에서도 정보통합 과정이 일어나지만, 디지털매체읽기에서 일어나는 텍스트 간 정보통합은 학생 개개인의 주관적 선택의 문제이므로 훨씬 더 주관적인 작업이다.

## 5) 자신만의 정보로 소통하기

기술의 발달과 인터넷 사용은 우리에게 새로운 소통방식을 사용하게 해주었다. 학생 개개인은 인터넷을 통해 자신의 선택적 권리와 사회적 편리를 사용한다. 뉴 리터러시 읽기과정에서 학생 개개인이 사용하는 스킬들은 학생 자신들이 선택해서 사용한 전략 이고 방식이다. 최근 디지털매체읽기와 쓰기는 인터넷 세상에서 이루어지는 소통의 한 묶음으로 여겨진다. 이는 디지털매체읽기 전 과정에는 읽기를 통한 표현과 소통이 포함 된다는 것을 의미한다. 인터넷 세상에서 학생들이 정보를 읽고 이해하고, 표현하기 위해 사용하는 이메일, 매신저, 채팅, 블로그, 위키, 수업보드, 그리고 스마트폰 등은 소통을 위한 도구들이다. 학생들은 이러한 도구들을 사용하면서 디지털매체읽기를 하고, 궁금한 질문에 답을 찾고, 찾은 정보를 평가하고 통합하여, 결국 자신의 관점에서 다시 표현하여 인터넷 세상에 있는 많은 사람들과 자신의 창의적 의견을 공유하고 소통한다. 같은 정보내용을 다른 관점에서 바라보는 의견(opinion)이 중시되는 인터넷 세상에서 다양한 소통도구를 사용한 표현의 자유는 많은 것을 가능하게 해준다.

학생들은 디지털매체읽기이해를 위해 스킬, 전략, 특성을 어떻게 얻고 사용하는가? 디지털매체읽기를 하는 동안 학생들이 뉴 리터러시 스킬과 전략을 습득하도록 교사들은 학생들을 어떻게 지원을 해야 하는지에 대해 아직 이해하지 못하고 있다. 하지만 많은 연구들은 뉴 리터러시 스킬과 전략 구축을 도와주는 방식으로 직접적인 교육보다는 사회적 변화와 구축을 학생들이 직접 해봄으로서 더 잘 습득될 수 있다고 말한다. 리터러시 활동은 상황이나 환경에 따라 변할 수 있기 때문이다. 인터넷 사용에 아주 익숙한 교사들이라도 빠르게 변화하는 뉴 리터러시를 모두 따라잡을 수는 없다. 그리고 계속 업데이트된 디지털매체읽기에 대한 리터러시를 습득하기 위해 교사들도 다른 사람들의 도움을 받아야 한다. 어떤 교사는 구글 사용에 효율적인 전략을 잘 알고 있는 반면에, 다른 교사는 위키에서 정보를 소통하는 데 필요한 전략을 더 잘 알고 있을 수 있기 때문에, 교사들이 서로 협업적으로 뉴 리터러시를 익히는 것이 효과적이다.

과거 리터러시 교육은 정보습득에 그 목적을 두었다. 그래서 교사들이 학생들보다 더 많은 문식력을 갖추고 있다는 점이 전제되었다. 하지만 이젠 교과서나 교실에서 수집되던 지식이 더 이상 문식력을 가늠하는 기준이 될 수 없다. 교실 밖에는 뉴 리터러시가 매우 다양해지고 있고, 빠르게 변화되고 있다. 어제 보다 오늘, 더 새로운 리터러시가 나타나고 있다. 어제의 리터러시로는 오늘의 리터러시 전망을 예측할 수 없다. 디지털매체읽기에 대한 어떤 한 측면에 대해서는 학생이 교사보다 더 많이 알 수도 있다. 학생들에게는 있는데 교사들은 갖고 있지 않은 뉴 리터러시가 점점 더 새롭게 등장하고 있다. 때문에 교실수업에서 교사 주도적 수업이 이루어진다면 이는 점점 과거로 돌아가는 학습이 될 수 있다. 반면에 디지털매체읽기에 빠져 살아가는 학생들이 주도한 뉴 리터러시 수업으로 이루어질 때는 세상의 변화에 따라가는 뉴 리터러시 학생이 될 수 있다.

# 4 뉴 리터러시 학습을 하면 기회와 도전이 있다

디지털매체읽기를 어떻게 해야 학생들이 이해를 더 잘할 수 있을까를 고민하다가, 본인은 미국 Connecticut대학에서 실시되고 있는 뉴 리터러시(New Literacies)교육에 대해 여러 해 동안 연구를 해 왔다. 그러는 동안 다음과 같은 사실을 알게 되었다. 1) 뉴 리터러시 교실수업에서 학생들은 인터넷 활용을 통해 디지털매체읽기를 할 때가 교실에서 이루어지는 인쇄매체읽기를 할 때보다 리터러시 활동에 더 많이 참여한다는 사실을 알게 되었다. 뿐만 아니라 2) 뉴 리터러시 수업에서 학생들은 친구들과 소통을 하기위해 스마트 폰과 디지털 미디어를 자연스럽게 사용한다는 점도 알게 되었다. 그리고 3) 디지털매체정보를 읽고 이해하면서 뉴 리터러시 스킬을 끊임없이 사용할 기회와 도전을 받고 있다는 사실도 알게 되었다.

과거에는 디지털리터러시 스킬을 사용하는 사람들은 보통 컴퓨터 교사나 도서관원들이었고, 그들이 할 수 있는 일에서만 필요한 스킬이었다. 더군다나 학생들이 학교수업에서 디지털매체리터러시 스킬을 사용할 거라고는 생각지도 못한 일이었다. 그런데 인터넷 환경이 우리 삶의 일부가 되면서 교실수업에서도 학생들의 삶의 일부가 된 인터넷을 거부할 수만을 없는 학습환경이 되었다. 더 이상 교과서나 인쇄매체인 책을 통해서만 리터러시 교육이 이루어질 수 없게 되었다는 말이다. 리터러시 교육은 모든 교과학습을 통합할 수 있는 가장 적합한 기초학문이다. 리터러시 학습이 제대로 이루어지지 않으면 교과학습을 절대 잘할 수 없다. 최근 세계 교육정책은 대개 자연과학을 중심으로 한 융·복합 학습에 치중되고 있다. 인문학을 중심으로 한 교과 간 융·복합 학습이 이루어지는 것은 불가능한 일이라고 생각해왔다. 그런데 최근 뉴 리터러시 학습을 통해 인문학 접근의 다양한 교과영역이 주제를 통해 융·통합되는 교과통합학습이 가능해지게 되었다.

리터러시 학습과 교과학습을 통합하는 뉴 리터러시 학습에서 학생들의 삶의 매체가 된 인터넷을 통한 디지털매체읽기를 가르치는 방법을 찾는 것이 매우 중요해졌다. 교과목의 중심에는 읽기와 쓰기가 있다. 교과목의 기본 스킬인 읽기와 쓰기 스킬을 교과학습과 어떻게 연결하며, 시대변화에 맞는 미래지향적 리터러시 교수학습 방법을 모색하는 것은 초등 리터러시 교사들에게 매우 중요한 책무가 되었다. 시대에 맞는 뉴 리터러시 스킬과 교과학습을 통합하는 효과적인 교수학습 방법을 찾아야 하는 이유는 전 세계 교육동향이 인문학 접근의 융·복합 교과수업을 지향하고 있기 때문이다.

Coiro, J. (2014)에 따르면, 인터넷에서 다양한 매체정보를 읽을 때, 학생들은 많은 도전과 기회를 마주하게 된다. 디지털매체읽기에서 마주치는 도전과 기회는 1) 학생들이 디지털매체읽기를 할 때 필요한 뉴 리터러시 스킬을 이해하고, 뉴 리터러시 스킬에 능숙하기 위한 도전을 하게 된다. 2) 인터넷을 뉴 리터러시 학습 환경으로 사용하는 방법을 배우는 데 필요한 특별한 디지털 지식을 갖추기 위한 도전을 하게 된다. 3) 새로운 지식에 적극적으로 참여하는 학생이 되고 뉴 리터러시 학습에서 능숙한 학생이 되기 위한 도전을 하게 된다. 마지막으로 4) 학문적 목적으로 인터넷을 사용하는 것에 대한 긍정적인 태도를 가지려는 도전을 하게 된다(Coiro, J. (2014).

디지털매체읽기에 능숙한 학생들은 자신에게 흥미롭고 관심있는 교과주제에 대해 탐구할 질문을 만든다. 다른 사람들과 아이디어를 공유할 때도 학생이 관심을 가진 문제에 대해 다른 사람과 다른 관점에서 바라보려고 노력한다. 그 결과 다른 사람들과 협업적으로 디지털 창조물을 만들어간다. 이렇듯 인터넷 세상은 학생들이 교실 밖 세상에서 배운 것을 재창조할 수 있도록 기회와 도전을 준다. 학생들이 인터넷 세상에서 놀면서 뭔가를 찾고 만들어낸다면, 이는 교실수업에서 얻는 교과내용학습보다 세상을 살아가는데 훨씬 더 필요한 더 큰 일을 하게 된다.

학생들의 삶의 일부가 된 인터넷 환경과 리터러시 연결, 다시 말해 인터넷 기반 디지털매체읽기 리터러시와 교과학습의 통합을 위해서는 교과학습과 디지털매체읽기과정이 어떻게 연결되고 변화하는지, 그리고 이들을 교실수업에 적용할 실질적인 교수학습 방법이 필요하다. 교실수업에서 교사가 선택해준 책을 읽기보다는 교과학습의 주제에 대해 스스로 문제를 제기하고, 이에 답을 찾아 탐구하는 디지털매체읽기를 통한 뉴 리터러시 학습이 더 필요하게 되었다. 뉴 리터러시 학습에서는 교과목(국어, 산수, 사회, 자연, 지구과학, 미술 등) 수업에서 교과내용의 주제와 관련된 학생자신들의 관심사에 대한 궁금한 내용을 디지털매체읽기로 연결하는 학습이 이루어진다. 이는 교과학습의 확장이며 교사 주도적 학습을 학습자 주도적 학습으로 승화하는 차세대 리터러시 교수학습 방법이 된다.

뉴 리터러시 학습을 위해 학생들은 교과주제와 관련해 탐구하고 싶은 점에 대한 문제나 질문을 만든다. 이 질문은 가족의 문제, 자신의 문제, 또는 이웃에서 해결하여야 할 문제일 수 있다. 그리고 나면, 질문에 답을 찾고자 인터넷 환경을 뒤져야 한다. 과거에는 질문에 답을 찾기 위해서는 직접 관련 사람들을 만나거나 답을 줄 수 있는 곳을 찾아다녀야 했다. 그런데 이젠 직접 걸어 다닐 필요가 없어졌다. 클릭 하나로 인터넷 세상을 잘 뒤지면 원하는 답을 찾을 수 있다. 그 다음에는 어떻게 검색을 해야 하는지를 알아야 한다. 이것은 어디를 어떻게 뒤져야 하는지를 알아야 하는 매우 주관적인 작업이다. 하지만 원하는 정보 찾기를 도와주는 검색엔진을 사용하면 된다. 검색엔진은 구글이나 네이버 같은 것인데, 이곳에서 학생이 찾고자 하는 정보에 대한 중요단어(keywords)로 검색하면 된다. 그리고 답을 찾을 수 있는 적절한 키워드를 사용하여 학습자가 만든 질문이나 문제를 해결할 수 있는 정보 사이트를 찾아내야 한다. 인터넷 환경에서 자신이 원하는 정보를 찾는 일은 도서관 선반에 있는 책을 찾는 것보다 더 쉬운 일이다. 그럼에도 인터넷에서 디지털 정보를 찾을 때는 특별한 스킬들이 필요하다(Coiro, J. (2014).

〈인터넷에서 디지털매체정보를 찾을 때 필요한 스킬들〉

1. 학생들에게 중요한 문제를 확인한다.
2. 정보를 위치 지정하는 새로운 방식이 있다.
3. 비판적으로 정보를 평가하기 위한 새로운 이유가 있다.
4. 학생들의 질문에 답이 되는 정보를 통합하기 위한 새로운 환경들이 있다.
5. 찾은 답을 다른 사람들과 소통하는 새로운 방식이 있다.

인터넷 연결만 되면 누구나 온라인 상태에서 디지털 정보를 탑재 할 수 있다. 만일, 질문에 답이 되는 텍스트 위치를 찾았다면, 찾은 정보의 타당성과 저자의 전문성에 대한 판단을 하는 것이 중요하다. 리터러시 활동과 교과학습이 통합되는 인터넷 학습환경에서, 디지털매체읽기를 하는 학생들은 멀티미디어, 사진, 그림, 이미지, 오디오, 비디오, 텍스트 등 다양한 형식의 정보를 접하게 된다. 디지털매체읽기를 하는 동안 학생들은 하나의 메시지를 다른 메시지와 통합하여 원하는 정보를 구축해간다. 그리고서 학생 자신의 생각이 다른 사람의 메시지와 어떻게 다르고, 차별화되는지를 표현하고, 공유하고 소통한다. 이러한 뉴 리터러시 스킬은 인쇄매체읽기에서는 가능할 수 없는, 디지털매체읽기에서만 가능한 학생 주관적인 도전이다.

디지털매체읽기를 하는 동안, 뉴 리터러시 학습단계에서 학생이 스스로 점검해야 하는 항목들이 있다.

〈디지털매체읽기 도전 시 점검되어야 할 항목들〉

| 디지털매체읽기 도전 | 디지털매체읽기에 대한 점검 항목 | 수행여부 |
|---|---|---|
| 1. 질문하기 | - 나는 무엇에 대해 더 알고 싶은가?<br>- 나는 어떤 검색단어를 사용하는가? | |
| 2. 정보위치지정하기 | - 나는 어떤 검색도구를 사용하는가?<br>- 나는 첫 번째 어디를 읽는가? | |
| 3. 정보평가하기 | - 내가 찾은 정보는 어떤 링크가 가장 유용한가?<br>- 나는 그것이 옳은 정보라고 어떻게 아는가?<br>- 나는 작가의 목적이 무엇인지 아는가? | |
| 4. 정보통합하기 | - 나는 아이디어를 어떻게 통합하는가?<br>- 나는 원하는 아이디어를 어떻게 만드는가? | |
| 5. 정보소통하기 | - 나는 다른 사람과 어떻게 공유하는가? | |

디지털매체읽기는 인터넷에서 검색엔진을 통해 원하는 정보를 찾고, 정보위치를 지정하여 찾은 정보의 질을 비판적으로 평가하고, 교과주제문제와 답이 되는 주요 정보들을 통합하고, 이를 자신의 생각으로 창조하여 소통하는 것에 대한 학생들의 뉴 리터러시 능력을 길러준다. 미국 Connecticut 대학에서 인쇄매체 책읽기와 인터넷상의 디지털매체읽기에서 학생들의 이해도를 측정하고 학생들의 점수 사이의 관계를 분석하였다. 특히 두 측정에서 한 학생들의 점수 사이의 관계를 살펴보았다. 이 평가에서 보여주는 특징은 인쇄매체읽기에서 낮은 성취를 보이는 학생은 디지털매체읽기에서도 낮은 수준을 보였다는 점을 설명하였다. 그리고 인쇄매체읽기에서 평균수준을 보이는 학생은 디지털매체읽기에서 평균 수준을 보이고, 인쇄매체읽기에서 높은 수준의 스킬을 가진 학생은 디지털매체읽기에서도 역시 높은 수준의 스킬을 가진다는 점을 보여주었다.

미국 Connecticut 대학의 뉴 리터러시 학습에 대한 연구(Corio, 2007)에서는 디지털매체읽기 스킬과 전략들과 인쇄매체텍스트를 읽고 이해하는 데 필요한 스킬 및 전략들을 비교하였다. 이 연구에서는 두 매체읽기 사이에 다른 스킬과 전략들이 있다는 증거를 보여주었다. 먼저, 인쇄매체읽기와 디지털매체읽기 리터러시의 평가에서 점수들 간의 관계를 측정하기 위해 사용된 분포도를 확인해 주었다. Connecticut Matery Test(CMT)라고 불리는 표준 사지선대형 이해평가에서 7학년 학생들의 89%가 참여하여 측정한 점수 분포도와 인터넷의 디지털매체읽기 이해 평가를 치른 학생들의 점수 분포도를 볼 수 있다.

〈인쇄매체읽기(CMT)와 디지털매체읽기 평가에서 학생들의 점수 분포도〉

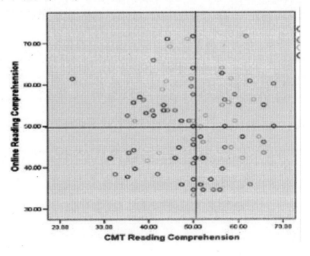

Connecticut Matery Test(CMT)라고 불리는 표준 사지선대형 이해평가에서 7학년 학생들의 인쇄매체읽기와 디지털매체읽기의 이해도 사이에 점수는 사실상 의미가 없어 보이는 듯하다. 분포도 점수가 그래프 전체에 분포되어 펼쳐져 있다. 특히 위쪽 왼편의 4분 1 정도의 보라색 점은 인쇄매체읽기에서 낮은 점수를 얻었지만 디지털매체읽기에서는 가장 높은 점수를 학생들을 표현한다. 또한, 오른쪽 아래의 녹색 점은 인쇄매체읽기에서 가장 높은 점수를 받은 학생이 디지털매체읽기에서는 가장 낮은 점수를 얻은 학생들을 표현하고 있다. 이 같은 매우 놀랄만한 결과는 인쇄매체읽기에서는 디지털매체읽기 때와는 다른 스킬과 전략을 필요로 한다는 점을 의미한다. 다른 면으로, 점수가 그래프 전체에 고르게 분포된 점은 어떤 스킬이나 전략들은 인쇄매체텍스트를 읽고 이해할 때나 디지털매체정보를 읽고 이해할 때도 동일하게 요구될 수 있다는 점을 말해준다.

Connecticut Matery Test(CMT) 연구결과를 명확하게 증명하기 위해 디지털매체읽기 이해 스킬과 전략에 대한 추가적 연구들을 찾아 볼 필요가 생겼다. Corio(2011)연구는 도덕적인면, 경제적인면 그리고 학문적인면에서 118명(남자 51, 여자 67)의 7학년 학생들이 인쇄매체읽기와 디지털매체읽기를 한 결과에 관한 연구이다. 이 연구를 위해, 학생들은 디지털매체읽기 이해를 위해 2~3가지 정보 찾기에 대한 수행여부를 평가받았다. 디지털매체읽기에서 학생들은 협업적인 정보교환을 위해 인터넷 사용이 허락되었다. 디지털매체읽기 이해도 평가는 위치지정, 정보에 대한 비판적 평가하기, 통합하기, 소통하기 과제를 수행하는 동안 읽기이해 부분을 측정하기 위해 20개 열린 문항이 포함되었다. 첫 번째 질문은 '세상에서는 일산화탄소 중독을 왜 그렇게 두려워하는가?' 두 번째 가이드 질문은 디지털매체읽기에 대한 과학 과제도 일산화탄소 중독의 위험성과 호흡체계에 대해 몇 가지 더 중요한 것들을 인터넷을 통해 학습하도록 했다.

많은 연구들은 디지털매체읽기가 인쇄매체읽기보다 훨씬 더 복잡하다고 말한다. 어떤 연구는 디지털매체읽기 이해에 영향을 미치는 4가지 요인들로 텍스트, 활동, 독자와 환경의 특성이 포함된다고 강조했다. 또 다른 연구는 디지털매체읽기 이해는 인쇄매체읽기에 비해 다른 스킬과 상호작용하는 특성이 요구된다고 강조했다. 이 연구는 학생이 방문하는 각 웹사이트를 이해하는 데 영향을 미치는 다른 요인들이 있는데, 이 요인들이 마우스를 클릭할 때마다 복잡하게 전개되는 디지털매체정보를 학생들이 잘 읽도록 도와준다는 점을 강조했다. 학생들이 마우스를 클릭될 때마다 나타나는 각 페이지는 완전히 다른 유형의 텍스트와 다른 과제활동, 그리고 다른 작가에 의한 쓰인 텍스트 읽기 이해 스킬을 사용하도록 요구된다. 이처럼 학생들이 교과주제학습에서 과제수행을 하기위해 인터넷에서 디지털매체를 읽을 때는 인쇄기반 책을 읽을 때보다 훨씬 복잡한 차이를 보인다.

이러한 연구과정을 지켜볼 때, 이제는 책을 잘 읽는 학생들은 인터넷에서 디지털매체 텍스트도 잘 읽을 수 있다는 미신 같은 확신은 더 이상 의미가 없어 보인다. 사람들과 인터넷에서 다양한 정보에 대해 상호작용을 할 때, 학생들은 디지털매체읽기 이해 스킬의 능숙도를 발전시켜야 하는 도전을 받게 된다. 디지털매체읽기를 할 때, 학생들이 어떤 스킬을 사용하는지, 어떤 도전을 받는지를 알아보는 일은 학생들이 디지털매체읽기를 잘하도록 이끌기 위해 매우 중요한 일이다.

디지털매체읽기에서 문제에 답이 되는 정확한 정보를 찾아야 하는 인터넷 탐구를 잘하는 학생은 한번 클릭만으로 정확한 정보를 가려낸다. 이는 필요한 정보를 클릭해야할 때를 정확히 안다는 것을 의미한다. 이렇듯 정확하게 클릭하는 것은 탐구자가 그 정보에 대해 믿음을 갖는 것이다. 찾고자 하는 정보를 한번의 클릭만으로 바로 찾아내는 정보검색을 정확히 할 수 있다는 것은 25%의 행운, 74% 스킬과 1% 재치라고 말한다 (Coiro, 2014). 디지털매체읽기를 잘하는 학생은 정보검색의 스킬을 갖춘 학생이다. 정보검색 스킬과 전략은 디지털매체읽기 이해에서 매우 중요하다. 효과적으로 정보위치를 지정하고, 찾고자 하는 정보와 관련이 있고, 믿을 만한 정보를 정확하게 찾는 일은 디지털매체읽기에서 매우 중요한 스킬이다.

디지털매체읽기를 잘하는 학생은 디지털매체읽기에 대한 긍정적인 태도와 정보를 대하는 융통적인 자세를 갖추고 있다. 디지털매체읽기를 잘하는 학생은 교과학습에서 교과주제에 대해 궁금하거나 꼭 해결하고 싶은 문제들에 대해 질문을 만드는 일부터 시작한다. 해결하고자 하는 문제를 정확히 만들 수 있다면 문제해결의 반은 이룬 것이나 다름없다. 이 학생은 탐구활동을 위한 질문을 만들고 문제해결을 위해 검색 엔진을 사용하고, 웹페이지를 네비게이팅하는 탐구읽기과정에 주도적으로 참여한다. 그리고 문제해결을 위한 탐구과정에서 디지털매체정보에 대한 비판적인 평가를 한다. 디지털매체정보는 인터넷 접속이 가능한 누구나 포스팅이 가능하기 때문에 정보의 신뢰성을 비판적으로 판단하는 일은 디지털매체읽기를 하는 학생에게 매우 중요한 일이다. 왜냐하면 디지털매체정보를 평가하는 일은 학생의 내면에서 일어나는 매우 주관적인 일이기 때문이다. 그리고 디지털매체읽기를 잘하는 학생은 찾아낸 다양한 정보들에서 문제해결에 적정한 정보들을 통합하고, 이를 자신의 관점에서 다시 재창조하여 다른 사람들과 소통하는 일에 씨름한다.

디지털매체읽기에 도전하는 학생들은 자신들이 만든 질문이나 문제들에 대한 상세한 답을 찾기 위해 인터넷을 항해한다. 인터넷 항해를 하면서 학생들이 찾은 정보들에 대한 보다 더 상세한 것을 얻기 위해, 디지털매체읽기 평가(ORCA) (Corio & Coscarelli, 2013)가 분석하는 4가지 평가항목들로 학생들의 정보평가를 위한 도전과 수행을 분석한다.

  1) 작가의 전문성에 대한 수준을 평가하는지
  2) 작가의 관점을 설명한 한 가지 증거와 작가의 관점을 확인하는지
  3) 작가의 결정을 지원하기 위해 합리적인 증거를 가진 웹사이트의 전반적인 신뢰성을 확인하는지
  4) 이러한 도전을 설명하는 학문적 실제를 추천하는지 등의 항목을 평가한다.

인터넷 세상에서 학생들은 디지털 지혜를 쌓기 위한 학습도전도 한다. 디지털 토박이로 자라온 학생들은 성장한 후에 디지털을 접하게 된 어른들보다 인터넷 기술사용에 훨씬 더 요령이 있다. 그 이유는 학생들은 기술발전과 더불어 매일매일 디지털 세상에서 자랐기 때문이다. 많은 연구들은 디지털 토박이인 학생들과 디지털 세대에 불편함을 느끼는 디지털 이민자인 어른들을 비교한다. 디지털 이민자들은 디지털 기술 전에 태어났고, 인생의 후반에 디지털로 작업하는 것을 이해하려고 노력하는 사람들이다. 반면에 젊은 학생들은 다양한 디지털 기구를 사용하는데 자연스럽고 불편함을 느끼지 못한다.

하지만 디지털 토박이, 학생들이 학습목적으로 디지털 기술을 사용하는 능력은 아직 많이 부족하다. 디지털 토박이인 학생들도 디지털 세상에서 새로운 스킬을 효과적으로 사용할 수 있도록 디지털 지혜를 개발해야 한다. 때문에 디지털 기술을 통해 '공부 잘하는 방법' 즉, 뉴 리터러시 학습방법을 학생들에게 가르치는 데 중점을 두는 학교교육이 되어야 한다.

인터넷을 학습환경으로 받아들이기 전에, 교사들은 학생들을 위한 뉴 리터러시 교사로서의 역할에 대해 생각할 필요가 있다. 디지털매체읽기 리터러시를 지도하는 뉴 리터러시 교사들은 학생들 옆에서 함께 배우고, 뉴 리터러시 학습의 방향을 안내하는 뉴 리터러시 학습코칭을 하는 사람이어야 한다. 뉴 리터러시 교사는 학생들이 집이나 밖에서 가져온 사전지식이나 경험을 존중한다. 그리고 학생이나 학부모들이 인터넷을 효과적인 학습의 장이라는 생각을 갖도록 이끌어야 한다. 또한, 인터넷이 교과학습과 리터러시 학습을 연결하는 가치있는 학습도구라는 긍정적인 인식을 갖도록 도와야 한다. 교사들은 학생들이 디지털매체읽기과정에 주도적으로 참여하면서 원하는 정보를 찾아내도록 뉴 리터러시 학습의 기회를 제공해 주어야 한다. 그 결과 학생들은 인터넷 학습의 장에서 뉴 리터러시 학습과 교과학습을 긍정적으로 연결해야 한다. 교사들은 학생들이 인터넷에 있는 다양한 디지털매체정보를 읽을 때, 학생들이 주도적으로 문제해결에 참여하도록 시간을 할애해주는 뉴 리터러시 교사역할을 수행해야 한다.

뉴 리터러시 학습과정에서 학생들이 인터넷에서 정보위치를 지정하고 정보를 평가하고 통합하며 궁금한 질문에 대한 답을 찾을 수 있을 때 학생들은 발견의 기쁨과 성공의 기쁨을 얻게 된다. 교사는 학생들이 인터넷 검색에서 원하는 정보를 찾지 못하고, 다른 동료들과 상호 협업활동도 하지 못하는 학생들이 협업을 통해 정보검색에 대해 긍정적인 인식과 배움의 경험을 갖도록 이끌어야 한다. 교사는 교육자로서 학생들과 함께 문제를 해결하고, 인터넷 사용을 통한 디지털매체읽기에 힘들어 하는 학생들이 인터넷 사용에 대한 긍정적인 감정을 갖도록 지원하고 가르치는 방법도 찾아야 한다.

교사는 디지털매체읽기 이해에 관심도 없고, 읽기를 하고 싶어 하지 않는 학생들이 방황하게 내버려두지 말아야 한다. 교사가 학생들이 디지털매체읽기를 잘하도록 지원해준다면, 인터넷은 학생들에게 교과주제 관련 정보를 제공해주는 완벽한 학습의 장이 될 수 있다. 교사는 디지털매체읽기를 하는 학생이 교과주제학습에서 동료들과 차이점을 만들고, 다양한 스킬을 사용하도록 지도해야 한다. 학생들은 디지털 학습환경에서 교과주제학습에 대한 질문과 문제에 답을 찾고, 정보위치를 지정하고, 정보를 통합하는 도전과 기회를 갖는다. 그리고 주어진 문제에 답을 찾기 위해 디지털 학습 환경에서 비판적 탐구읽기를 한다. 또한, 교과주제에 관한 탐구활동 결과에 대해 분석적 에세이를 쓴다. 교사는 학생들이 뉴 리터러시 학습과정에서 과제수행을 완벽하게 할 수 있도록 뉴 리터러시 학습코치 역할을 해내야 한다.

뉴 리터러시 학습에서 학생들은 먼저, 교과주제학습에 대한 질문 스킬을 익힌다. 그 교과주제에 대한 궁금한 질문에 답을 찾기 위해 인터넷을 항해한다. 그런 후에 답에 대한 자신의 관점을 표현할 기회를 갖는다. 학생들이 자신의 탐구읽기 결과에 대해 발표를 하는 동안 다양한 디지털 도구를 사용한다. 탐구결과에 대해 학생들은 자신의 관점을 표현하고 이를 인터넷에 탑재한다. 또는 자신의 목소리로 녹음을 하여 인터넷에 포스팅하기도 한다. 학생들은 인터넷에 자신의 글과 목소리로 새로운 정보공간을 개발한다. 이렇듯 인터넷은 학생들의 새로운 아이디어를 공유하는 공간이고 디지털 능력을 가진 학생들에게 자신의 관점을 표현할 기회를 제공해준다. 학생들이 자신에 관한 자료를 만들 때 http://coiroevidosol.wikispaces.com/ 사이트를 방문해보면 도움이 될 것이다.

인터넷이 제공하는 학습기회는 학생들이 소그룹에서 파트너와 협업적으로 교과주제에 대한 과제를 수행하도록 해준다. 즉, 교과관련 정보에 대해 질문하고, 정보에 대한 위치를 지정하고, 정보를 평가하고, 정보를 통합하는 기회를 갖게 해준다. 이렇듯 인터넷은 학생들이 교과주제관련, 관심있는 것들에 대해 인지적 읽기전략을 배우고 사용하는 도전과 기회를 제공해준다. 그 결과 학생들은 디지털 학습 환경에서 새로운 지식에 대해 협업적 학습기회를 갖는다. 이렇듯 인터넷에서 디지털매체읽기는 학생들이 디지털 활동에 참여하여 성공적인 뉴 리터러시 학습을 위한 도전과 기회를 갖게 해준다. 그리고 학생들이 글로벌 시민으로 성장하는 데 필요한 뉴 리터러시 경험을 하게 해준다.

결국 디지털매체읽기가 제공해준 기회와 도전은 학생들에게 교과주제에 대해 호기심을 갖게 해주고 학생들이 인쇄매체읽기와 디지털매체읽기를 연결하는 동안 창의적 산출물을 만들어내기 위해 경쟁적으로 읽기를 하게 이끈다.

https://www.googlesciencefair.com/en/ 이 사이트는 학생들이 미래 역량인 창의·융합적 디지털 능력을 갖추도록 인터넷에서 학생들이 배울 수 있는 것을 공유한다. 교사는 이러한 사이트를 학생들에게 많이 공유하여 학생들이 인터넷 학습의 장에서 많은 배움의 기회와 도전을 갖도록 적극적으로 지원해야 한다.

# 뉴 리터러시 학습은
# 차별화된 비법이 있다

# 1 뉴 리터러시 학습은 전략이 필요하다

교과학습과 뉴 리터러시 학습이 통합될 때, 학생 주도적 탐구학습이 이루어지도록 이끄는 교수학습 방법과 전략을 찾아야 한다. 이유는 학생들은 교과목 주제와 관련된 흥미있는 탐구주제에 대해 디지털매체읽기를 한다. 디지털매체읽기는 교과목 주제학습과 리터러시 학습을 통합하고 확장하며, 시대의 변화를 반영한 뉴 리터러시 학습을 이끌기 때문이다. 또한, 디지털매체읽기는 다양한 유형(픽션, 넌픽션)의 텍스트를 읽는 뉴 리터러시 학습을 이끌기 때문이다. 이렇듯 디지털매체읽기를 하는 동안, 학생들은 스스로 만든 질문에 답을 찾는 문제해결식 탐구학습을 하면서 디지털매체읽기에 필요한 많은 스킬을 경험한다. 특히 디지털매체읽기를 하는 동안 학생들은 인터넷 세상에 넘쳐나는 정보들 중 문제해결을 위해 필요한 정보를 찾는 스킬에 도전하게 된다. 인터넷 환경에서 문제의 답을 찾아야 하는 정보검색 스킬은 학생들이 미래사회를 살아가는 데 필수적이며 실제적인 능력이 되고 있다.

학생들은 눈을 뜨면서 인터넷 세상으로 들어간다. 인터넷 세상은 상상할 수 없을 만큼의 정보들을 포함하고 있다. 수많은 정보들 중 자신에게 가장 필요한 정보를 찾아내는 능력은 광화문 광장에서 엄마 손을 놓은 어린아이가 엄마를 찾아야 하는 능력을 길러주는 일과도 같다. 하지만 세상에서 사람을 찾는 것과 인터넷 세상에서 정보를 찾는 스킬은 많이 다르다. 인터넷 환경에서 문제해결을 위한 정확한 정보를 찾는 일은 뉴 리터러시 학습으로 입문하는 길이다. 또한, 원하는 정보를 찾았다고 해도 그 정보가 신뢰 있는 정보인지를 비판적 사고로 평가할 수 있어야 한다. 인터넷 세상에서는 온라인 접속만 되면 누구나 텍스트를 업로딩 할 수 있기 때문에, 신뢰성이 없는 정보도 무수히 많다. 이렇듯 디지털매체읽기에서 필요한 스킬은 인쇄매체읽기에서는 길러질 수 없는 스킬이 필요하다. 그러므로 교사는 학생들에게 뉴 리터러시 스킬을 길러주는 교과수업 개혁을 해야 한다.

학교 교과학습에서, 교과서에는 없는 더 궁금한 내용을 찾아보기 위해 학생들은 다양한 디지털매체정보를 탐색한다. 학생들이 디지털매체에서 다양한 정보를 효과적으로 찾아 읽도록 하기 위해 전통적 리터러시 능력과 미래사회가 요구하는 뉴 리터러시 능력을 통합하는 교실수업 개혁이 있어야 한다. 이를 위해 교실수업에서 적용 가능한 뉴 리터러시 교수학습 모형과 프로토콜이 필요하다. 교과학습과 다양한 매체읽기 리터러시를 통합한 뉴 리터러시 교수학습 모형은 교과목에 나타나는 다양한 주제에 대한 개념을 이해시키고, 비판적 사고력, 융합적 탐구력과 창의적 표현력을 증진시키는 전략적 리터러시 학습 접근법이 되어야 한다. 따라서 우리나라 공·사교육기관에서 초등학교 교과 주제통합수업을 효과적으로 이끌기 위해 뉴 리터러시 교수학습 모형과 프로토콜은 반드시 확산되어야 한다.

본서에서 소개한 뉴 리터러시 교수학습 모델은 우리나라 공·사교육에서 수년간 다양한 수준의 전 학년 학생들에게 다양한 접근의 프로그램을 개발해온 연구자의 노하우와 최근 세계 많은 뉴 리터러시 연구와 실제들을 녹아낸 현장 적용 가능한 모델이다. 이책에 소개된 뉴 리터러시 교수학습 모델은 학생들의 흥미도를 고려한 뉴 리터러시 프로그램으로서, 이 모델은 최근 전세계 교육동향에 따른 인쇄매체읽기와 디지털매체읽기 리터러시 학습 방법을 연결한다. 그리고 교과주제를 중심으로 교과 간 영역을 넘나드는 차세대 인문학 접근의 STEAM교육을 목표로 연구자의 오랜 현장경험을 바탕으로 정리되었다. 특히 이 모델은 교과주제통합수업에서 가르치고 공부하는 교사나 학생들에게 맞는 뉴 리터러시 교수학습 방법이라 할 수 있다. 그리고 이 모델은 우리나라 초등학교 교과주제통합수업에서도 적용 가능할 뿐 아니라, 영어노출이 용이치 않은 외국어로서 영어를 공부하는 우리나라 학생들의 언어교육과 다양한 매체 리터러시 학습 및 교과학습을 통합한 차세대 인문학접근의 STEAM 교수학습 방법이라 할 수 있다.

특히 뉴 리터러시 교수학습 모델은 초등학교 교과학습은 물론 외국어로서 영어를 배우는 학생들이 언어능력을 발전시키면서 교과학습 내용도 효과적으로 가르칠 수 있도록 준비시키는 데 그 목적이 있다. 뉴 리터러시 교수학습 모델은 초등학교 교과주제통합수업을 운영하는 현장교사나 신입교사들의 뉴 리터러시 교수전략과 학생들의 교과학습의 기본기를 튼튼히 다지는 데 도움을 줄 것이다. 뿐 아니라 21세기를 준비해야 하는 학생들에게 21세기에 필요한 뉴 리터러시 스킬, 학습태도, 그리고 미래 역량을 길러주는 지침이 될 것이다.

다양한 매체정보를 읽고 쓰는 리터러시 능력이 노력에 비해 부진한 이유는 리터러시 교육 프로그램의 디자인과 교수학습의 목표가 학생들의 니즈와 욕구를 충족 시켜주지 못하고, 학생들에게 건강한 학습경험을 주지 못했기 때문이다. 그리고 뉴 리터러시 능력평가가 우리나라 입시 정책과 맞지 않았던 이유이기도 하다. 인쇄매체읽기와 디지털매체읽기를 소통을 위한 쓰기로 연결하는 뉴 리터러시 스킬과 전략사용은 무엇보다 전통적인 리터러시 능력이 우선적으로 갖추어졌을 때만이 가능하다. 그래야 디지털매체읽기가 교과주제 내용학습과 언어 학습은 물론, 기술발달을 반영한 뉴 리터러시 학습으로 확장될 수 있다. 그리고 인쇄매체읽기에 필요한 리터러시 스킬에 대한 이해단계와 표현단계를 단계적으로 접근한 후에야 뉴 리터러시 교수학습 과정과 전략이 구체적으로 수업에 적용될 수 있다. 이러한 과정과 전략이 구체적으로 수업에 적용되어도, 수준이 다른 학생들에게 동일한 과업과 과제가 제공되다보니, 과제대상과 수준에 따라 많은 실수가 초래되기도 한다.

이러한 실수는 암기학습과 따라쓰기 학습방법에 익숙한 교사들 때문에 야기될 수 있다. 교사들에게는 교과수업이 실습일 수도 있지만 교과수업에 참여한 학생들은 학습의 실전이다. 때문에 교사들은 이러한 실수들이 더 이상 야기되지 않도록 뉴 리터러시 교수학습에 대한 이해가 절실히 필요하다. 특히 교과서 중심의 교실수업에 익숙한 교사들에게는 교과주제통합학습을 통한 학생들의 뉴 리터러시 학습 능력을 향상시키는 일은 새로운 도전이며 어려운 일이 될 수 있다. 학생들에게도 뉴 리터러시 학습능력을 갖추는 일은 읽기능력, 교과학습능력, 그리고 언어능력, 이 3가지 능력을 갖추고 여기에 디지털 매체 리터러시 능력을 더 갖추는 일이다. 게다가 다양한 교과주제 내용을 이해하기 위해 사회나 과학, 그리고 수학 등 다양한 교과목 영역의 개념과 지식, 그리고 이해능력이 뒷받침되어야 교과주제통합학습을 통한 뉴 리터러시 능력이 향상될 수 있게 된다.

디지털 기술의 발달로 인해 사회적 현상도 변화되고 있다. 따라서 다양한 수준과 배경이 다른 학생들에게 새로운 사회에 적응하는 데 필요한 기본적인 리터러시 능력을 제대로 가르칠 수 있는 교사가 부족한 실정이다. 누구도 예측할 수 없는, 빠르게 변화하고 있는 세상에서 서로 다른 학생들이 잘 살아가기 위해서는 새로움을 받아들이는 데 익숙한 뉴 리터러시 스킬이 매우 필요하다. 때문에 시대를 반영한 새로운 리터러시 스킬을 제대로 가르칠 수 있는 뉴 리터러시 교사를 양성하는 것이 뉴 리터러시 교육을 확산시키는 지름길이기도 하다. 뉴 리터러시 교사의 역할은 학생들의 언어능력 발달과 교과 학문적 요구를 충족시켜 줄 수 있어야 한다. 또한, 뉴 리터러시 읽기능력을 쓰기능력으로 연결시키는 뉴 리터러시 교수학습 방법과 전략을 갖추어야 한다. 특히 뉴 리터러시 교수학습 방법과 전략에 대한 30가지 구성요소를 갖춘 교과주제를 통합하는 뉴 리터러시 수업 안을 개발할 수 있어야 한다.

다음장에서 초등학교 교과주제통합수업에 참여하는 교사와 학생들을 위한 수업개혁을 위해 뉴 리터러시 교수학습 프로토콜을 소개하고자 한다. 이는 우리나라 공·사교육기관에서 이루어지는 교과주제통합학습을 위한 뉴 리터러시 교실수업에서 사용할 수 있도록 정리되었다. 이를 위해서는 무엇보다 먼저 기술발달로 인한 변화하는 학습 환경을 받아들이는 학생들의 인식이 필요하다. 그러한 인식하에서 변화된 새로운 리터러시 능력을 향상시키기 위한 학습목표가 있어야 한다. 그래야 다양한 정보자료나 학생들의 교과목 내용과 개념을 지도하기 위한 효과적인 뉴 리터러시 교수학습의 전략적 접근이 시도될 수 있다.

교과주제통합수업에서는 학생들의 뉴 리터러시 학습능력을 향상시키기 위한 더 효과적인 학습기회가 제공되어야 한다. 학생들은 서로 다른 교육경험, 학습능력 및 배경지식을 가지고 교실에 들어온다. 이들이 교과학습을 잘하기 위해서는 가장 기본적인 리터러시 능력을 갖추어야 한다. 하지만 학습환경과 기술발달로 리터러시 교육은 변화되었다. 때문에 교사가 뉴 리터러시 학습에 영향을 미치는 변화된 변인들을 알아야 학생들의 리터러시 스킬을 효과적으로 지도할 수 있다. 학생들의 뉴 리터러시 학습에 영향을 미치는 요인들은 다음과 같다.

- 교육적 변인(교재, 교안, 교수법, 교육자료 및 교자재 등),
- 환경적 변인(ESL/EFL 환경, 언어사용 노출 및 기회, 사회적 분위기 등), 그리고
- 학습자의 개인적 변인(지능. 성격, 학습스타일, 적성, 성별, 나이, 학습동기, 학습전략 사용 등)이 있다.

그 외에도 학생들의 뉴 리터러시 능력에 영향을 미치는 개인적 변인들도 있다.
- 지능 (문법, 어휘, 읽기 능력 및 언어분석 능력이다.)
- 암기력 (발화, 의사소통 능력 및 상호작용을 위한 능력이다.)
- 성격 (발음이나 의사소통 능력은 문법과는 별상관이 없다고 생각한다.)
- 성별 (여학생이 남학생보다 언어적 능력이 더 발달한 편이다.)
- 경험 (사전경험에 따라 이해하고 표현하는 수준이 달라진다.)
- 부모 교육수준과 영어수준 (부모들의 교육수준에 따라 자녀들의 리터러시 능력이 달라진다.)
- 부모 경제적 지위 (가난한 학생의 학업 성취률이 더 낮은 경향을 보인다.)
- 학습 스타일 (학생들의 시각적, 청각적, 촉각적, 동작적 선호에 따라 학습의 효율성이 달라진다.)
- 학습전략 (뉴 리터러시 교수학습 전략이라는 측면에서 교사의 교수전략이 학생들의 학습에 영향을 미친다.)

그 밖에도 학생들의 뉴 리터러시 능력향상에 영향을 미치는 요인에는 학생들이 사용하는 학습전략도 있다. 학생들이 사용하는 학습전략 중 특히 공부 잘하는 학생들이 사용하는 학습전략은 초인지 전략이다.

| 기억전략 | 듣거나 읽고 그냥 외워서 공부하는 학생 |
|---|---|
| 인지전략 | 왜 그러는지 생각하고 질문하는 학생 |
| 보상전략 | 이렇게 하면 뭐가 생기는지 보상을 요구하는 학생 |
| 정의적 전략 | 오늘 못하면 내일하면 되지, 못한다는 것에 상처받지 않는 학생 |
| 사회적 전략 | 친구나 선생님에게 물어보면 되지 라고 생각하는 학생<br>모르는 것을 혼자 해결하기 위한 노력을 하기보다는 그냥 물어서 해결하는 학생 |
| **초인지 전략** | **어떻게 계획하고 마무리할까를 생각하고 계획대로 실천하는 학생.**<br>**무엇을 할지 계획하고, 사용할 학습전략을 고민하고 사용한다.** |

공부 잘하는 학생들은 주로 초(메타)인지 전략(자기조정, 계획하며 자기관리 능력을 갖춘 학생들이 사용하는 전략)을 사용한다. 초인지 전략을 사용하는 학생들은 읽기 리터러시에서 다음과 같은 전략적 단계를 사용한다.

〈초인지 전략을 사용한 읽기 리터러시 학습의 전략적 단계〉

| 무엇을 할지 계획 | 무슨 책을 읽지 계획 | 어떻게 될 지 계획 |
|---|---|---|
| 무엇을 하고 있는지 | 중간에 무엇을 읽었는지 | 무엇을 진행하고 있는지 |
| 무엇을 했는지 | 무엇을 읽었는지 | 어떻게 했는지 자체평가 |

교사는 뉴 리터러시 학습과정에서 학생들이 가능한 다양한 학습전략을 사용하도록 지도하는 것이 중요하다. 하지만 무엇보다 학습활동에 대해 계획하고, 제대로 시행하는지를 확인하고, 뉴 리터러시 학습 전략단계를 거치는지를 점검하는 프로토콜을 갖추는 것이 중요하다.

뉴 리터러시 학습에서 공부 잘하는 학생들은 교과내용에 대한 학습능력을 갖추고 있다. 교과내용에 대한 학습능력을 갖추기 위해서는 교과학습의 기본이 되는 리터러시 능력을 우선 갖추어야 한다. 공부 잘하는 학생들이 공부를 잘하는 이유는 리터러시 능력이 뛰어나기 때문이다. 하지만 공부 잘하는 학생들이 갖추고 있는 리터러시 능력은 단순히 인쇄매체읽기능력이 아니다. 공부를 잘하는 학생인지 아닌지는 교과내용에 대해 학생이 주도적으로 문제해결식 탐구학습에 참여하는 학문적 뉴 리터러시(Academic New Literacy)능력을 갖추고 있는지에 달려있다는 점을 교사들이 알아야 한다.

학생들이 뉴 리터러시 능력향상을 위해 갖추어야 할 3가지 학문적 리터러시 구성요소는 다음과 같다.

- 언어지식 (Language)
- 주제관련 내용 지식 (Content Knowledge)
- 과제가 어떻게 성취되어야 하는지에 대한 성취방법에 대한 지식 (New Literacy)

이렇듯 다양한 요인들이 학생들의 뉴 리터러시 학습능력에 영향을 미치게 되므로 교사는 다양한 학생들을 어떻게 가르쳐야 하는가의 문제를 고민해야 한다. 역사상 최고의 교수학습 방법은 없었다. 가장 최선의 교수학습 방법만이 존재할 뿐이다. 과거 많은 교수법들에는 대상과 상황에 따라 적정하게 적용할 수 있는 교수학습 방법들이었다. 교사는 다양한 교수학습 방법들에서 학습자의 경험, 능력, 학습스타일에 맞는 적정한 방법들을 선택하여 수업에 적용해야 한다. 그리고 개개인의 학습변인들에 따라 효과적인 전략들을 선택해서, 교실 안에 있는 서로 다른 학생들을 위한 교수학습 전략을 사용하는 것이 중요하다. 따라서 교사는 교실 안에 있는 다양한 학생들에게 최적의 뉴 리터러시 교수학습 방법으로 발전시켜야 한다.

〈교수법의 발전〉

| 1900-1950년 | Direct instruction, Grammar Translation Approach 유행 |
|---|---|
| 1950년대 | 듣기와 말하기 중시 Audio-lingual Method |
| 1970년대 | 의사소통 중심의 Communicative Method |
| 1980년대 | 교과학습을 통한 Content-based approach |

최근 전 세계에서 지향하고 있는 교수학습 방법은 내용중심 접근(Content-Based Approach)이다. 이는 학생들에게 가장 친근하고 중요한 주제와 내용이 담긴 교과목을 통해 교과내용 학습이나 리터러시 학습을 한다면 가장 큰 학습효과를 얻을 수 있다는 점에서 시작되었다. 교과내용학습과 리터러시 학습의 두 마리 토끼를 잡을 수 있는 방법은 바로 뉴 리터러시 교수학습 접근방법이다. 내용중심 리터러시 교육의 목적은 리터러시 능력을 향상시키는 데 있지만, 특정 리터러시 능력를 매개로 교과목 수업에서 공부 잘할 수 있도록 준비시키는 데 그 목적이 있다. 내용중심 리터러시 교육은 교과주제

를 기반으로 한 통합학습으로 학생들의 리터러시 능력을 향상시키는 것을 목적으로 이루어진다. 따라서 교과내용 교사는 학문적 스킬을 훈련시키기 위해 교과목에서 주제학습에 대한 과제를 제공하여야 한다. 하지만 교과목의 내용수업은 학생들이 교과학업을 성취하는데 충분한 도움을 주지 못한다는 약점이 있다. 그 이유는 교사의 역할에 있다. 이러한 교과 내용중심 교수학습 접근의 약점을 보완하는 방법은 교과내용 교수학습 과정에서 학생이 주도적으로 다양한 매체읽기를 통해 교과학습 내용에 대해 학생 스스로 만든 궁금한 문제에 해답을 탐구하고 평가하고 통합하여 소통하는 뉴 리터러시 학습방법일 것이다.

어떤 교수법을 택할 것인가를 고민하기 전에, 학생들에게 어떤 능력을 길러주어야 하는가를 생각하는 것이 더 중요한 문제이다. 학생들이 학업성취를 하는데 가장 중요한 요인은 바로 읽고, 이해하고, 생각하고, 자기 생각을 표현하는 리터러시 능력이다. 그런데 최근 이러한 리터러시 능력을 접하게 되는 학습 환경이 바뀌었다. 교사는 변화된 새로운 학습환경에 맞는 뉴 리터러시 교수학습 방법을 제공해야 한다. 전통적인 리터러시 교육은 교사가 추천해준 책(인쇄매체텍스트) 읽기로 이루어졌다. 하지만 ICT기술의 발달로 인해 학생들은 다양한 매체를 통한 뉴 리터러시 환경에 노출되고 있다. 그리고 미래사회는 학생들에게 소통능력, 협업능력, 비판적사고력과 창의적 역량을 요구한다. 이제 더 이상 새로움을 받아들이는 데 망설이지 말아야 한다. 지금은 교사와 학생들이 변화하는 뉴 리터러시 환경을 받아들이고, 변화된 환경에 대처할 수 있도록 뉴 리터러시 교수학습을 제공해야 한다.

뉴 리터러시 교육은 변화하는 리터러시 환경에 대비한 새로운 리터러시 교육이 실현되고 있다. 학생들의 뉴 리터러시 능력을 길러주기 위해, 교사는 학년별 교육과정에서 익히게 되는 교과주제 내용학습을 통해 학생들의 비판적, 융·복합, 창의적 사고력 향상에 초점을 둘 필요가 있다. 뉴 리터러시 교육은 교과내용을 가르치는 교사들이 담당한다. 초등학교 전 학년 학생들은 뉴 리터러시 교수학습 과정을 통해 초등학교 교육과정 전반에 영향을 미칠 수 있는 기본적인 리터러시 능력과 차세대 다양한 매체 정보를 다루는 능력을 갖추게 된다. 이를 통해 학생들은 뉴 리터러시 스킬과 전략사용으로 고차원적 사고능력과 창의적 리터러시 활동을 수행한다. 학생들의 뉴 리터러시 학습과제 수행에 대한 평가는 전 세계 OECD 국가들을 대상으로 읽기 리터러시 평가를 하고 있는 PISA 리터러시 능력 평가를 기반으로 한다. 그 이유는 뉴 리터러시 능력은 PISA 읽기 리터러시 능력 평가를 만족시키고 미국의 CCSS 표준에 따른 뉴 리터러시 스킬과 전략을 사용하기 때문이다. 때문에 이를 바탕으로 교과주제통합수업에서 사용가능한 뉴 리터러시 교수학습 프로토콜을 제시하여 교사들의 뉴 리터러시 전문성을 훈련시켜야 할 필요가 있다.

지금은 교과목 학습을 위한 뉴 리터러시 교육이 절실하다. 학교 교과학습의 성공은 교과목 교육과정에 맞춘 교과주제통합학습에서 이루어지는 뉴 리터러시 교수학습 능력에 달려있다고 해도 과언이 아니다. 교과주제통합수업은 교과내용 이해와 리터러시 스킬, 그리고 창의적 표현 스킬과 전략을 갖추는 것을 의미한다. 학생들이 학교 교육과정에서 성공적인 학업성취를 위해서는 교과주제통합수업에서 뉴 리터러시 교육의 요인이 되는 다음과 같은 4가지 스킬을 습득해야 한다.

- 언어에 대한 지식
- 교과주제내용에 대한 지식
- 과제를 성취하기 위한 방법에 대한 지식(개요, 협동작업, 차트나 지도해석 등)
- 다양한 정보에 대한 뉴 리터러시 스킬과 전략(주제관련 정보 찾기 위해 문제를 제시하고, 문제해결을 위해 필요한 정보를 찾아 읽고, 비판적으로 정보를 평가하고, 문제해결을 위해 필요한 정보를 통합하고, 자신의 관점에서 창의적으로 표현하기)

그렇다면 초등학교에서 뉴 리터러시 교수학습 방법을 굳이 교사들에게 가르쳐야 하는 이유는 무엇일까?

- 교과학습의 기반이 되는 리터러시 교육에 대한 수업 간 일관성이 부족하며, 변화하는 리터러시 환경에 맞는 뉴 리터러시 수업을 대비하지 못하고 있기 때문이다.
- 교과목 주제기반 리터러시 읽기수업에서 교과주제 관련 다양한 장르읽기 교육과정이 다양하지 못하기 때문이다.
- 교과주제에 대한 리터러시 교수학습 방법이 학교마다 달리 적용되고 있기 때문이다.

- 교과서나 교재개발 출판사들도 변화하는 리터러시 환경에 맞는 뉴 리터러시 교육의 중요성이나 접근방식에 소극적이기 때문이다.
- 교과내용을 이해하는 소극적인 리터러시 능력에 초점 둔 교수학습이 여전히 이루어지고 있고, 차세대 뉴 리터러시 교육에 대한 모범이 될 만한 사례가 거의 없는 실정이기 때문이다.
- 20세기 인쇄매체읽기 리터러시에 초점을 둔 교사교육에 여전히 의존하고 있고, 뉴 리터러시 교사가 되기 위한 훈련을 받은 교사가 부족하기 때문이다.
- 뉴 리터러시 교사를 위한 체계적이고 지속적인 교사개발 프로토콜이 없고, 뉴 리터러시 교사교육을 위한 다른 전문성개발 교육도 거의 없기 때문이다.

본서에서 소개하는 뉴 리터러시 교수학습 모형과 프로토콜은 차세대 리터러시 교수학습을 효과적으로 실현하기 위한 길잡이가 될 것이라 생각된다. 무엇보다 뉴 리터러시 교수학습 모델은 미국 Connecticut 대학 ROCA를 기반으로 하고 과거 20여 년 동안 공·사교육 기관에서 다양한 리터러시 교수학습 프로그램을 개발해온 연구자의 노하우가 통합된 모델이다. 이는 연구자가 세계 뉴 리터러시 교육에 대한 많은 연구를 기반으로 2013년 7월 한국연구재단 연구지원을 받고 뉴 3Rs 리터러시 교수학습 모형과 프로토콜을 정리한 것이다. 이것은 효과적인 뉴 리터러시 교수학습 전략을 지도하는 교사를 훈련하기 위한 교수학습 모델로써 사용될 것이라 확신한다.

공·사교육 교과주제통합수업에서 뉴 리터러시 교수학습 모형을 실천할 때 고려해야 할 점들이다.
- 뉴 리터러시 교수학습 모델을 적용하는 수업들 간 일관성이 부족하다. 따라서 뉴 리터러시 교수학습 프로토콜로 교사들의 교수학습 과정을 자가 평가함으로써 언제 어디서든, 어느 교사들에게 뉴 리터러시 교육을 받더라도 학생들이 일관된 뉴 리터러시 학습의 기회를 갖도록 해야 한다.
- 교사들이 직접 교과주제기반 다양한 매체 자료를 활용하여 뉴 리터러시 교재개발에 적극적으로 참여하도록 한다.

• 뉴 리터러시 교사들은 자신의 교수학습의 모범사례를 공유하여 다른 초보교사들에게 지식공유가 될 수 있도록 한다.

• 뉴 리터러시 교사가 되기 위해 뉴 리터러시 교사교육에 참여하고, 공동체 교사들과 그룹 활동으로 스킬 및 전략 훈련이 이루어져야 한다.

• 뉴 리터러시 교사를 위한 체계적이며 지속적인 교사교육과 교사개발 훈련 프로그램을 학교마다 갖추는 것이 매우 절실하다.

# 2 뉴 리터러시 학습은 3Rs 과정이다

　　교과주제통합학습에서는 교과내용학습을 확장하는 디지털매체읽기로 학생 주도적 탐구학습이 이루어진다. 학생들은 주도적으로 탐구학습을 위한 문제를 만든다. 문제해결을 위해 디지털매체를 읽고, 비판적 사고로 평가하고, 종합하며 창의적 표현으로 인터넷 환경에서 다른 사람들과 소통을 한다. 학생들은 교과주제통합학습 내용을 확장하는 문제해결식 탐구학습에서 디지털매체읽기를 하는 동안 뉴 리터러시 스킬과 전략을 경험하게 된다. 이렇듯 뉴 리터러시 학습과정에서 학생들은 비판적 사고와 창의적 표현을 위한 스킬을 사용한다. 특히 교과주제통합학습을 다양한 디지털매체로 연결하는 뉴 리터러시 교수학습 과정은 묻는 읽기–탐구읽기–창조적 쓰기라는 3Rs(Reading, Researching, wRiting) 리터러시 과정을 거치게 된다. 이 뉴 3Rs 리터러시 과정에서 학생들은 인쇄매체 리터러시 과정에서는 경험하지 못한 새로운 리터러시 스킬과 전략을 마주친다. 교과주제통합수업에서 이루어지는 뉴 3Rs 리터러시 교수학습 과정을 초등학교 교사들이 효과적으로 수업에 적용할 수 있도록 다양한 매체읽기 전–중–후 과정으로 다음과 같이 재정리한다.

# 1. 뉴 리터러시 교수학습 과정 준비 (읽기 전)

- **교수 · 학습 계획 및 설계**
  - 교수 · 학습 계획
  - 교수 · 학습 목표설정
  - 교수 · 학습 자료준비
  - 교수 · 학습 전략 및 활동

# 2. 뉴 리터러시 과제수행 3Rs(Reading, Researching, wRiting)과정 (읽기 중)

- **묻는 읽기**
  - 문제제기 및 읽기목적 설정
  - 정보접근 및 예측
  - 배경지식(사전지식 및 경험) 공유
  - 읽기전략 계획 : 질문전략 및 빠르고 바른 청크읽기전략

- **탐구읽기**
  - 정보접근 : 읽기목적에 맞는 자료(책, 인터넷) 찾기와 읽기
  - 정보관리 : 읽기목적에 맞는 자료 이해하기
  - 정보 평가 : 읽기목적과 부합 여부 평가하기
  - 정보 분석 · 통합 : 읽기목적에 맞도록 정보를 요약, 비교, 조작하기
  - 정보연결 : 읽기목적에 맞도록 정보 연결하기

- **쓰기**
  - 정보 되짚어보기 : 읽기목적에 맞는 정보였는지 되 짚어보기
  - 정보 다시 읽기 : 읽기목적에 맞는 빠진 정보 찾기 위해 다시읽기
  - 정보 생성(말 · 글로 표현하기) : 읽기목적에 따른 자기 생각을 표현하기
  - 정보 블로깅 하기 : 자신의 생각을 영상이나 글로 소통하기

# 3. 뉴 리터러시 과제수행 평가 및 피드백 (읽기 후)

■ 자가 · 동료 · 교사평가 및 피드백
- 블로깅 영상이나 글 평가하기 : 읽기목적에 맞는지 여부 평가하기
- 블로깅 영상이나 글 피드백 주기 : 읽기목적에 맞는 피드백 제시하기

이 뉴 리터러시 읽기과정과 활동을 도표로 정리하면 다음과 같다.

〈뉴 리터러시 교수학습 과정 및 활동〉

| 읽기활동 | 뉴 3Rs 리터러시 교수 · 학습 과정 | 뉴 3Rs 리터러시 교수 · 학습 전략 및 활동 |
|---|---|---|
| 읽기 전 활동 | 1. 교수 · 학습 과정 준비 | ■ 교수 · 학습 계획 및 설계<br>• 교수 · 학습 계획<br>• 교수 · 학습 목표설정<br>• 교수 · 학습 자료준비<br>• 교수 · 학습 전략/활동 |
| 읽기 중 활동 | 2. 과제수행 (3Rs) | ■ 묻는 읽기 (Reading)<br>• 문제제기 및 읽기목적 설정<br>• 정보접근 및 예측<br>• 배경지식(사전지식 및 경험) 공유<br>• 청크 읽기전략 계획<br>• 빠바 읽기전략 계획 |
| | | ■ 탐구읽기 (Researching)<br>• 정보접근<br>• 정보관리<br>• 정보 분석 · 통합<br>• 정보연결<br>• 정보 평가 |
| | | ■ 쓰기 (wRting)—수행 결과물<br>• 정보 되짚어보기<br>• 정보 다시 읽기<br>• 정보 생성하기 : 말 · 글로 창의적 표현하기<br>• 정보 블로깅 하기 |
| 읽기 후 활동 | 3. 과제수행 평가 및 피드백 | ■ 자가 · 동료 · 교사평가 및 피드백<br>• 블로깅 영상이나 글 평가하기<br>• 블로깅 영상이나 글 피드백 하기 |

# 1. 뉴 리터러시 교수학습 준비단계로 읽기 전 활동이다.

■ 교수 · 학습 계획 및 설계 활동은 다음과 같다.

1) 교수 · 학습 목적을 계획하고, 다양한 교과목 주제통합수업에서 특정교과에 대해 사전에 읽혀야 하는 언어학습 목표와 내용학습 목표를 정한다.

2) 수업자료를 준비하고 학습 환경, 학생 수준이나 배경을 고려하여 어떻게 교수학습 할 것인지에 대한 전략(교수학습 과제활동 전략, 읽기전략, 질문전략 등)과 활동을 계획한다.

교과목과 다양한 매체읽기를 연결하는 교수학습 목적 설정은 수업이 시작하자마자 곧바로 읽기활동으로 들어가기보다는 무엇에 관한 읽기를 할 것인지, 무엇에 관한'읽을 거리(책이나 인터넷 텍스트)'를 찾아야 할지, 무엇이 학생들을 흥미롭게 만드는가에 대한 질문으로 학생들이 읽어야 하는 읽기목적을 스스로 찾도록 이끌어야 한다. 학생들이 교과주제 관련 다양한 매체텍스트를 읽어야 하는 이유나 목적에 대해 분명한 이해를 하도록 질문 만들기를 위한 충분한 시간을 갖도록 하는 것이 중요하다. 이러한 과정은 시장을 보기 전에 필요한 물품 리스트를 작성하여, 장을 보러 가면 효율적으로 장을 볼 수 있는 이치와 같다.

읽기 교수학습 목표를 설정하는 일은 수업에서 무엇을 알아야 하고, 지금 알고 있는 것이 무엇인지를 스스로 물어보며 다양한 매체읽기를 하는 목표를 정하고 난 후 읽기를 해야 한다. 교과주제통합학습을 통한 다양한 매체읽기는 다양한 교과주제를 통합하는 리터러시 활동이므로, 각 교과에서 특정하게 사용하는 용어들에 대한 언어목표를 설정하고 교과 내용목표를 정해야 한다. 그리고 난 후 이를 학생들과 명확하게 공유하는 것이 중요하다.

뉴 리터러시 읽기 교수학습 계획하기는 다양한 매체읽기를 통해 어떤 답을 얻기 위해 어떤 방식으로 읽을지에 대한 읽기계획을 세우는 것이다. 다양한 매체읽기 교수학습을 계획하는 것은 읽기목적을 정한 후 읽기목표에 도달하기 위해 최선의 읽기 교수학습 방법, 전략이나 도구를 결정하는 일이다. 이것은 학교에서 집으로 가는 다양한 방법들을 서로 비교해 보는 것과 같다. 학교에서 집으로 갈 때, 걸어갈 수도, 버스를 타고갈 수도 있고, 지하철로 갈 수도 있고, 가족이 차로 데려다줄 수도 있으며 친구랑 같이 갈 수도 있다. 하지만 우리는 집에 가기 위해 한 가지 방법을 택하게 된다. 결정하지 않으면 학교에 있어야 하기 때문이다. 이렇듯 학교에 가는 방법과 전략이 여러 방식이 있을 수 있듯이, 즉 읽기를 위해 사용하는 전략도 여러 방식이 있을 수 있다. 뉴 리터러시 읽기 교수학습 방법을 정하기 전에, 잠깐 멈추고서 문제해결에 필요한 정보를 찾기 위해 어떤 전략을 사용할지를 결정해야 한다. 이 작업은 목적지를 찾고자 자동차 내비게이션에 목적지를 먼저 세팅하고 경로를 사전에 검색해 두는 일과 비슷하다.

## 2. 뉴 리터러시 과제수행단계로 읽기 중 활동이다.

■ 비판적 묻는 읽기

학생들이 다양한 매체읽기를 하기 전에 먼저 왜 이 텍스트를 읽어야 하는지 읽기목적을 확인하는 활동이다. 이는 교과주제에 대해 학생의 관심사항에 대한 문제를 제기하는 것이기도 하다. 학생이 알고 싶은 문제에 대해 스스로 답을 찾기 위해 구체적인 문제를 작성하는 일이다. 그리고 문제해결을 위해 교과주제에 대한 궁금한 것에 대해 질문을 작성하는 활동이기도 하다. 질문은 왜 그리고 무엇을 읽어야 하는지에 대한 읽기목적을 수립하기 위한 것이다. 바로 읽기활동에 들어가기 보다는 무엇에 관한 읽기자료를 찾아야 할 것인지, 어떤 읽기자료(책이나 인터넷)를 찾아야 할지, 교과주제에 대해 학생이 갖고 있는 배경지식이 무엇인지, 그리고 왜 이러한 주제에 대해 다양한 매체읽기를 하려고 하는 것인지에 대한 것들을 뉴 리터러시 수업활동에서 공유하게 된다. 이 단계에서는 무엇보다 문제해결을 위해 다양한 매체읽기과정에서 찾아야 하는 정보에 대한 구체적인 질문을 작성하는 일이다. 이렇듯 읽을 것들에 대해 구체적인 질문을 완성하는 일은 질문에 대한 답을 반은 찾은 거나 마찬가지다. 읽기에 대한 구체적인 질문이 완성되면, 이 교주제관련 중심어휘를 익히고, 주제관련 다양한 디지털매체 텍스트를 빠르고 바르게 읽을 수 있게 된다.

### ■ 탐구읽기

탐구읽기는 가장 먼저 자신이 찾아 읽는 텍스트가 문제해결을 위해 필요한 정보인지, 그리고 읽기목적에 맞는 읽기자료인지를 확인하는 읽기활동이다. 그리고 학생 자신이 정한 읽기목적을 갖고 읽기를 하는 것이다. 읽기를 하는 동안 목적에 맞는 정보를 찾기 위해 텍스트를 찾고, 찾은 텍스트를 읽고 내용을 이해한다. 찾은 다양한 매체텍스트의 내용을 빠르고 바르게 이해하기 위해 어떤 내용인지 예견하는 읽기전략이 필요하다. 읽기자료를 예견하는 일은 주제에 대해 이미 알고 있는 사전지식을 끌어내야 하는 활동이다. 읽기를 예견하는 일은 읽기를 시작하기 위해 읽기감을 갖고자, 먼저 그냥 스캔읽기를 하는 것이다. 읽기를 예견하는 활동은 텍스트의 길이가 얼마나 되는지, 텍스트의 내용이 얼마나 어려운지, 사용된 어휘는 어떤지, 텍스트의 전개는 어떻게 이루어지는 등을 모두 감지하는 일이다. 예견하기 읽기활동은 길게 할 수 도 있고 짧게 할 수도 있다. 또는 간단하게 할 수도 있고, 시간을 갖고 깊이 있게 할 수도 있다. 예견하기 활동을 얼마나 할지는 읽는 사람이나 읽는 대상에 따라 다를 수 있다. 신문은 헤드라인이나 길이 정도를 보면 예견이 가능할 수 있지만, 픽션이나 넌픽션은 제목이나 각 장의 제목을 점검하면서 무슨 내용이 전개될지를 예측해봐야 하는 상당한 시간이 필요한 읽기 스캔활동이다. 예측하기 읽기활동은 어떻게 해도 상관없지만, 결국 학생이 어떻게 읽고 싶은지를 결정하려는 읽기활동이라는 점을 인지해야 한다.

가끔 백화점을 들어가서 이제 뭘 찾아볼까? 라고 스스로에게 자문하는 경우가 있다. 이 경우 수많은 화장품, 향수, 칼라 옷들 사이를 바쁘게 움직이는 사람들에 밀려 무작정 백화점을 층마다 돌아다니다 피곤해지기도 한다. 그러다가 문득 내가 왜 왔지? 뭐 사러 왔지? 라고 또 자문한다. 다양한 매체읽기를 할 때도 마찬가지다. 백화점을 가는 목적에 대해 가기 전에 먼저 확인하듯, 읽기목적은 읽기 전 15분쯤 자신이 무엇을 얻고자 읽기를 하는지에 대한 읽는 목적에 대해 잠깐 자문해보는 활동이다. 그리고 난 후 읽기목적을 달성하기 위해 디지털매체에서 필요한 정보를 찾아야 한다.

읽기목적에 따라 교과주제관련 문제에 대해 해결점을 찾고자 디지털매체정보를 분석하고, 평가하고, 통합하고, 연결하는 탐구읽기 작업이 이루어진다. 디지털매체 텍스트는 다양한 정보들이 그래프, 차트나 그림들로 표현되어 있다. 때문에 글을 쓴 작가가 전하고자 하는 것을 읽어내기 위해서는 많은 노력이 필요하다. 하지만 구체적인 읽기목적을 가지고 읽기를 하면 텍스트에서 보여준 정보들을 어떻게 분류할지를 알게 된다. 왜 읽고 있는지를 명확히 알아야 학생자신이 찾고자 하는 문제해결을 위한 디지털 정보에 대해 더 잘 이해될 수 있다. 읽기목적에 맞고 구체적인 질문에 답을 찾는, 즉 원하는 것을 얻어야한다는 태도로 읽어야 뭔가를 얻을 수 있다. 읽기목적에 맞는 읽기를 하는 동안 학생들은 비판적 사고를 하게 되고, 주제 내용에 대해 평가하고, 분석하고 통합하는 융·복합 사고를 하게 된다. 무엇보다 찾은 디지털매체 텍스트가 읽기목적에 맞는지, 문제해결을 위해 올바른 읽기 자료인지를 읽는 동안 내내 텍스트를 비판적으로 평가하며 읽어야 한다. 이렇게 읽고 나면, 읽기목적에 맞는 문제에 대한 답이 되는 정보를 찾게 될 것이다. 이때 찾은 정보의 위치(ORL)를 적어두도록 한다. 그리고 읽고 있는 텍스트의 의미와 이해가 더 많은 가치를 제공해 줄 것이다.

연결하기 활동은 읽기를 통해 얻은 정보들을 자신의 삶이나 세상과 연결하는 활동이다. 읽기목적과 왜 읽기를 하는지에 대한 구체적인 질문으로 탐구읽기를 하게 되면, 읽기목적에 맞는 문제에 답을 찾을 수 있고, 주어진 정보를 자신의 삶의 뭔가와 연결을 하는 데 도움을 준다. 또한, 찾은 디지털매체 텍스트가 읽기목적에 맞는 어떤 감동이 있었는지?, 전에 이 같은 정보를 어디서 보고 들었던 적이 있었는지?, 읽기목적에 맞는 굉장한 정보를 찾았는지?, 이 같은 일이나 정보가 언제 일어났었는지?, 저자의 생각이나 글의 내용에 대해 어떻게 생각하는지?, 주어진 정보는 믿을 만한 정보인지? 등, 읽기를 하는 동안 내내 읽기자료가 읽기목적에 맞는지를 평가하게 된다. 이렇듯 자신의 삶과 텍스트의 정보를 연결하고 정보를 분석, 통합하고 평가하는 융·복합 사고와 비판적 사고 과정을 갖게 되면, 읽고 난 후 더 많은 것을 기억하게 되고, 문제해결을 위한 더 창의적 아이디어를 갖게 된다.

■ 쓰기 (과제수행결과 단계로 읽기 후 활동일 수도 있다)

　다양한 매체읽기 후 활동으로 잠깐 멈추고, 다시 생각해보고, 목적에 맞는 정보인지를 확인하기 위해 다시 돌아가 읽어보는 활동이 필요하다. 이는 처음 읽을 때 놓쳤던 것을 확인하기 위해 다시 읽어보는 활동이다. 그리고 읽은 내용에서 교과학습에서 배운 정보를 기억해내야 한다. 읽기목적에 맞는 읽기를 한 후, 잠깐 읽기 내용에 대해 되짚어 보는 시간을 갖는 것은 매우 중요한 읽기 후 과정이다. 글의 내용을 다시 상기시켜보는 활동이다. 이때 읽기목적을 얼마나 달성했는지 스스로에게 자문하는 시간이 필요하다. 학생자신이 배우고자 했던 것을 배웠는지, 혼돈되는 것은 없는지, 읽기목적과 질문에 답을 할 수 있는지를 되새겨보는 시간이다. 읽기를 했다고 찾고자 했던 것을 모두 찾을 수 있는 것은 아니다. 탐구활동에서 문제에 대한 답을 못 찾을 수도 있다. 하지만 때론 생각지도 못했던 다른 것을 찾을 수도 있다. 예를 들어, 임진왜란이 왜 일어났는지? 그것을 설명할 수 있는지 라는 읽기 질문에 답을 찾기 위한 읽기과정에서 예기치 않았던 임진왜란에서 이순신을 도왔던 장군들에 대해서도 알 수 있게 된다. 신발 사러 갔다가 바지도 사고 온 것과 같다. 때문에 찾고자 했던 문제에 답을 찾지 못한 경우에는 다시 돌아가 읽어볼 필요가 있다.

　읽기과정에서 다시읽기는 쓰기활동에 큰 도움이 된다. 재미로 보는 만화는 다시 볼 필요가 없지만, 역사, 과학만화 등은 다시 돌아가 읽어 볼 필요가 있다. 다시 읽을 때는 특정 목표를 가지고 다시 읽어야 한다. 뭘 알고자 하는지에 초점을 두고, 누구와 소통할 것인지를 염두하고 먼저 읽은 디지털매체정보에 대해 퍼즐을 맞추기 위해 다시 읽는 것이다. 다시 읽기를 한 후에는 원하는 것을 찾았는지 자문해 보는 확인 활동이 필요하다.

　나는 보통 '알았는데 잊어버렸어'라는 말을 많이 하는 편이다. 다른 사람보다 기억이 좋지 않은 것 같다. 하지만 다른 사람들보다 암기를 더 잘하는 사람이 사용하는 기억을 잘하는 방법을 알고 있다. 이 방법은 정확한 목적을 갖고 암기를 하는 것이다. 읽기내용을 기억하는 것도 마찬가지다. 명확한 읽기목적을 갖고 읽기를 하면 찾고자 하는 것을 쉽게 찾을 수 있기 때문에 기억을 잘하게 되는 것이다. 또한, 원하는 정보가 어디에 있는 지, 위치를 표시해두는 기록전략도 필요하다. 배운 것은 꼭 적어두는 전략, 찾아낸 정보에 대해 그림을 그려보거나 도표(graphic organizer)를 만들어 도식화해두면 오랫동안 기억에 남는다. 또는 읽었던 것을 친구들과 이야기해 보거나, 새롭게 얻은 정보에 대해 요약하는 전략도 필요하다. 이러한 전략들이 기억을 하는 최선의 열쇠며 자신의 정보로 만드는 지름길이다.

읽기목적에 맞는 문제해결의 답을 찾고 있으면, 다음에는 이 답에 자신의 생각을 담아 창의적 글쓰기를 하는 일이다. 문제해결 과정에 대한 보고서를 자신의 관점에서 작성하고 제언하는 글쓰기활동으로 연결하는 일은 다양한 매체읽기활동의 결과물이다. 이것이 읽기를 쓰기로 연결하는 뉴 리터러시 학습과정의 핵심이다. 이 과정은 이해를 표현으로 승화하는 활동이고, 사고를 확장하는 읽기의 결과물을 창출하는 학습이다. 학생들의 읽기 결과물인 쓰기 창작물을 교실 블로그에 업로딩하여 다른 학생들과 공유하고 소통하는 활동으로 이끌 수 있다. 교과주제 관련 궁금한 문제에 대해 자신만의 창의적 결과물(텍스트, 비디오, 사진 등)을 교실수업의 블로그에 올리고 학생들 간 상호 피드백을 교환하도록 한다.

## 3. 뉴 리터러시 과제수행 평가 및 피드백

■ 자가 · 동료 · 교사평가 및 피드백은 읽기 후 활동이다.

교과주제통합학습에서 교과주제 관련 궁금한 문제를 만들고, 문제에 답을 찾기 위해 읽기목적에 맞는 디지털매체정보를 찾아 읽고, 이를 분석하고 통합하고 평가한다. 이를 자신의 생각이나 삶과 연결하며 창의적 표현활동으로 뉴 리터러시 학습활동의 결과물을 블로깅 함으로써, 자신의 생각을 다른 사람들과 공유하고 소통하는 장을 갖게 된다. 이렇게 블로깅 된 각자의 표현활동(말로 표현되는 영상물, 글로 표현되는 글)이 읽기목적에 맞는 결과물인지를 동료들과 상호 평가(교사나 동료평가)하고 피드백하는 활동은 뉴 리터러시 학습활동의 꽃이다. 이러한 읽기 후 활동으로 탐구활동에 대한 생각말하기, 발표나 그룹 활동으로 토론할 수도 있다.

학생들이 '읽을 때마다 매번 이렇게까지 해야 하나?'라는 생각을 할 수도 있다. 하지만 뉴 리터러시 읽기란 쉽지 않은 작업이며 시간이 걸리는 활동이다. 그런데 읽기활동에 꽤 많은 시간을 소비했는데도 뭔가를 얻지 못하는 이유는 뭘까? 뉴 리터러시 읽기 전 과정은 이해단계와 표현단계, 그리고 소통단계를 거치게 된다. 그런데 때론 중간중간 읽기단계를 빼먹거나 다음 단계로 뛰어넘어 원하는 정보를 얻지 못하는 경우가 생긴다. 본서에서 제시한 뉴 리터러시 교수학습 방법은 교과주제통합학습을 뉴 3Rs 리터러시 학습과정으로 이끈다. 이 과정에서 교사나 학생들이 인쇄매체읽기를 디지털매체읽기로 연결하는 뉴 3Rs 리터러시 교수학습 과정을 단계적으로 따르면, 다양한 매체읽기활동에서 원하는 답을 찾는 좋은 읽기습관을 갖게 될 것이다. 뉴 3Rs 리터러시 학습과정은 학생들이 여행할 때 목적지를 향해 가도록 이끄는 지도 같은 길잡이가 될 것이다.

# 3 뉴 리터러시 학습은 프로토콜이 있다

연구자는 1992년부터 우리나라 공·사교육 기관에서 다양한 연령과 수준의 학생을 대상으로 한 다양한 영역의 영어 교수학습 방법과 전략을 연구해 왔다. 이 과정에서 초등학교 영어교육에서 이루어지는 리터러시 수업을 시대변화에 맞춘 뉴 리터러시 수업이 되도록, 전국 많은 영어교사들의 수업관찰을 위한 프로토콜 개발에 관심을 갖기 시작했다. 그리고 이후 이 프로토콜은 교과주제통합학습에서 적용 가능한 뉴 리터러시 교수학습 방법과 전략을 제공하게 되었다. 이에 연구자는 초등학교 교과주제통합수업과 외국어로서 영어학습자들에게 가장 효과적인 뉴 리터러시 교육을 위한 교수학습 방법과 전략을 제공하기 위해 미국 Connecticut대학에서 시행되고 있는 뉴 리터러시 교수학습 프로토콜을 참고하여 2014년에 우리나라 초등학교 교과주제통합수업에서 적용 가능한 뉴 리터러시 교수학습 과정과 프로토콜을 재정리하였다.

뉴 리터러시 교육(2014)은 연구자의 오랜 교육현장 경험과 프로그램 경험을 바탕으로 한국연구재단의 지원을 받아 뉴 리터러시 교수학습 전략 연구설계를 위한 기반이었다. 본서에서 제시한 뉴 리터러시 교수학습 모형개발의 목표는 초등학교 교과주제통합수업과 외국어로서 영어학습자를 위한 뉴 리터러시 교수학습 방법과 전략을 점차적으로 제공하기 위함이고 뉴 리터러시 교사의 역할에 도움이 되고자 하는 데 그 목표를 둔다. 이는 효과적인 뉴 리터러시 교수학습을 이끌기 위한 교사교육 자료가 될 것이다. 그리고 교사들의 수업관찰 프로토콜로써 사용될 것이다. 추후 이를 우리나라 공·사교육기관 교과주제통합수업과 외국어로서 영어학습자들의 언어발달과 교과내용지식에 관한 리터러시 수업에서 효과적인 교사의 교수학습활동의 길잡이가 될 것이라 믿는다.

뉴 3Rs 리터러시 교수학습 모델은 과거 전통적인 리터러시 능력과 기술발달로 인해 요구되는 21세기에 필요한 새로운 리터러시 능력을 갖추도록 제공된다. 또한, 뉴 3Rs 리터러시 교수학습 모델은 단지 학생들의 교과주제통합학습과 언어향상과 교과내용지식을 위한 관찰이나 평가의 도구 역할 뿐 아니라 추후 교과주제통합수업의 수업계획을 위한 시스템으로 발전될 것이다.

〈뉴 리터러시 교수학습 모델과 프로토콜의 차이〉

| 뉴 리터러시 교수학습 모델 | 수업계획과 교수학습 전달체제 및 교수학습 절차 |
|---|---|
| 뉴 리터러시 교수학습 프로토콜 | 수업관찰을 위해 사용된 도구, 등급, 수업관찰에 관한 피드백 제공 Template |

뉴 3Rs 리터러시 교수학습 프로토콜은 3단계 교수학습 과정에서 5가지 전략과 30가지 활동요소로 분류한다. 뉴 3Rs 리터러시 교수학습 모델은 리터러시 수업의 계획과 진행 시스템이며, 뉴 리터러시 교수학습 프로토콜은 수업을 관찰하고, 등급화하고 피드백을 주기 위해 사용되는 도구들이다.

〈뉴 리터러시 교수학습 전개〉

| 뉴 리터러시 교수학습 과정 | 뉴 리터러시 교수학습 전략 | 뉴 리터러시 교수학습 활동요소 |
|---|---|---|
| 1. 과제 준비 (Task Preparation) | — 뉴 리터러시 수업 계획 | - 수업 절차 계획하기<br>- 영어/주제내용 학습목표 설정하기<br>- 과제관련 추가 자료준비<br>- 리터러시 활동 계획하기 |
| 2. 과제 진행 및 수행 (Task Delivery & Performance) | — 묻는 읽기전략 | - 주제관련 사전지식/경험 공유하기<br>- 학문적 어휘 확인하기<br>- 읽기목적 설정하기<br>- 내용 예측하기<br>- 읽기전략 세우기 |
| | — 탐색 읽기전략 | - 읽기 자료 찾기<br>- 읽기 자료 분석, 통합하기<br>- 읽기 자료 연결하기<br>- 읽기 자료 평가하기 |
| | — 쓰기 (Writing) 전략 | - 말과 글로 표현하기<br>- 블로깅 (Blogging) |
| 3. 평가 및 피드백 (Evaluation & Feedback) | — 평가 및 피드백 전략 | - 수업목표 성취 여부 확인하기 |

뉴 리터러시 교수학습 과정은 다음과 같은 전략과 활동을 한다.

| 뉴 리터러시 교수·학습 과정 | 뉴 리터러시 교수·학습 전략 및 활동 |
|---|---|
| 1. 교수·학습 과정 준비 | ■ 교수·학습 계획 및 설계하기<br>• 교수·학습 계획 및 목표 설정하기<br>• 교수·학습 자료준비 및 의미적 활동 설계하기 |
| 2. 과제수행 | ■ 묻는 읽기<br>• 읽기목적 설정 : 읽는 이유에 대한 질문 만들기<br>• 읽기 예측 : 중요 어휘와 주제내용 확인위한 질문 마들기<br>• 읽기전략 계획 : 읽기목적에 맞는 질문과 chunk 읽기전략 계획하기 |
| | ■ 탐구읽기<br>• 읽기목적에 맞는 읽기 자료 찾기 : 텍스트, 인터넷 자료<br>• 읽기목적으로 분석·통합 읽기 : 읽기목적에 맞는 정보 찾기<br>• 읽기목적을 연결하기 : 텍스트, 개인, 세상과 통합/연결하기<br>• 읽기목적으로 텍스트 평가하기 : 생각과 부합 여부 평가하기 |
| | ■ 쓰기<br>• 되짚어보기 : 읽기목적에 맞는 정보를 찾았는지 되 짚어보기<br>            : 중심어휘와 중심내용 개념 재확인하기<br>• 다시 읽기 : 읽기목적에 맞는 빠진 정보 찾기 위해 다시읽기 |

| | |
|---|---|
| | • 말·글 표현하기 : 읽기목적에 맞는 자기생각 창의적 표현하기<br>• 블로깅 하기 : 자신의 생각을 영상이나 글로 올리기 |
| 3. 평가·피드백 | ■ 자가·동료·교사평가 및 피드백<br>• 블로깅 영상이나 글 평가하기 : 읽기목적에 맞는지 여부<br>• 블로깅 영상이나 글 피드백 하기 |

뉴 리터러시 교사는 효과적인 뉴 리터러시 수업을 위해 다음과 같은 사항을 수시로 점검해야 한다.

1〉 뉴 리터러시 교사는 교과주제에 대해 언어학습과 교과내용학습의 목적을 체계적으로 작성한다.

2〉 뉴 리터러시 교사는 뉴 리터러시 수업을 통해 학년별 교육과정에 맞는 교과주제 통합수업을 제공한다.

3〉 뉴 리터러시 교사는 디지털매체읽기를 할 때, 이해 가능한 교과주제내용을 제공하기 위해 학년별 교과내용 및 문제해결을 위한 탐구과제 및 질문 등의 수준을 조정한다(시각자료, 모델링, 제시, 어휘예습, 적절한 읽기 텍스트, 동료수정, 원어민 음성지원, 협력학습, 사고력 유도 질문, 탐구과제 등).

4〉 뉴 리터러시 교사는 교과주제내용과 학생들의 사전지식이나 경험의 연결을 유도한다.

5〉 뉴 리터러시 교사는 교과주제내용과 디지털매체읽기 자료가 학생들의 수준에 맞고 읽기목적에 부합한지를 평가하도록 한다.

뉴 리터러시 교수활동이 효과적이기 위해서는 다음의 사항이 고려되어야 한다.

1〉 뉴 리터러시 교사는 읽기자료에 녹아있는 어휘군(Lexical chunk)을 학생들에게 노출시켜 학생들이 뉴 리터러시 읽기에 장애가 되는 기능적인 스킬을 사전에 습득하도록 이끌어야 한다.

2〉 뉴 리터러시 교사는 교과주제내용에 대해 학생들이 다양한 관점의 소주제가 선택될 수 있는 읽기 과제와 수행을 학년이나 학생들의 이해 수준에 따라 교사가 직접 제공할 수 있다. 또는 이를 학생들이 스스로 문제제기를 하도록 유도할 수도 있다. 뉴 리터러시 교사는 학생들의 수준에 따라 다양한 과제와 평가를 제공해야 한다.

3) 뉴 리터러시 교사는 학생들의 사전지식이나 경험, 정의적 욕구가 반영된 디지털 매체읽기 과제와 수행이 이루어지도록 이끌어야 한다.

4) 뉴 리터러시 교사는 학생들이 적극적으로 읽기활동에 참여하고 상호작용 활동이 이루어질 수 있도록 다양한 질문을 통해 학생들의 비판적이고 고차원적 사고가 발전할 수 있도록 유도해야 한다.

5) 뉴 리터러시 교사는 학생들의 이해능력 및 언어능력 수준에 따라 교과주제통합 학습 내용이 읽기목적에 맞도록 학생 자신의 생각을 다양한 방식(사고의 흐름을 그림/도표로 표현할 수도)으로 표현하도록 유도해야 한다.

6) 뉴 리터러시 교사는 읽기목적에 맞는 이해와 사고를 증진시키기 위해 학생들이 디지털매체 텍스트나 다른 유형의 자료들(그래프, 실물, 동영상, 음성파일, 적절한 읽기 자료 등)을 적극적으로 사용하도록 유도해야 한다.

뉴 리터러시 교수학습 모델을 교과수업에서 활용하기 위해서는

1) 교사는 수업 점검 프로토콜을 자가 평가 도구로 사용하도록 한다. 자가 평가를 할 때는 한 번에 하나의 사안을 평가하는 것이 좋다.

2) 뉴 리터러시 교수학습 모델은 장기간 동안 체계적인 훈련이 필요하다. 이를 충실히 이행하기 위해 수업관찰 도구를 사용해야한다. 초기에는 수업관찰도구의 모든 항목을 관찰할 필요는 없고 단계적으로 평가항목을 넓혀가는 것이 좋다.

3) 수업관찰 도구는 관찰도구이지 평가도구는 아니므로 관찰시 교사를 평가하려 하지 않도록 한다.

4) 뉴 리터러시 교수학습 모델이 현 교사들에게는 익숙하지 않을 수 있으므로, 교사들이 익숙해질 수 있도록 교실수업 중심의 실제적인 교사교육이 필요하다. 교육을 받은 교사는 뉴 리터러시 교수학습 과정을 학생들과 공유하여 학생들이 뉴 리터러시 학습과정에 적극적으로 참여하도록 이끌어야 한다.

뉴 리터러시 교수학습 관찰 프로토콜은 다음과 같다.

| 교수·학습<br>과정 | | 단계별 지원/활동에 대한 평가 내용 | 상 | 중 | 하 |
|---|---|---|---|---|---|

**1. 뉴 리터러시 학습에서 교수·학습 준비단계**

| 계획 및<br>설계<br>(Planning<br>&<br>Designing) | 1. 교수·학습<br>계획 | ·학생들의 연령이나 학문적 배경지식에 적절한 교과주제 내용 및 개념이다. | 5 4 3 2 1 |
|---|---|---|---|
| | 2. 교수·학습<br>목표설정 | ·학생들과 교과주제통합 언어학습목표를 명확하게 정의하고, 전개하고, 점검한다. | 5 4 3 2 1 |
| | | ·학생들과 교과주제통합 내용학습목표를 명확하게 정의하고, 전개하고, 점검한다. | 5 4 3 2 1 |
| | 3. 교수·학습<br>자료준비 | ·의미있는 교과주제 과제활동이 되도록 다양한 보충자료를 준비한다. (디지털 도구, 디지털 자료, 사진 및 동영상 자료, 그래프, 참고자료 등) | 5 4 3 2 1 |
| | 4. 교수·학습<br>전략/활동 | ·학생들의 언어능력에 적절한 단어사용과 교과주제내용과 관련된 디지털매체 텍스트 읽기 과제를 계획한다. | 5 4 3 2 1 |
| | | ·읽기에 장벽이 되는 lexical chunks, chunk expressions, chunk reading 등 사전에 단계적으로 연습하는 전략적 읽기 리터러시 과제 활동을 계획한다. | 5 4 3 2 1 |
| | | ·언어 연습과 교과주제내용 개념이 통합된 의미 있는 과제 활동을 설계한다. (survey, 인터넷 surfing chunk writing, 비판적사고, 융·복합 사고 및 창의적 표현을 이끄는 유도 질문 등) | 5 4 3 2 1 |

**2. 뉴 리터러시 학습에서 교수·학습 과제수행 단계**

| 묻는 읽기<br>(Questioning) | 5. 문제제기<br>및 목표설정 | ·교과주제학습에서 학생의 흥미나 관심에 따른 문제 찾기와 질문 만드는 활동을 한다.<br>·교과 텍스트와 디지털매체 텍스트읽기 이유와 목적을 명확히 한다.<br>·교과 텍스트와 디지털매체 텍스트읽기 목적에 대한 질문을 이끈다.<br>: 왜 이 텍스트를 읽는가?<br>: 이 텍스트는 뭐에 관한 내용인가? | 5 4 3 2 1 |
|---|---|---|---|
| | 6. 정보접근<br>및 예측 | ·필요한 정보를 찾기 위해 인터넷에서 검색하고 접근하는 활동을 한다.<br>·교과주제에 대해 무엇을 기대하는가? 교과주제에 대해 이미 알고 있는 것이 무엇인가? 배경지식을 상기시키는 질문을 한다. | 5 4 3 2 1 |

| | | | |
|---|---|---|---|
| | | • 디지털매체정보텍스트에서 무엇을 배울 것인지?(텍스트 길이, 난이도, 어휘, 전개방식, 그 외 주제내용 등)<br>• 학습자 과거 배경지식과 경험을 새로운 개념에 명확하게 연결한다. | 5 4 3 2 1 |
| | 7. 배경지식 공유 | • 사전 지식이나 경험학습을 연결한다. | 5 4 3 2 1 |
| | | • 다양한 매체텍스트(책이나 디지털)에서 학생들이 보기에 반복되고, 강조된 중심 어휘들을 먼저 익힌다.<br>(어휘는 다양한 텍스트 읽기에 장애물이기 때문) | 5 4 3 2 1 |
| | 8. 비판읽기 질문전략 | • 읽기목적을 확인하고 다양한 질문을 하면서 다양한 매체읽기를 유도한다. | 5 4 3 2 1 |
| | 9. 빠바 청크 읽기전략 | • 영문 텍스트의 경우 빠르고 바른 읽기—chunk 읽기훈련을 한다.<br>(청크끊기 · 청크예측 · 확인읽기) | 5 4 3 2 1 |
| 탐구 읽기 (Research ing) | 10. 정보접근 — 목적읽기 · 자료찾기 | • 필요한 정보를 찾기 위해 검색엔진을 사용하고 정보접근 활동을 한다.<br>• 읽기목적에 맞는 추가자료를 (on/off 자료, 인터넷 텍스트, 동영상) 찾는다. | 5 4 3 2 1 |
| | 11. 정보관리 — 텍스트 이해하기 | • 관련정보를 확인하고 읽고 조작하는 능력을 갖추도록 한다.<br>• 텍스트 내용을 파악하고 이해하며 기록한다. | 5 4 3 2 1 |
| | 12. 정보 평가하기 | • 정보의 품질, 관련성, 유용성을 판단하는 활동을 한다.<br>• 텍스트의 내용이 읽기목적과 읽기주제에 대한 자신의 생각과 부합하는지를 확인하며 텍스트를 평가하는 고차원적 사고를 하며 기록한다. | 5 4 3 2 1 |
| | 13. 정보 분석/ 통합하기 | • 정보를 요약, 비교, 대조하고 해석하는 활동을 한다.<br>• 텍스트내용이 사전 지식, 새로운 지식, 텍스트 내 변인 등이 읽기목적에 맞는지 분석하고 통합하는 비판적 사고를 하며 기록한다. | 5 4 3 2 1 |
| | 14. 정보 연결하기 | • 주제개념 관련 사전 지식을 새로운 지식, 텍스트 내 변인, 개인이나 세상의 삶과 연결하는 질문으로 비판적 사고를 하며 기록한다. | 5 4 3 2 1 |
| 쓰기 (Writing) | 15. 정보 되짚어보기 | • 읽기목적에 맞는 정보를 찾았는지 되짚어보고 기록을 확인한다.<br>• 중심어휘와 중심내용 및 개념을 재확인한다. | 5 4 3 2 1 |
| | 16. 정보 다시 읽기 | • 기존 정보를 편집, 적용. 재구성하여 새로운 정보와 통합하는 활동을 한다.<br>• 읽기목적에 맞는 빠진 정보를 찾기 위해 다시 읽고 추가한다. | 5 4 3 2 1 |

| | 17. 정보 생성<br>– 말·글로<br>표현하기 | · 새로운 정보로 생성하는 활동을 한다.<br>· 읽기목적에 맞는 자기생각을 창의적 글/말<br>로 표현하는 기회를 갖는다. | 5 4 3 2 1 |
|---|---|---|---|
| | 18. 정보<br>블로깅 하기 | · 자신의 생각을 말로 표현하는 영상이나 글<br>을 블로그에 올린다. | 5 4 3 2 1 |

## 3. 뉴 리터러시 학습에서 교수·학습 과제수행 평가 및 피드백 단계

| 평가<br>(evaluating) | 19. 블로깅<br>영상이나 글<br>평가하기 | · 읽기목적에 맞는 자신의 창의적 생각을 발<br>표하거나 글로 표현한 것을 블로그에 올리고<br>동료나 교사가 그에 대한 평가한다. | 5 4 3 2 1 |
|---|---|---|---|
| 피드백<br>(feedback) | 20. 블로깅<br>영상이나 글<br>피드백 하기 | · 읽기목적에 맞는 자신의 창의적 생각을 발<br>표하거나 글로 표현한 것을 블로그에 올리고<br>동료나 교사가 그에 대한 피드백을 올린다. | 5 4 3 2 1 |

## 4. 뉴 리터러시 교사의 코칭 단계

| | 21. 발화 | · 학생들의 언어능력 수준에 적절한 발화를<br>한다.<br>(천천히 발화, 정확한 발음, 초보자를 위한 단<br>문구조 문장) | 5 4 3 2 1 |
|---|---|---|---|
| | 22. 명백한 설명 | · 영어목표, 주제내용 목표, 교과목 주제관<br>련 리터러시 과제 등을 명확하고 간결하게 설<br>명한다. | 5 4 3 2 1 |
| | 23. 속도/보조 | · 교사의 질문에 학생들이 반응하는 시간을<br>일관적으로 충분히 기다려준다. | 5 4 3 2 1 |
| | | · 교과주제통합학습에서 학생들의 적절한<br>과제수행의 속도를 조정한다. | 5 4 3 2 1 |
| 학습코칭<br>(Learning<br>Coaching) | 24. 다양한 기술 | · 학습능력을 증진시키기 위해 사용된 다양<br>한 교수학습코칭 스킬과 전략을 사용한다. | 5 4 3 2 1 |
| | | · 교과주제학습의 내용과 개념을 명확화하<br>기 위해 다양한 기술을 사용한다. (모델링,<br>시각자료, 경험활동, 시범, 제스처, 몸짓언어) | 5 4 3 2 1 |
| | 25. 직접 경험<br>자료 | · 학생들이 뉴 리터러시 과제수행을 위해<br>교과주제학습 내용에 대한 지식을 얻고자<br>hands-on 자료를 탐구하는 경험과 기회를 제<br>공한다. | 5 4 3 2 1 |
| | 26. 학습전략 | · 읽기의 목적이나 읽기 주제를 학생 스스로<br>정하고, 답을 찾기 위해 문제를 만들고 목적<br>에 맞는 읽기를 하는지, 읽기텍스트에서 질문<br>에 맞는 답을 얻었는지를 스스로 평가하는 초<br>인지 리터러시 전략을 사용한다. | 5 4 3 2 1 |

| | 27. 단계적 지원 | · 학생들이 새로운 언어지식과 교과주제내용지식을 이해하도록 지원질문이나 생각말하기(think-aloud)활동 등으로 끊임없이 지원과 도움을 준다. | 5 4 3 2 1 |
|---|---|---|---|
| | 28. 고차원 사고 증진질문 | · 학생들의 고차원적 사고능력(비판적 읽기와 창의적 쓰기)을 갖출 수 있도록 단계적 다양한 질문(예/아니오, 둘 중 하나, 의문사 질문, 분석적 질문, 묘사적 질문 등)을 사용한다. | 5 4 3 2 1 |
| | 29. 상호작용 | · 교과주제내용에서 읽기목적에 맞는 반응을 찾기 위해 교사와 학생 간 질문과 반응활동으로 상호작용이 이루어진다. | 5 4 3 2 1 |
| | 30. 학생 주도 | · 과제수행과정의 80~90% 이상은 학생이 주도적으로 이루어지며 학생참여 기회가 많다. | 5 4 3 2 1 |

◎ 뉴 리터러시 수업평가 비율(New Literacy Lesson Rating Form)의 예

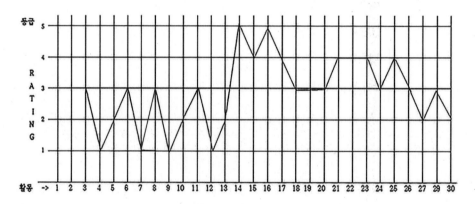

# 〈뉴 리터러시 수업 안 Template〉

■ 교사 : _____　　■ 관찰자 : _____

■ 날짜 : _____　　■ 교실/학년 : _____

■ 과목/주제 : _____

| ■ 언어학습목표 | |
|---|---|
| ■ 내용학습목표 | |

| ■중심단어 | ■추가 자료 |
|---|---|
| | |

〈뉴 리터러시 교수학습 모델의 특징〉

| ■ 교수학습 준비 | ■ 탐구읽기 |
|---|---|
| ＿＿ 교수학습 목표설정 | ＿＿ 추가 자료 찾아 이해하기 |
| ＿＿ 교수학습 전략 및 활동 | ＿＿ 텍스트 평가하기 |
| ＿＿ 교수학습 자료 | ＿＿ 텍스트 분석 및 연결하기 |
| ■ 묻는 읽기 | ＿＿ 텍스트 통합하기 |
| ＿＿ 읽기목적 설정 | ■ 쓰기 |
| ＿＿ 읽기 예측 | ＿＿ 되짚어 다시 읽기 |
| ＿＿ 배경지식 연결 | ＿＿ 말/글로 표현하기 |
| ＿＿ 읽기전략 | ＿＿ 블로깅 하기 |

■ 교수학습코칭

• 평가와 피드백 :

• 학습코칭 전략 :

■ 성찰 및 코멘트

New literacy

뉴 리터러시 학습은
전략적 스킬이 있다

# 1 뉴 리터러시 학습은 질문이 핵심 스킬이다

학생들마다 어려서부터 쌓아온 읽기 노하우들이 있다. 뉴 리터러시 읽기활동에서는 학생 자신이 갖고 있는 읽기 노하우들을 하나씩 끌어내어야 한다. 바르게 읽고 빠르게 잘 읽기 위해서는 새로운 읽기 노하우를 새롭게 배우기보다는 각자 이미 알고 있는 읽기 노하우를 새로운 읽기환경에서 적절하게 사용하는 것이 매우 중요하다.

많은 교육학자들은 읽기학습을 3가지 영역(Bloom, et.al, 1956) : KSA(Knowledge, Skills, Attitudes)로 분류한다.

- 지식 (Knowledge)은 인지적 영역(Cognitive) 같은 정신적인 능력이다.
- 태도 (Attitudes)는 정의적 영역(Affective)으로 자존 같은 느낌이나 감성적인 영역에서 성장하는 능력이다.
- 스킬(Skills)은 연습으로 얻어지는 정신 운동영역 (Psychomotor)으로 수작업 같은 육체적으로 얻어진 능력이다.

이러한 읽기학습의 분류체제는 뉴 리터러시 학습과정의 목표이기도 한다. 뉴 리터러시 학습을 하면 학생들은 이러한 새로운 스킬, 지식, 그리고 태도를 얻게 된다.

지식과 지적 능력의 발달과 관련있는 인지적 영역은 특정한 사실을 인식하고 기억하고, 과정적 패턴, 지식능력이나 스킬의 발달을 포함한다. 인지적 과정에는 6가지 영역(지식, 이해, 적용, 분석, 통합, 평가)이 있는데, 이는 단순한 학습단계에서 복잡한 학습단계를 거친다. 각 단계 학습은 바로 이전 단계가 마스터 되어야 하는 인지과정을 거친다. 이를 정리한 것이 Bloom's Taxonomy(1956)이다.

〈Bloom's Taxonomy(1956)〉

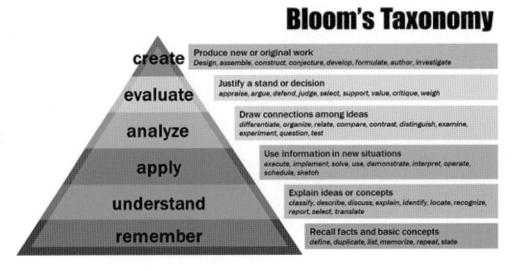

19세기 중반 Bloom의 옛 제자인 Anderson과 Krathwohl은 인지영역의 각 단계를 재정리하였다. 인지학습의 단계를 정리한 Bloom's Taxonomy의 수정안의 특징은 먼저, 6가지 영역에의 이름을 명사에서 동사로 수정했다. 이는 인지학습 단계가 이름으로 명명되는 영역이 아니라, 학습자의 인지활동으로서, 각 단계는 학습자가 행해야 하는 학습활동이라는 점을 강조하기 위함으로 보인다. 그리고 제자들이 재정리한 Bloom's Taxonomy는 지식으로서 인지활동의 과정과 수준을 재창조한 것이다.

Bloom's Taxonomy는 학습목표와 목적을 분류하고 있다. 즉, Bloom's Taxonomy는 학습자가 어떤 단계를 거치며 배우는지를 보여주고 있다. 학습과정은 매우 복잡하다. Bloom's Taxonomy에 따르면 인지학습은 정보기억(Remembering)이라는 기초 지식으로 시작한다. 이어서 Bloom은 학생들이 배운 것을 이해(Understanding)헤야 히고, 그 지식을 다른 영역에 적용(Applying)해야 한다고 강조한다. 게다가 학습자들은 학습을 위해서는 낮은 수준만을 사용하면 안 된다고 강조한다. 무엇보다 학습을 위해서는 보다 높은 수준의 스킬로서 분석(Analysing), 평가(Evaluating)와 창조(Creating)활동을 해야 한다고 말한다.

1단계로 기억하는 것은 배운 것을 되짚어 볼 수 있는 능력이다. 2단계인 이해하는 것은 의미가 명확해지는 것이다. 3단계인 적용하는 것은 새로운 상황에 자료를 사용할 수 있는 능력이다. 4단계인 분석하는 것은 생각이나 사실의 서로 다른 부분을 확인하고, 그 부분들 사이에 관계를 발견하고, 그것들이 어떻게 조직되고 전개되는지를 인식하는 활동들을 포함한다. 5단계인 평가하는 것은 사고나 사건들에 대한 가치를 판단할 수 있는 능력을 의미한다. 그리고 6단계인 창조하는 것은 이런 사실이나 사건들이 해결점이나 새로운 생각에 도달하기 위해 통합하여 하나로 표현해내는 능력을 말한다. 이렇듯 Bloom는 교사들이 학생들의 학습을 평가하는 다양한 방식을 연구했다.

교사들은 학생들에게 교과학습에서 읽은 정보를 암기했는지를 묻곤 한다. 교사들은 학생들에게 역사적 특징의 이름을 암기하도록 하고, 어휘의 정의를 말하도록 한다. 이런 과제는 읽기학습에서 가장 초보적인 기억능력이다. 이러한 기초적인 기억능력은 학생들의 건강한 배움을 갖도록 동기부여 하지 못한다. 학생들에게는 그들에게 흥미로운 교과주제에 대해 더 깊고 복잡한 과제가 주어질 필요가 있다. 예를 들어, 단순 암기학습 활동이 아닌 학생들이 배웠던 정보를 평가하고, 다른 정보와 이전 정보를 비교하고 분석하는 과제가 주어져야 학생들이 학습에 더욱 집중하게 된다.

Bloom's Taxonomy는 20세기 학습에 대한 가장 중요한 연구 중 하나이다. Bloom's Taxonomy는 교육적 관점에 대한 우리의 생각에 많은 영향을 끼치게 했다. 특히 학생들은 사실이나 사건에 대해 직접 경험을 통해서 배운다는 점을 알려주었다. 이는 학생들에게 텍스트 읽기과정에서 비판적 사고를 할 수 있는 많은 질문과 융·복합 탐구과제를 해내도록 이끄는 인문학 접근의 창의·융합적 인재양성을 위한 뉴 리터러시 교육이 중요하다는 점을 알게 해주었다. 이렇듯 인문학 접근의 창의적 인재를 양성하는 뉴 리터러시 교육을 할 때 높은 수준의 뉴 리터러시 읽기 스킬이 발전될 수 있다.

Bloom's Taxonomy는 교사들이 높은 수준의 사고에 중점을 두도록 프레임을 제공하기도 한다. 이 Taxonomy는 교사들이 학생들과 함께 질문을 만들고, 학생들이 읽기수행 과제를 계획하는데 도움을 준다. 또한, 교사가 학생들의 학습활동에 피드백을 주는 데도 도움을 준다. 이렇듯 Bloom's Taxonomy는 각 단계의 학습활동을 낮은 단계에서부터 보다 높은 단계까지 동사로 묘사한다. 그리고 교사들이 수업에서 단계적 학습활동을 이끌기 위해 무엇을 해야 하는지를 보여주는 단계별 수준에 맞는 과제를 소개한다.

〈교사들이 다른 수준의 학생들에게 줄 수 있는 과제들〉

| | 스킬 | 스킬묘사 동사 | 교사들이 제공할 수 있는 과제 |
|---|---|---|---|
| 높은 스킬 (Higher Order Skills) | 창조하기 (Creating) | 창조하기 설계하기 상상하기 | • 프로그램에서 해결점을 찾는다. • 행동의 결과를 생각해낸다. • 새로운 생각을 찾아내고 제시한다. |
| | 평가하기 (Evaluating) | 평가하기 판단하기 비판하기 | • 판단한다. • 다른 의견을 논의한다. • 관점을 방어한다. |
| | 분석하기 (Analyzing) | 분석하기 분류하기 연결하기 | • 생각을 비교하고 대조한다. • 하나의 생각을 다른 생각과 연결한다. • 정보를 조직한다. |
| 낮은 스킬 (Lower Order Skills) | 적용하기 (Applying) | 적용하기 해결하기 실험하기 | • 생각을 시험한다. • 아는 것을 다른 상황에 적용한다. • 문제해결점을 찾는다. |
| | 이해하기 (Understanding) | 설명하기 요약하기 묘사하기 | • 자신의 언어로 정보를 재정리한다. • 읽은 것을 설명한다. • 읽은 것을 요약한다. |
| | 기억하기 (Remembering) | 기억하기 목록하기 정의하기 | • 기본 질문에 답 한다. • 어휘를 정의한다. • 목록을 작성한다. |

Bloom's Taxonomy는 질문과 주요단어들이 수준에 따라 제시된다. 인지적 영역에서 사고활동을 이끌기 위해, 수업에서는 비판적 사고를 위한 질문들이 사용된다. 그 질문들은 문제해결 스킬을 갖게 해주고, 이해력을 증가시켜주고, 교과주제 문제를 구체화하는 스킬을 갖게 해준다. 그리고 주요단어로 질문이나 과제의 수준이 조정된다. 평가는 학생들이 읽기를 하는 과정에 도움을 주기 위해 사용된다. 뉴 리터러시 교사가 학생들의 수준에 따라 제공하는 과제는 높은 단계 스킬과 낮은 단계 스킬의 6단계 과제로 나뉜다.

학생들은 매일 매일의 삶에서 매 순간 판단을 하며 살아간다. 뿐만 아니라 매순간 비교하고 대조하고 추론하며 결론에 이른다. 학생들은 자신이 말하거나 행동하는 것에 따라 어떤 사람을 좋아할지 말지를 결정한다. 그런 판단, 비교, 대조, 결론하고 추론하는 것은 주어진 텍스트에 대해 '다르게 읽기'를 하는 비판적 사고의 핵심이 된다. 즉, 비판적 사고 스킬은 '다르게 읽기'를 위한 기반을 마련해준다.

학생들은 뉴 리터러시 학습에서 다르게 읽기를 위한 다음과 같은 과정과 전략을 사용한다.

〈적극적 읽기과정과 전략〉

| 묻는 읽기 | | 다른 읽기 | | 창의적 쓰기 |
|---|---|---|---|---|
| 질문만들기<br>주제 명확히 하기<br>중심단어 찾기 | + | 비판적 예측/추론하기<br>비교/대조하기<br>관련<br>판단/평가하기<br>결론 짓기 | ⟺ | 픽션<br>논픽션<br>인터넷 글<br>교과목 주제통합 글쓰기 |
| 적극적 리터러시 전략 및 활동 | | | | |
| • 궁금한 주제관련 질문하기<br>• 목적에 맞는 글인지 예측해보기<br>• 변인 간 비교/대조하며 관련 짓기<br>• 신뢰 있는 글인지 판단하기<br>• 자신의 지식과 흥미에 맞게 결론 짓기<br>• 자신의 생각이나 주장의 창의적 글쓰기 / 발표하기 | | | | |

뉴 리터러시 학습과정에서 묻는 읽기를 하기 위해 사용가능한 질문들이 있다.

■ 지식 스킬의 질문의 예

교사는 교과주제에 대한 인쇄매체나 디지털매체읽기를 연결하도록 이끈다. 학생들은 자신의 언어로 정보나 스토리에 대해 설명한다. 기본적인 사실, 용어, 기본개념과 선택에 대한 답을 상기해보기 위해 사전 학습된 자료에 대한 기억을 끌어낸다.

중심용어들은 누가, 무엇을, 왜, 언제, 어느 것, 선택하기, 찾기, 어떻게, 정의하기, 레

벨하기, 보이기, 스펠하기, 리스트하기, 매치하기, 명명하기, 말하기, 관련짓기, 회상하기, 선택하기 등이 있다.

지식단계의 질문들은 다음과 같다.

| 우리말 질문 | 영어 질문 |
|---|---|
| 무엇인가 | what is……? |
| 선택할 수 있는가 | Can you select? |
| 어딘가 | Where is……? |
| 언제 일어났는가 | When did ____ happen? |
| 누가 주인공이었는가 | Who were the main……? |
| 어느 것인가 | Which one……? |
| 왜 그랬는가 | Why did……? |
| 어떻게 묘사할 건가 | How would you describe……? |
| 언제 그랬는가 | When did……? |
| 회상할 수 있는가 | Can you recall……? |
| 누구였는가 | Who was……? |
| 어떻게 설명할 건가 | How would you explain……? |
| 어떻게 발생되었는가 | How did ___happen……? |
| 3개를 리스트 할 수 있는가 | Can you list the three……? |
| 어땠는가 | How is……? |
| 어떻게 보여 줄건가 | How would you show……? |

지식단계에서는 다음과 같은 사항을 평가한다.

• 다양한 매체 픽션 텍스트 등장인물들은 그림으로 등장인물 이름과 연결하는지.
• 다양한 매체 픽션 텍스트 등장인물과 등장인물에 대한 설명을 연결하는지.
• 다양한 매체 WANTED 포스터에서 주인공 중 한사람의 특징을 나열하는지.
• 다양한 매체텍스트를 섞어놓든지, 흩어져 있는 그림을 순서에 따라 정리하는지.
• 다양한 매체텍스트 주제와 전개방식을 도식화하고 전개 순서대로 연결하는지.
• 다양한 매체텍스트 사건의 배경에 대해 구체적인 사항을 기억해내는지.

■ 이해 스킬의 질문의 예

학생들의 읽기과제는 텍스트 정보를 조직하기, 비교하게, 번역하기, 해석하기, 묘사용어를 제공하기, 주된 아이디어를 설명하기 등을 제공함으로써 사실이나 아이디어들에 대한 이해를 요구한다.

중심단어들은 비교하기, 대조하기, 표현하기, 해석하기, 설명하기, 확장하기, 예시하기, 알리기, 요약하기, 관련짓기, 바꾸어말하기, 예시 보여주기, 분류하기 등이 있다.

이해단계의 질문들은 다음과 같다.

| 우리말 질문 | 영어 질문 |
|---|---|
| 텍스트 변인들을 어떻게 분류할 것인가 | How would you classify the type of……? |
| 어떻게 비교할 것인가? 대조할 것인가 | How would you compare…? contrast…? |
| 학생자신의 말로 설명하거나 해석할 것인가 | Will you state or interpret in your own words…? |
| 의미를 다른 말로 바꾸어 표현할 것인가 | How would you rephrase the meaning? |
| 어떤 사실과 아이디어를 보여줄 것인가 | What facts or ideas show……? |
| 글의 중심 아이디어는 무엇인가 | What is the main idea of ……? |
| 어떤 설명이 그것을 지원하는가 | Which statements support……? |
| 어느 것이 가장 맞는 답인가 | Which is the best answer……? |
| －관해 뭘 말할 수 있는가 | What can you say about ……? |
| 어떻게 요약할 것인가 | How would you summarize……? |
| 무슨 일이 일어나고 있는지 설명할 수 있는가 | Can you explain what is happening……? |
| 어떤 의미인가 | What is meant by……? |

이해단계에서는 다음과 같은 사항을 평가한다.

• 다양한 매체읽기에서 인간, 동물이나 사물 같은 것들의 특징을 분류하는지.

• 다양한 매체읽기에서 새로운 환경으로 주인공을 옮길 수 있는지.

• 다양한 매체읽기에서 이야기 일부처럼 행동하는지, 그리고 손가락 퍼펫을 만들 것인지.

• 다양한 매체읽기에서 주인공 중 한 사람이 즐기는 음식을 선택하는지, 메뉴를 선택

하는지, 그리고 음식을 나르는 방법을 선택하는지.

- 다양한 매체읽기에서 등장인물에 나타나는 상황에 대해 생각하고 등장인물이 이 상황에서 어떻게 행하는지에 대해 쓰기를 하는지.
- 다양한 매체읽기에서 학생들이 이야기 주인공과 같은 문제점을 가진 사람인지를 아는 사람들의 예를 들을 수 있는지.

■ 적용 스킬의 예

교사는 학생들에게 위성과 태양에 대한 글을 읽도록 한다. 학생들은 정확한 순서대로 위성들을 나열해보는 활동을 한다. 이렇듯 학생들은 새로운 방식에서 습득된 지식, 사실, 기술과 법칙을 적용함으로서 새로운 상황에서 문제를 해결한다.

중심단어는 적용하기, 설정하기, 선택하기, 구축하기, 발전하기, 인터뷰하기, 사용하기, 조직하기, 실험하기, 계획하기, 고르기, 해결하기, 이용하기, 모델하기, 확인하기 등이 있다.

적용단계의 질문들은 다음과 같다.

| 우리말 질문 | 영어 질문 |
|---|---|
| 어떻게 사용할 것인가 | How would you use……? |
| 배운 것을 사용하면서 어떻게 문제를 해결할 것인가 | How would you solve ___ using what you''ve learned……? |
| ―하기 위해 어떤 예들을 찾을 수 있는가 | What examples can you find to……? |
| ―에 대한 이해를 어떻게 보여줄 것인가 | How would you show your understanding of……? |
| ―을 보여주기 위해 어떻게 정리할 것인가 | How would you organize _____ to show……? |
| ―을 개발하기 위해 배운 것을 어떻게 적용할 것인가 | How would you apply what you learned to develop……? |
| ―하기 위해 어떤 접근을 사용할 것인가 | What approach would you use to……? |
| ―하기 위해 어떤 다른 방식을 계획할 것인가 | What other way would you plan to……? |
| ―한다면 어떤 결과를 야기할 것인가 | What would result if……? |
| ―하기 위해 그 사실을 사용할 수 있는가 | Can you make use of the facts to……? |

| ─을 변화하기 위해 어떤 요인들을 사용할 것인가 | What elements would you use to change……? |
|---|---|
| ─을 보여주기 위해 어떤 사실을 선택할 것인가 | What facts would you select to show……? |
| 인터뷰를 하는 동안 어떤 질문을 물을 것인가 | What questions would you ask during an interview? |

적용단계에서는 다음과 같은 사항을 평가한다.

- 다양한 매체 이야기나 텍스트에서 특정장면의 그림을 해석하는지.
- 다양한 매체텍스트 내용을 자신의 용어를 사용하면서 텍스트에서 선택된 아이디어나 특정부분을 설명하는지.
- 다양한 매체텍스트에서 발견된 예문들이나 그림 전후에 어떤 일이 일어났는지를 보여주는 문장을 쓰고, 그림을 그릴 수 있는지.
- 다양한 매체읽기에서 하나의 텍스트 다음에 무슨 일이 일어날 수 있는지를 예견할 수 있는지.
- 다양한 매체읽기에서 텍스트 메시지를 요약하거나, 스토리의 사건이 발생된 시간을 말 할 수 있는지.
- 다양한 매체읽기의 처음, 중간과 끝에서 작가는 그 일에 대해 어떻게 느끼는지를 설명할 수 있는지.

■ 분석단계 스킬의 예

교사는 학생들에게 교과주제관련 텍스트를 읽도록 한다. 학생들은 디지털매체읽기 활동으로 사건의 동기나 원인을 확인하고 그 증거를 찾고 추론을 한다.

중심단어들은 분석하기, 영역별나누기, 분류하기, 비교하기, 대조하기, 발견하기, 해부하기, 분배하기, 실험하기, 점검하기, 단순화하기, 조사하기, 시험하기, 구별하기, 목록하기, 특징화하기, 관련짓기, 기능하기, 동기부여하기, 추론하기, 가정하기, 결론짓기, 참여하기 등이 있다.

분석하기 질문들은 다음과 같다.

| 우리말 질문 | 영어 질문 |
|---|---|
| ―의 특징이나 부분이 무엇인가 | What are the parts or features of……? |
| ―에 어떻게 관련되는가 | How is _____ related to……? |
| 왜 그렇게 생각하는가 | Why do you think……? |
| 주제가 뭔가 | What is the theme……? |
| 어떤 동기가 있는가 | What motive is there……? |
| ―의 부분들을 목록할 수 있는가 | Can you list the parts……? |
| 어떤 추론을 할 수 있는가 | What inference can you make……? |
| 어떤 결론을 그릴 수 있는가 | What conclusions can you draw……? |
| 어떻게 분류할 것인가 | How would you classify……? |
| 어떻게 ―을 분류할 것인가 | How would you categorize……? |
| 다른 부분을 확인할 수 있을가 | Can you identify the different parts……? |
| 어떤 증거를 찾을 수 있는가 | What evidence can you find……? |
| ―사이에 어떤 관련이 있는가 | What is the relationship between……? |
| ―사이에 특징을 만들 수 있는가 | Can you make a distinction between……? |
| ―의 기능은 무엇인가 | What is the function of……? |
| 어떤 아이디어가 정당화하는가 | What ideas justify……? |

분석단계에서는 다음과 같은 사항을 평가한다.

- 다양한 매체읽기에서 설명된/함의된 주인공의 일반적 특정을 확인하는지.
- 다양한 매체읽기에서 이야기 내 발생할 수 없는 것과 발생할 수 있는 것들을 구별하는지.
- 다양한 매체읽기에서 가장 재미있고, 가장 슬프고, 가장 행복하고, 가장 믿을 수 없는 이야기 일부를 선택하는지.
- 다양한 매체읽기에서 의견과 사실을 구별하는지.
- 다양한 매체읽기에서 텍스트 내 두 변인들의 특징을 비교하고 대조하는지.
- 다양한 매체읽기에서 학생이 행동한 것과 같은 주인공의 행동을 선택하는지.

■ 종합단계의 예

교사는 학생들에게 텍스트를 읽어준다. 학생들은 교사가 읽은 텍스트를 듣고, 교사는 학생들에게 들은 것을 그림으로 그려보게 한다. 이렇듯 학생들을 새로운 형식에서 나타나는 요인들을 결합하거나 추가적 해결책을 찾고 다른 방식에서 정보를 편집한다.

중심단어들은 설정하기, 선택하기, 결합하기, 편집하기, 구성하기, 구축하기, 창조하기, 디자인하기, 개발하기, 평가하기, 만들어내기, 상상하기, 발명하기, 형성하기, 유래하기, 계획하기, 예견하기, 목적화하기, 해결하기, 해결점 제시하기, 지원하기, 논의하기, 수정하기, 변화하기, 개선하기, 채용하기, 최소화하기, 최대화하기, 이론화하기, 정교화하기, 시험하기, 발생하기, 삭제하기 등이 있다.

종합하기 질문들은 다음과 같다.

| 우리말 질문 | 영어 질문 |
|---|---|
| 그 문제를 해결하기 위해 어떤 변화가 일어날 것인가 | What changes would you make to solve……? |
| 어떻게 개선할 것인가 | How would you improve……? |
| 만일, 그렇다면 어떤 것이 일어날 것인가 | What would happen if……? |
| 이유에 대해 정교화 할 수 있는가 | Can you elaborate on the reason……? |
| 부가적인 것을 제안할 수 있는가 | Can you propose an alternative……? |
| 발명할 수 있는가 | Can you invent……? |
| 다른 뭔가를 창조하기 위해 어떻게 —을 채택할 것인가 | How would you adapt _____ to create a different……? |
| 계획을 어떻게 수정할 것인가 | How could you change (modify) the plot (plan)……? |
| 어떤 사건들을 편집할 수 있는가 | What facts can you compile……? |
| 어떤 방식으로 디자인할 것인가 | What way would you design……? |
| 개선하기 위해 어떤 것들이 결합될 수 있는가 | What could be combined to improve (change)……? |
| 무엇을 할 것인지를 가정할 수 있는가 | Suppose you could _____what would you do……? |
| 어떻게 시험할 것인가 | How would you test……? |
| —에 대해 이론을 형성할 수 있는가 | Can you formulate a theory for……? |
| —다면, 결과를 예견할 수 있는가 | Can you predict the outcome if……? |

| | |
|---|---|
| —대한 결과를 어떻게 평가할 것인가 | How would you estimate the results for……? |
| —을 최소화/최대화하기 위해 무엇이 행해질 수 있는가 | What could be done to minimize (maximize)……? |
| —을 변화할 거라는 모델을 구축할 수 있을가 | Can you construct a model that would change……? |
| —와 어떻게 관련되는가 | How is _____ related to……? |
| —을 위해 근본적인 방식을 생각할 수 있는가 | Can you think for an original way for the……? |
| —의 특징이나 부분이 무엇인가 | What are the parts or features of……? |
| —을 왜 생각하는가 | Why do you think……? |
| 주제가 뭔가 | What is the theme……? |
| 어떤 동기가 있는가 | What motive is there……? |
| 부분들을 목록할 수 있는가 | Can you list the parts……? |
| 어떤 추론을 만들 수 있는가 | What inference can you make……? |
| 어떤 아이디어가 정당화되는가 | What ideas justify……? |
| 어떤 결론이 그려질 수 있는가 | What conclusions can you draw……? |
| 어떻게 분류되는가 | How would you classify……? |
| 어떻게 범주화할건가 | How would you categorize……? |
| 다른 부분들을 확인할 수 있는가 | Can you identify the different parts……? |
| 어떤 증거를 찾을 수 있는가 | What evidence can you find……? |
| —사이에 관계가 뭔가 | What is the relationship between……? |
| —사이에 특징을 만들 수 있는가 | Can you make the distinction between……? |
| —의 기능이 뭔가 | What is the function of……? |

**종합단계에서는 다음과 같은 사항을 평가한다.**

- 다양한 매체읽기에서 이야기를 읽기 전에 제목에서 이야기를 다시 만들 수 있는지.
- 다양한 매체읽기에서 어떤 것에 대한 아이디어에서 3가지 새로운 제목을 붙일 수 있는지.
- 다양한 매체읽기에서 사람들이 텍스트를 읽고 싶어 하도록 광고포스터를 만들 수 있는지.
- 다양한 매체읽기에서 텍스트에 대한 그림을 그리기위해 상상력을 사용하는지.
- 다양한 매체읽기에서 텍스트와 관련된 새로운 결과물을 만드는지.

- 다양한 매체읽기에서 텍스트에서 다른 결과를 만들기 위해 주제에 대해 재구성하는지.
- 다양한 매체 이야기읽기에서 보여준 주인공의 생각을 담화로 재 작성하는지.
- 다양한 매체읽기에서 학생 자신이 주인공이라고 상상해보고 일상의 생각과 행동에 대해 매일매일 보고를 작성하는지.

■ 평가단계의 예

기준에 맞는 아이디어의 타당성 및 정보에 대해 판단을 함으로서 의견을 표현하고 방어한다.

중심단어들은 상받기, 추천하기. 결론짓기, 비판하기, 결정하기, 방어하기, 결심하기, 논쟁하기, 평가하기, 판단하기, 정당화하기, 측정하기, 비교하기, 표시하기, 등급하기, 추천하기, 규정짓기, 동의하기, 선택하기, 칭찬하기, 우선시하기, 의견내기, 해석하기, 설명하기, 중요성을 지원하기, 표준화하기, 증명하기, 비판하기, 평가하기, 영향끼치기, 인식하기, 가치화하기, 측정하기, 공제하기 등이 있다.

평가의 질문들은 다음과 같다.

| 우리말 질문 | 영어 질문 |
|---|---|
| 행동이나 결과에 동의하는가 | Do you agree with the actions/outcome |
| ㅡ에 대한 의견이 무엇인가 | What is your opinion of |
| ㅡ을 어떻게 증거하고/틀렸음을 증거하는가 | How would you prove/ disprove |
| ㅡ에 대한 가치나 중요성을 평가할 수 있는가 | Can you assess the value or importance of |
| ㅡ한다면 더 나은 것인가 | Would it be better if |
| 주인공이 왜 선택했는가 | Why did they (the character) choose |
| ㅡ무엇을 추천할 것인가 | What would you recommend |
| 어떻게 ㅡ을 등급 할 것인가 | How would you rate the |
| 어떻게 ㅡ을 평가 할 것인가 | How would you evaluate |

| 어떻게 그 아이디어를 비교할 것인가<br>그 사람을 어떻게 비교할 것인가 | How would you compare the ideas/<br>the people |
|---|---|
| 어떻게 −을 결정할 수 있는가 | How could you determine |
| 어떤 선택이 −을 만들 것인가 | What choice would you have made |
| 무엇이 −을 선택할 것인가 | What would you select |
| 어떻게 −을 우선시 할 것인가 | How would you prioritize |
| 어떻게 −을 정당화 할 것인가 | How would you justify |
| −에 대해 어떤 판단을 할 것인가 | What judgment would you make about |
| 왜 그것이 더 나은가 | Why was it better that |
| 어떻게 그 사실을 우선시 할 것인가 | How would you prioritize the facts |
| 결정짓기 위해 어떤 데이터가 사용되는가 | What data was used to make the conclusion |
| 관점을 지원하기 위해 어떤 정보가 사용되는가 | What information would you use to support<br>the view |
| 아는 것을 기반으로 −을 어떻게 설명할 것인가 | Based on what you know, how would you<br>explain |

평가하기에 대한 평가는 이런 항목들을 평가한다.

- 다양한 매체읽기에서 주인공이 하루를 보내면서 가장 좋아한 부분을 결정하고, 왜 그러는지 결정하기.
- 다양한 매체읽기에서 주인공이 특별한 방식으로 행동할 것인지, 아닌지를 판단하고, 왜 그러는지 판단하기.
- 다양한 매체읽기에서 이야기가 어떻게 발생할 수 있는지를 결정하고, 그 결정에 대한 이유를 정당화하는지.

### ■ 다른 읽기에서 추측하기

다양한 매체텍스트에서 작가들은 모든 것을 말해주지 않는다. 그래서 작가 자신에 관해 뭔가를 찾아내야 할 때가 있다. 그리고 학생 자신이 이미 알고 있는 것과 텍스트를 통해 얻은 것을 어떻게 사용할 것인가를 배워야 한다. 학생이 이미 알고 있는 것을 텍스트에서 읽은 것과 잘 통합해내는 것이 바로 추론하는 것이다. 다시 말해, 추론은 다음과 같은 공식이 성립될 수 있다.

$$추론하기 \quad = \quad 이미 \ 알고 \ 있는 \ 것 \quad + \quad 배운 \ 것$$
$$(What \ I \ already \ know) \quad + \quad (What \ I \ learned)$$

영화를 보거나, 글을 읽을 때, 주인공이 눈물을 흘리면서 양푼에 비빔밥을 과감하게 비벼서 큰 숟가락으로 퍼먹고 있는 모습을 본다. 독자는 확실하게 알지 못하지만, 그 상황을 보고 추측을 하게 된다. 주인공이 울고 있다는 사실과 비빔밥을 과격하게 비벼 큰 숟가락으로 한 숟가락씩 쑤셔 넣는 듯 먹고 있는 사실에 자신이 이미 알고 있는 정보를 통합함으로써 의미를 추측한다. 아마 그 주인공은 억울하고 화가나 울고 있다는 사실은 추론하게 된다.

### ■ 비교하기와 대조하기

디지털매체정보가 교과목 관련 주제와 비슷한지 다른지를 찾는 능력은 정보를 찾는 데 매우 기본적인 노하우이다. 친구들이 좋아하는 음식과 내가 좋아하는 음식을 비교할 때가 있다. 이렇게 비슷한 점을 비교하고, 다른 점을 대조함으로써 친구와 자기 자신에 대해 더 많은 것을 알게 된다. 교과주제 관련 2가지 이야기를 비교해보면 더 나은 것을 배우게 된다.

비교하고 대조하는 일은 학생들에게 특별히 다른 관점으로 다르게 읽는 능력을 길러준다. 같은 글을 읽을 때 다른 관점에서 다르게 봄으로서 남과 다른 선택을 하게 된다. 다르게 보기와 다르게 읽기를 하는 비판적 읽기를 위해 비교와 대조는 핵심적인 읽기 스킬이다.

| 우리말 | 영어 |
|---|---|
| 이야기에서 누가 착하고 누가 나쁜가? | Who is good and who is bad in the story? |
| 다른 배경지식을 가진 사람이 이 텍스트를 어떻게 보는가? | How would someone from a different background view this TEXT? |
| 두 웹사이트는 어떻게 비슷한가? | How are these two websites alike? |
| 이 연극에서 주인공은 다른 등장인물들과 어떻게 구별되는가? | What sets apart the hero of this play from other characters? |
| 작가가 쓴 이 시는 다른 시들과 어떻게 다른가? | How is this poem different from others written by the author? |

다른 각도나 관점에서 사물을 비교하고 대조함으로서 학생들은 텍스트 정보를 훨씬 잘 이해할 수 있게 된다.

■ 평가하기

우리는 매일매일 판단을 해야 한다. 어떤 친구, 어떤 영화, 또는 어떤 음악을 좋아하는지, 또는 좋아하지 않는지를 판단하게 된다. 책을 읽을 때도 자기가 알고 있는 것으로 책의 내용을 판단한다. 예를 들어, 소설가가 무례하게 말을 하는 사람과 단정치 못하게 옷을 입는 등장인물을 비교한다고 가정해보자. 작가는 그 등장인물에 대해 독자들이 부정적인 의견을 갖기를 원할 것이다. 왜냐하면, 이 작가는 대부분의 독자들이 옳지 않다고 생각하는 행동이나 행세를 등장인물에게 표현하였기 때문이다. 이 작가는 자신이 표현한 이미지에 대한 인상을 제대로 파악하도록 독자들에게 신호를 보냈기 때문이다.

다양한 매체읽기를 할 때, 남과 다르게 읽기를 하기 위해서는 학생들은 작가가 의도한 바를 추론하고 결론을 내리고, 비교하고 대조하고 평가하는 비판적 읽기 스킬이 필요하다. 넘쳐나는 다양한 디지털매체정보를 학생들이 바르게 읽을 수 있기 위해 뉴 리터러시 정보평가 스킬을 갖추어야 한다.

■ 결론 끌어내기

우리는 매일 일상에서 수많은 결론을 내린다. 정보 하나에 정보 하나를 더하면 어떻게 될까? 하나에 하나를 더해서 새로운 것을 만들 수도 있다. 예를 들어, 길에서 키가 180미터 정도 되는 몸이 좋은 젊은이를 봤다고 가정해보자. 이 남자를 보고 알 수 있는 것은 키가 크고 몸이 좋다는 정도일 것이다. 잠시 후, 그의 주위에 키가 180이상 또는 200미터 정도의 남자들 7~8명이 같은 운동복을 입고, 농구화를 신고, 운동가방을 들고 함께 있는 것을 보고 나서는 어떤 결론을 내리게 될까? 운동 가방을 든 키가 큰 젊은이들 8~9명이 함께 있다는 사실을 보고서 이들은 아마 같은 팀의 농구선수들일 수 있다는 결론을 내리게 된다. 이렇듯 하나의 사실에 다른 사실이 더해지면서 전혀 다른 결론을 얻게 된다는 점을 알 수 있다.

이렇듯 결론을 이끄는 일은 중요한 뉴 리터러시 읽기 스킬이며 노하우이다. 결론을 내리기 위해서는 정보를 추적해보고, 추적된 정보들에 자신의 생각과 사전지식을 더해 결론을 이끈다.

| | 사실 | 사전지식 | 결론 |
|---|---|---|---|
| 1 단계 | 180미터 되는 건장한 남자를 본다. | 큰 키 남자 => 농구팀 | 농구 선수 |
| 2 단계 | 180미터 이상의 다른 7~8명의 건장한 남자를 본다. | | |
| 3 단계 | 그들은 농구화를 신고, 같은 추리닝을 입고 있다. | | |

■ 적극적 읽기

다양한 매체읽기를 할 때, 학생이 읽는 텍스트 내용에 대해 생각할 시간을 주어야 한다. 하지만 쉽지 않은 일이다. 인터넷에 정보가 넘쳐나 많은 작가들은 우리에게 어떤 사실, 이야기, 의견이나 그래프 등을 보여준다. 수많은 정보로 인해 학생들의 마음이 혼란해져 중요한 어휘들을 눈앞에서 놓쳐버리기도 한다. 하지만 글을 읽을 때는 주제에 대해 읽고자 하는 내용과 목적에 초점을 두고 적극적으로 읽어야 한다. 적극적 읽기는 뉴 리터러시 학습의 핵심인 바로 묻는 읽기와 다르게 읽기를 통해 더 많은 정보를 창조적 쓰기로 표현해내는 데 그 목적이 있다.

• 적극적 읽기를 하는 학생이 되기

적극적 읽기를 하는 학생이 되기 위해서는 다음과 같은 읽기 스킬이 필요하다.

· 질문하기 (asking questions)
· 예측하기 (making predictions)
· 관련짓기 (relating to reading)
· 판단하기 (making judgements)
· 결론내기 (drawing conclusions)
· 비교/대조하기 (making comparisons/contrasts)

적극적 읽기를 하는 학생이 되는 일은 읽는 것과 이해하는 것, 이해한 내용을 분석하고 종합하고, 자신의 생각으로 표현하는 것에 모든 읽기역량을 발휘하는 일이다. 적극적으로 읽는 학생은 읽기에 100% 관심을 쏟는 학생이다. 읽기 도중 힘든 경우가 있어도 산만해지거나 다른 것으로 관심을 돌리는 그런 학생이 아니다. 적극적으로 읽기를 하는 사람들은 읽기를 하는 것은 작가가 자신에게 뭔가를 하도록 요구한다고 생각하면서 읽기에 임한다. 예를 들어, 적극적 읽기를 하는 학생은 다양한 매체읽기를 하는 동안 교과주제 문제에 대해 자신에게 끊임없이 질문을 하고, 예측하고, 읽은 것과 관계를 찾고자 한다. 그리고 읽기 텍스트에 있는 변인들을 비교하고, 텍스트 정보가 원하는 것인지를 판단하거나 문제해결과정에서 얻은 결론을 이끌기 위해 읽기전략들을 사용한다.

교과주제 관련 다양한 매체읽기를 할 때, 적극적읽기를 하는 학생은 읽기에 직접 참여하는 것이다. 뭔가 쓰지 않고 읽기를 하는 학생은 적극적 읽기를 한다고 말하기 어렵다. 적극적 읽기를 하는 학생은 읽으면서 생각나는 것이나 읽기를 통해 얻은 지식을 텍스트 공간에 적거나 표시해둔다. 이런 읽기활동은 학생이 다르게 읽기를 하고 있는 비판적 생각을 추적하기가 쉬워진다. 한 손에 펜을 들고 가능한 텍스트 여백에 표시를 해두면 훨씬 더 적극적 읽기를 잘할 수 있다. 텍스트 가장자리에 쓸 공간이 없다면, 포스트잇에 아이디어를 적어 붙여두는 것도 도움이 된다. 읽기를 하는 동안 어떤 생각이 떠올랐을 때는 즉각적으로 적어두면 학생자신의 생각을 정리하는 데 매우 효과적인 자료가 된다.

• 적극적인 읽기 방식

다양한 매체읽기를 하는 동안 적극적인 읽기를 하기위해 학생들은 나름의 다양한 방식을 사용한다. 그렇지 않은 학생들은 적극적 읽기를 잘하기 위한 자기만의 방식을 찾아야 한다. 적극적 읽기를 하기 위한 6가지 훈련 방식들이 있다.

• 표시하기/강조하기

가장 흔한 방식으로 텍스트 공간에 메모를 하는 것이다. 아니면 펜으로 텍스트에 강조표시를 해 두기도 한다. 아니면 텍스트 단락이나 문장들에 포스팃을 붙여 생각을 적어 붙여두거나 강조 표시를 해두면 다시 읽거나 중요한 것을 찾고자 할 때 큰 도움이 된다.

- 질문하기

적극적 읽기를 하는 학생은 많은 질문을 한다. 질문은 적극적 읽기를 하는 학생들이 할 수 있는 최선의 방법 중 하나이다. 작가는 왜 이것에 대해 이야기하고 있는지, 누가 이것이 진실하다고 말하는지, 그것은 무엇을 의미하는지 등의 질문을 가지고 읽기를 하는 동안 스스로에게 끊임없이 묻는다.

- 반응하기와 연결하기

적극적 읽기를 하는 학생은 읽기를 하는 동안 작가가 자신에게 말하고 있는 것을 들으려고 노력한다. 다양한 매체읽기 텍스트에서 작가가 무엇을 말하고 있는지 생각하고, 이를 자신의 삶과 연결하고자 애쓴다. 그리고 자신과 텍스트 내용의 연결을 찾고, 자신이 알고 있는 지식들과 텍스트 내용을 비교하고 대조하려고 노력한다.

- 예측하기

적극적 읽기를 하는 학생은 텍스트를 읽으면서 텍스트 내 변인들이 어떻게 변화되는지, 분기점이 어딘지를 끊임없이 궁금해한다. 텍스트 읽기를 하는 동안, 텍스트 앞에서 일어난 일들에 대해 생각한다. 그리고 다른 사람들과 다음에 일어날 일들에 대해 생각을 나누고 예측한 것들을 적어본다. 다양한 매체읽기에서 예측활동은 읽기활동을 즐겁고 흥미 있게 이끌어준다. 읽기에서 예측하기 활동은 학생들의 추측게임이 될 수도 있다.

- 생각을 그려내기와 상상해보기

적극적 읽기를 하는 학생은 주제관련 다양한 매체읽기를 하는 동안 학생의 머리에 떠오르는 생각을 기억하고 기록해둔다. 머릿속에 그림을 그려보는 것은 학생들의 머릿속 생각을 볼 수 있게 해주고 기억하게 도와준다. 학생의 생각을 스케치하고, 차트나 다이어그램 등으로 표현하면 보이지 않은 생각을 보이게 할 수 있다.

- **명확하게 말하기**

적극적 읽기를 하는 학생은 다양한 매체읽기를 하는 동안 많은 생각들이 머릿속에 떠오른다. 머릿속에 떠오르는 생각은 텍스트 내용을 자신의 사전지식과 연결하는 활동이 일어나고 있는 것이다. 이러한 과정에서 만들어진 지식들을 확실히 해두는 것이 중요하다. 학습된 것을 끌어내서 명확하게 적어두거나 동료들과 생각 말하기를 하면 창의적 쓰기를 할 때 큰 자산이 된다.

- **읽기 시간과 장소 찾기**

적극적 읽기는 충분한 연습이 필요하므로 읽기에 할애 될 시간을 마련해야 한다. 학생은 평균적으로 하루 30분 정도 읽기를 해야 한다. 읽기에 할애된 시간은 숙제를 하는 시간이나 공부하는 시간과는 별도로 오직 읽기만을 하는 시간으로 정해야 한다. 교과주제관련 다양한 매체읽기를 하는 시간을 만들기 위해 읽기 시간표를 작성할 수도 있다. 오직 읽기만 할 시간을 따로 정해 둘 수 있는 학생은 자신의 삶에 가치를 부여하고 자신의 삶을 조정할 줄 아는 학생이다.

적극적 읽기를 하기 위해서는 집중이 매우 중요하다. 집중할 수 없다면 적극적인 읽기를 하기 어렵다. 그래서 읽기를 하기에 적당한 장소를 찾는 것이 중요하다. 어떤 곳에서도 읽기는 가능하다. 차 안, 버스에서, 공원에서, 도서관에서 심지어는 방에서도 읽기는 가능하다. 하지만 적극적인 읽기를 위해 가장 적절한 장소를 찾을 수 있다면 읽기활동에 몰입할 수 있을 것이다.

학생들이 읽기가 잘되는 곳을 찾고 싶다면 다음과 같은 조건이 필요할지 모르겠다. 다음과 같은 장소는 텍스트 읽기를 하거나 인터넷을 통한 다양한 매체읽기에 최적의 장소가 될 것이다.

- 조명이 좋은 곳

- wifi가 설치된 곳
- 안락한 의자
- 펜이나 강조할 표시를 할 수 있는 쓸 것
- 전자사전이나 탐구읽기 자료를 제공해 줄 인터넷 접속이 가능한 컴퓨터가 있는 곳

# 2 뉴 리터러시 학습은 질문에 답을 찾는다

뉴 리터러시 학습과정에서 효과적인 질문은 학생들의 이해력과 사고력을 평가하고 발전하는 데 중요한 씨앗이 된다. 때문에 뉴 리터러시 학습과정에서 교사와 학생들 사이에 상호작용이 많아지도록 지원해주는 질문 스킬이 필요하다. 교사와 학생 간의 상호작용에 실질적인 지원을 해주는 질문 스킬을 개발하는 것이 뉴 리터러시 학습을 시작하는 마중물이 된다.

뉴 리터러시 교수학습 과정에서 교사와 학생 간 활발한 상호작용이 이루어지는 것이야말로 학생들이 학습과정에 적극적으로 참여하게 이끌고, 탐구학습을 유도하는 기반이 된다. 교사는 유용한 질문을 통해 학생들과 상호작용을 이끌면서 학생들의 비판적 사고활동을 최대화할 수 있다. 교사가 주는 질문은 다양한 매체읽기를 하는 동안 학생들의 머릿속에서 일어나고 있는 이해와 사고를 촉진시킨다. 이때 교사는 학생들의 이해와 사고활동이 얼마나 활성화되는지를 평가하면서 질문의 수위를 조절할 수 있어야 한다.

교사가 학생들의 사고활동을 활성화하기 위해서는 교사의 질문에 대한 분석이 필요하다. 학생들이 교과내용에 대해 충분히 학습되었는지를 알아보고자 할 때, 또는 학생들을 다음 읽기단계로 이끌고자 할 때, 교사는 실문을 통한 다양한 평가를 할 수 있다.

〈교사가 단계에 따라 학생들에게 제시해 줄 수 있는 4가지 유형의 질문들〉

| 닫힌 질문 | 열린 질문 |
|---|---|
| 닫힌 질문은 교사가 마음속에 학생들의 정확한 답(반응)을 사전에 이미 결정하고 질문하는 경우를 의미한다. | 열린 질문은 교사가 학생들이 광범위한 반응을 하도록 허락하면서 하는 질문이다. |
| 기본적인 질문 | 고차원적 질문 |
| 무미건조(상상력이 없는)하면서 가장 기본적인 질문은 답이 문맥에서 명확하게 설명되고 있고, 사실을 이해하고 회상해내는 지를 알아보는 질문이다. | 고차원적 질문은 학생들에게 진보적이고 인지적인 평가를 하는 것이다. 교사는 학생들이 기본적인 내용확인 이상으로 비판적사고를 하도록 격려하는 질문을 제시해야 한다. 고차원적 질문을 효과적으로 사용하면 교사들이 학생들의 이해력과 사고력을 평가할 수 있다. |

교사는 학생들의 읽기수준과 읽기목표에 맞는 기본적인 질문과 고차원적 사고를 요하는 질문을 적정하게 균형적으로 제시하는 것이 중요하다.

뉴 리터러시 학습과정에서 다양한 매체읽기를 하는 목적에 따라 교사가 제시할 수 있는 교과주제내용에 대한 질문은 다음과 같다.

〈다양한 매체읽기 내용에 대한 질문의 기준〉

| 읽기목적 | 읽기내용에 대한 질문 |
|---|---|
| 기억 | 다양한 매체읽기의 내용과 자료들을 기억하는지 |
| 이해 | 다양한 매체읽기의 주요관점을 이해하는지 |
| 적용 | 다양한 매체읽기환경에서 읽기활동을 통해 배운 지식을 다른 학습 환경에서 적용하는지 |
| 분석 | 다양한 매체읽기의 분위기, 환경, 성격을 분석하고, 의견이나 선호를 표현하고, 추론하고 추정하는지 |
| 종합 | 다양한 매체읽기내용과 관련된 광범위한 자료에서 정보에 기반이 되는 결정적 예시를 창출하는지 |
| 평가 | 다양한 매체읽기에 대해 판단하고, 판단에 대한 이유를 설명하고, 비교하고 대조하고, 증거를 사용하여 추론을 하는지 |

뉴 리터러시 학습에서 다양한 매체읽기를 하는 경우, 학생들의 읽기목적과 수준에 따라 적정한 읽기전략을 사용하는지에 대한 질문을 할 때가 있다.

〈읽기목적과 수준에 따른 다양한 매체읽기전략사용과 평가를 위한 질문〉

| 1 | 기본질문 | 다양한 매체읽기에서 어휘의미 파악을 위해 텍스트의 정확한 해독능력과 폭넓은 읽기전략을 사용하는지. |
|---|---|---|
| 2 | | 다양한 매체읽기에서 정보, 사건이나 아이디어를 이해하고, 묘사하고, 선택하고, 검색하며, 텍스트에 인용이나 참고문헌을 사용하는지. |
| 3 | 고차원 사고질문 | 다양한 매체읽기에서 정보, 사건이나 아이디어를 추론하고, 추리하고, 재해석하는지. |
| 4 | | 다양한 매체읽기 수준에서 문법적이고 관념적 특징, 텍스트 구조에 대해 확인하고 주석을 달수 있는지. |
| 5 | | 다양한 매체읽기 텍스트에서 어휘나 문장 수준에 맞는 문법적이고 문학적 특징과 작가의 언어사용에 관해 설명하고 논평을 하는지. |
| 6 | | 다양한 매체읽기에서 학생의 전반적인 학습효과와 작가의 목적과 관점에 대해 확인하고 논평하는지. |
| 7 | | 다양한 매체읽기에서 학생의 사회적, 문화적, 역사적 환경과 문학적 전통을 관련 짓는지. |

디지털매체읽기를 할 때는 학생들의 나이나 읽기능력에 맞지 않은 텍스트구조가 예측할 수 없이 등장한다. 디지털매체읽기에서는 학생들이 얼마나 읽기를 잘하는지를 평가할 수 있는 영역이 매우 광범위하다. 학생들이 다양한 매체읽기에서 처음에는 해독을 위한 읽기전략을 사용한다. 디지털탐구읽기에서는 텍스트의 내용, 구조와 언어 등에서 다른 사람들과 다른 의미를 만들어내려고 한다. 특히 디지털매체읽기에서는 정보나 사건 등을 추론하고 추리할 능력도 필요하다. 이러한 능력들은 텍스트 구조나 조직을 확인하는 기준이 된다. 다양한 매체읽기에서 텍스트를 평가하고 분석하기 위해서는 이 같은 많은 읽기 스킬을 길러야 한다.

다양한 매체읽기를 함으로서 학생들은 특별한 내용과 관점에 반응해야 하고, 텍스트 내용에 대한 다양한 질문에 반응해야 한다. 다양한 매체읽기를 넘나드는 뉴 리터러시 읽기를 잘하기 위해 기본이 되는 질문들을 살펴보자.

먼저, 학생들이 다양한 매체읽기 수행을 위해서는 텍스트에서 정보, 사건과 아이디어를 이해하고, 묘사하고, 선택해야 한다. 그리고 텍스트에서 인용문과 참고자료를 사용하기도 한다. 다양한 매체를 넘나드는 뉴 리터러시 활동에서 교사는 학생들이 읽기활동을 잘 수행하도록 지원해야 한다.

- 인터넷에서 학생들이 찾고자하는 정보에 대한 정확한 위치를 찾아내도록 격려한다.
- 한 예문을 언급할 때 다른 예문을 인용하도록 지원한다.
- 다양한 매체읽기를 할 때, 학생들과 공유 읽기나 가이드 읽기를 하면서 텍스트 내용 이해에 대해 학생들에게 질문을 하여 텍스트 내용을 기억하도록 지원한다.

다양한 매체읽기에서 텍스트 내용을 기억하도록 지원하는 질문들은 학생들이 읽기 내용을 기억하도록 도와준다. 학생들이 읽기내용에 대해 기억하도록 지원하는 질문들은 다음과 같다.

---

- 그 정보나 이야기는 어디서 시작되었는가?
- 그 정보나 이야기는 언제 발생되었는가?
- 이야기나 정보에 나오는 주인공이나 중요사건은 어떻게 보이는가?
- 등장하는 사람들은 각각 누구인가?
- 등장하는 사람들은 무엇을 좋아하는가?
- 정보나 이야기에서 등장하는 사건의 특징은 어떠한가?
- 텍스트의 어디에서 그것을 찾을 수 있는가?

---

다양한 매체읽기에서 이해력을 점검하기 위한 질문들도 있다. 이 질문들은 학생들이 읽은 텍스트의 이해정도를 알아볼 수 있는 질문들이다.

---

- 읽기 주제에 대해 이미 알고 있는 것을 묘사하는가?
- 텍스트에서 가장 중요한 점을 요약할 수 있는가?
- 개개인의 경험과 텍스트 내용을 연결할 수 있는가?
- 텍스트의 특이한 점에 대해 묘사할 수 있는가?
- 텍스트에서 어떤 일이 일어나고 있다고 생각하는가?
- 예를들어, -이 무엇을 의미하는가?
- 정보나 이야기는 누구의 눈을 통해 전개되고 있는가?
- 정보나 이야기의 어느 부분이 사건의 배경을 가장 잘 묘사하는가?

---

- 정보가 신뢰적이라고 생각되는 어떤 어휘/구문들이 있는가?
- 정보가 원하는 답이 아니라고 여기게 된 결정적인 부분이 어느 부분인가?
- 교과주제에 대한 저자의 관점을 보여주는 부분이 어느 구절인가?

뉴 리터러시 읽기를 잘하기 위해 고차원적 사고를 위한 질문들도 있다. 교과주제통합학습에서 학생들이 만들었던 질문에 원하는 답을 찾기 위해 다양한 매체읽기를 한다. 이때 학생들은 텍스트에서 원하는 정보, 사건이나 아이디어를 연역적으로 추론하거나 재해석하는 일을 수행하게 된다. 이때 교사는 올바른 정보를 찾도록 학생들의 고차원적 사고를 이끌 수 있는 질문을 해야 한다.

- 텍스트에서 변인 간 비교, 대조와 추론하도록 지원하는가?
- 텍스트 내용과 연관되는 문장을 인용하며 앞에서 언급된 내용을 모델링하는가?
- 학생들의 질문을 분석하고 통합하는가?

학생들이 교과주제내용에 대해 더 심오한 정보를 얻고자 디지털매체읽기를 할 때, 교사는 학생들이 텍스트 구조와 조직을 인지하도록 질문을 준다. 이 때 교사가 주는 질문은 학생들이 읽기목표를 성취하는 데 도움이 된다.

- 읽기와 쓰기 사이에 명시적 연결을 만드는가?
- 텍스트의 구문, 조직, 문법과 표현에 관한 주석을 달고, 단어나 문장을 모델링하는가?
- 다른 장르의 텍스트에서 언어적 특징과 레이아웃을 강조하기 위해 체크리스트를 사용하는가?
- 교사와 학생이 함께하는 공유읽기와 가이드 읽기에서 텍스트 구조와 전개(단락 이름, 부제나 제목 특징)에 초점을 두는가?
- 텍스트 내용을 통합하도록 분석적 질문을 하는가?
- 텍스트를 Graphic Organizer(스토리 맵, 차트)로 표현하는가?

학생들이 교과주제 관련 다양한 매체읽기의 수행 능력을 향상시키기 위해 교사는 저자가 사용한 언어에 대해 설명을 준다. 특히 텍스트 수준에 따라 문법이나 표현을 위한 질문을 하기도 한다. 그리고 학생들이 읽기목적을 달성하도록 지원하는 질문들을 한다.

- 저자의 의도를 탐색하도록 추임새를 사용하거나 모델링하는가?
- 학생들에게 분석적 질문들을 하고 있는가?
- 학생들이 읽기전략을 사용하도록 격려하는 교수활동을 계획하는가?

학생들이 교과주제 관련 다양한 매체읽기 수행 능력을 갖추도록 교사는 작가의 관점이나 텍스트 내용에 대한 결과를 확인하고 논평한다. 다음은 학생들이 읽기목적을 달성하도록 지원하는 질문들이다.

- 텍스트 장르에 대해 체크리스트를 만드는가?
- 교사가 텍스트에 대한 적용, 분석, 통합과 평가에 관한 질문을 하면서, 교사는 학생들이 질문에 반응하는 것을 면밀히 검토하도록 격려하는가?

학생들이 교과주제 관련 다양한 매체읽기 수행 능력을 향상시키기 위해 텍스트에 대한 학생들의 사회적, 문화적, 역사적 환경과 문화적 전통을 관련 짓는 활동이 필요하다. 학생들의 읽기목적을 달성할 수 있도록 지원하는 질문들이 있다.

- 학생들 자신의 옛 이야기를 텍스트의 내용과 연결하는 질문을 하는가?
- 학생들이 인기가 없는 주인공의 성공을 텍스트 주제와 연결시키도록 격려하는 질문을 하는가?
- 학생들이 텍스트에 관한 논평을 하기위해 신념과 태도, 그리고 역사적 지식을 사용하는 질문을 하는가?
- 학생들이 텍스트를 이해하기 위해 자신들의 사전지식을 사용하도록 격려하는 질문을 하는가?
- 이미 배운 정보가 다른 문맥이나 환경에서도 적용될 수 있다는 것을 알려주는 질문을 하는가?
- 학생들이 텍스트의 한 문맥에서 배운 지식을 다른 문맥에서 적용하도록 유도하는 질문을 하는가?
- 학생들이 서로 다른 스토리를 연결하도록 요구하는 질문을 하는가?
- 비슷한 주제(예:선과 악, 강함과 약함, 지혜와 어리석음)를 가진 다른 이야기를 읽도록 하는가?
- 사회적, 문화적, 도덕적 이슈를 다루는 다른 이야기에 대해 생각하는가?

교사가 뉴 리터러시 수업에서 교과주제 관련 다양한 매체읽기 내용에 대한 분석적 질문을 하기도 한다. 분석적 질문은 디지털매체 텍스트 내용을 읽기목적에 맞는지, 변인들은 어떤 의미로 연결되는지를 분석하도록 한다.

- 다양한 매체읽기에서 분석적 질문은 학생들이 지금의 지식을 더 쌓도록 요구하는 질문을 한다.
- 다양한 매체읽기에서 분석적 질문은 학생들이 숨겨진 의미를 알아내고 확인하도록, 추론하도록, 다른 작가의 의도를 알아내도록 요구한다.
- 다양한 매체읽기에서 분석적 질문은 학생들이 주제에 대한 아이디어, 사건과 성격 등에 대해 이해하도록 요구하는 질문이다. 그리고 작가의 관점을 설명할 때 텍스트에 있는 것을 답하도록 묻는다.
- 다양한 매체읽기에서 분석적 질문은 학생들이 분위기나, 배경, 성격, 스타일, 구조나 다른 중요한 면들을 분석하도록 요구한다.
- 다양한 매체읽기에서 분석적 질문은 학생들이 다양한 매체텍스트에서 주요한 사건과 아이디어에 대해 의견과 선호도를 표현하도록 격려한다.
- 다양한 매체읽기에서 분석적 질문은 학생들이 작가의 관점을 설명할 때 특정 지문을 언급하도록 요구하는 질문이다. 그리고 작가의 관점을 지지할 인용문을 사용하도록 요구한다.

텍스트 내용을 분석하도록 요구하는 질문들이다.

---

- 레이아웃(단락, 소제목이나 글자체 등)은 어떻게 도움을 주는가?
- 어휘들이 왜 잘못 쓰여 있는가?
- 무엇이 그것을 만들었다고 생각하는가?
- 특정 표현을 하기 위해 어떤 어휘들이 주어졌는가?
- 그 이유를 설명할 수 있는가?
- 그 사람의 의견에 동의하는가?
- 작가가 의도한 것이 무엇인가?
- 작가가 왜 그것을 하기로 결정했는지 설명할 수 있는가?

---

- 작가의 마음속에 어떤 궁금한 것이 있는가?
- 이 어휘들이 무엇을 의미한다고 생각하는가?
- 작가는 왜 이 어휘를 선택했다고 생각하는가?
- 작가는 주인공을 재미있게 만들기 위해 어떤 형용사들을 사용하는가?
- 작가는 왜 이 환경을 선택했다고 생각하는가?
- 학생들의 관점을 지원할 어떤 증거가 있는가?
- 학생들이 읽었던 다른 책들을 상기시키는가?
- 이야기 구조, 환경, 이미지, 레이아웃과 성격 등을 어떻게 상기시키는가?
- 주인공은 그것에 대해 어떻게 반응하였는가?
- 그림이 주인공의 행동을 이해하도록 어떤 도움을 주는가?
- 작가는 왜 그것을 좋아하는가? 그것을 어떻게 아는가?
- 이 텍스트의 목적은 어떻게 다른가?
- 작가의 관점에 대해 무엇이라고 말할 수 있는가?

교사는 뉴 리터러시 수업에서 학생들에게 교과관련 다양한 매체읽기 텍스트 내용을 통합하도록 요구하는 질문을 하기도 한다. 디지털매체 텍스트 내용을 통합하도록 요구하는 질문은 학생들이 하나의 읽기환경에서 다른 아이디어를 얻도록 한다. 그리고 그 아이디어를 다른 환경에 다시 적용하도록 요구한다. 텍스트 내용을 통합하도록 요구하는 질문들은 학생들이 지문을 재구성하도록 격려하는 효과가 있다. 다음은 통합을 요구하는 질문들이다.

- 다양한 매체읽기에서 통합을 위한 질문은 일기처럼 담화체로 다시 쓰도록 한다.
- 다양한 매체읽기에서 통합을 위한 질문은 학생들에게 친숙한 스토리를 논의하거나 바꾸도록 한다.
- 다양한 매체읽기에서 통합을 위한 질문은 설명문 같은 텍스트를 도식화로 표현하도록 한다.
- 다양한 매체읽기에서 통합을 위한 질문은 학생들이 분명하게 자신의 입장을 가지도록 요구한다.
- 다양한 매체읽기에서 통합을 위한 질문은 학생들이 정보를 수집하도록 격려한다. 그리고 논쟁, 의견을 구축하고 예견하도록 이끈다.

- 다양한 매체읽기에서 통합을 위한 질문은 학생들이 문장, 구문, 자신의 관점을 지지하는 관련 정보를 선택하도록 요구한다.

텍스트 내용을 통합하도록 요구하는 질문들의 예는 다음과 같다.

---

- 날씨의 영향 같은 어떤 아이디어에 대하여 학생이 얻은 것은 무엇인가?
- 작가는 시골을 지켜보면서 무엇에 대해 생각하는가?
- 학생들의 의견은 무엇인가? 어떤 증거가 학생들의 관점을 지원하는가?
- 텍스트에서 사용한 증거는 무엇에 대한 것인지 말할 수 있는가?
- 주인공은 최근 이슈에 대해 어떻게 생각하는가?
- 이 인용문이 왜 포함되었는가?
- 현대적/구식/문화적 이야기라는 증거를 2개만 찾아라.
- 이야기는 '옛날 옛적에'로 시작한다. 해피엔딩일지 어떻게 알았는가?
- 학생들에게 무엇에 대해 말하고 있는가?
- 무엇이 주인공을 슬프게/화나게/좌절하게 하는가?

---

교사들은 뉴 리터러시 수업에서 인쇄매체와 디지털매체 텍스트 내용을 평가하도록 질문을 한다. 평가 질문들의 특징은 다음과 같다.
- 다양한 매체읽기에서 평가질문은 학생들이 분석해온 것들에 대해 판단을 하도록 요구한다. 학생들의 판단에 대한 이유를 설명하도록 요구한다.
- 다양한 매체읽기에서 평가질문은 학생들이 비교하고 대조하도록 요구한다.
- 다양한 매체읽기에서 평가질문은 학생들이 인터넷에서 정보를 찾고 평가하도록 한다.
- 다양한 매체읽기에서 평가질문은 준거나 이유를 사용하도록 한다.

다양한 매체텍스트 내용에 대한 평가를 요구하는 질문들의 예는 다음과 같다.

---

- 무엇이 이 텍스트를 성공적으로 만들었는가?
- 어떤 증거가 학생들의 의견을 정당화하는가?

---

- 그것은 어떤 의미가 있는가?
- 그것이 좀 더 나아질 수 있는가? 그것이 저것만큼 좋은가?
- 어떤 것이 더 나은가? 왜 그렇게 생각한가?
- 어떤 텍스트가 더/가장 효과적이라고 생각하는가?
- 어떤 텍스트가 작가 자신의 의견을 명확히 해주고 있는가? 왜 그렇다고 생각하는가?

다양한 매체텍스트 내용을 평가하는 전략들도 있다. 이 전략들은 학생들이 다양한 매체읽기에서 생각하고 이해하는 것을 평가하도록 이끄는 질문들이다.

- 다양한 매체읽기에서 복잡한 것을 정교하게 하도록 한다.
- 다양한 매체읽기에서 학생들이 자신의 생각을 명확히 표현하도록 도와주고, 학생들이 들은 것을 보여주며 반향하도록 한다. (그렇게 생각하니?)
- 다양한 매체읽기에서 비언어적 반응(눈 마주침, 고개를 끄덕임)이나 신호를 보이도록 한다.
- 다양한 매체읽기에서 학생 개개인의 경험에 대해 인정/감정/공감을 보여주고 격려한다. 학생들의 경험이 학습에 참여하는 유용한 도구가 되도록 한다.
- 다양한 매체읽기에서 학생들의 관점을 격려하고, 학생들의 아이디어를 명확히 하도록 한다.
- 다양한 매체읽기에서 학생들이 교사에게 뭔가를 제안하도록 한다.
- 다양한 매체읽기에서 학생들이 단순한 답을 찾도록 하기보다 주제에 대해 깊이 생각하도록 격려한다.
- 다양한 매체읽기에서 주제에 대한 추측성 질문을 제공하도록 하며, 학생들의 아이디어를 폭넓고 깊은 사고과정을 통해 한 단계 승화하도록 격려한다.

그 외에도 질문에 대한 더 자세한 내용은 다음의 사이트를 참고하도록 한다.
www.standards.dfes.gov.uk/primaryframework/assessment/dafl/lt/qd.

# 3 뉴 리터러시 학습은 질문으로 탐구한다

뉴 리터러시 학습은 인쇄매체 책이나 디지털매체정보에 대해 뉴 리터러시 교사가 학생들에게 다양한 질문을 하는 것으로 시작한다. 뉴 리터러시 교사가 하는 질문들은 교과주제에 대한 다양한 매체읽기를 하는 학생들과 더욱 다양하고 깊이 있는 상호작용을 이끈다. 그리고 학생들이 갖고 있는 사전지식이나 경험을 다양한 매체읽기 텍스트와 연결하여 학생들의 디지털매체읽기 능력을 향상시킨다. 뉴 리터러시 교사들은 학생들과 디지털매체읽기에서 질문을 통해 상호작용을 하면서 공유할 수 있는 흥미 있는 교과주제를 설정한다.

뉴 리터러시 교사가 질문을 하는 목표는 학생들이 효과적으로 다양한 매체읽기를 할 수 있도록 하는 데 있다. 학생들이 뉴 리터러시 읽기를 할 때, 뉴 리터러시 교사가 학생들에게 하는 질문들을 3가지 유형으로 구분할 수 있다. (https://www.facinghistory.org/resource-library/teaching-strategies/text-text-text-self-text-world.)

- (TtS(Text-to-Self))질문은 학생들이 자신의 경험을 다양한 매체 정보, 이야기나 주제들에 어떻게 연결하는지를 지원하는 질문이다.
- (TtW(Text-to-World))질문은 학생들이 자신의 사전지식과 세상의 사건들을 보다

더 광범위하게 연결하도록 지원하는 질문이다.

- (TtT(Text-to-Text))질문은 학생들이 다양한 매체텍스트 내 변인들이나 비슷한 주제에 대한 텍스트에서 관계를 비교하고, 대조하여, 상호관계를 만들도록 도와주는 질문이다.

다양한 매체읽기를 하는 동안 교사가 이러한 질문으로 학생들과 다양한 매체텍스트 내용에 대해 논의나 토의를 할 수 있다. 질문을 통한 뉴 리터러시 읽기활동은 학생들이 다양한 매체읽기에 열정을 보이도록 도와주며 뉴 리터러시 읽기 스킬을 발전하도록 이끌어주는 학습매체가 된다.

뉴 리터러시 교사들은 학생들에게 교과주제와 관련된 2~3권의 책이나 교과주제와 관련한 디지털매체읽기 자료를 가져오게 한다. 이때 중요한 점은 학생들이 즐길 수 있는 책이나 다양한 매체읽기 텍스트이어야 한다는 점이다. 애완동물, 스포츠, 남자영웅들과 여자영웅들, 여행모험, 마술, 서커스 등과 관련된 교과주제들일 수도 있다. 학생들이 책이나 다양한 매체텍스트가 자신의 삶이나 학생 주위의 세상, 그리고 다른 읽기자료들이 서로 통합되고 연결될 수 있는 책이나 디지털매체 텍스트를 읽는 것이 효과적이다. 그리고 학생들은 다양한 매체읽기를 하는 동안 자신들에게 끊임없이 질문하는 것이 매우 중요하다.

학생들이 책이나 다양한 매체읽기를 하는 동안 자신에게 하는 질문을 3가지 유형으로 소개한다.

- TtS(Text-to-Self)유형의 질문은 다양한 매체텍스트와 학생 개개인의 경험과의 관련성을 묻는 질문이다.(강아지를 가지고 있니?)
- TtW(Text-to-World)유형의 질문은 다양한 매체텍스트와 광범위한 세상과의 사이 관계성을 묻는 질문이다.(길을 잃었을 때, 강아지에게 무슨 일이 있어났는지 알고 있니?)
- TtT(Text-to-Text)유형의 질문은 다양한 매체텍스트와 다른 정보 사이의 관련성을 묻는 질문이다.(강아지를 가진 사람에 대한 이야기를 어떻게 읽었니?)

뉴 리터러시 수업에서 교사는 학생들에게 스스로 선택한 2권의 책을 가져오도록 한다. 그리고 그 책을 혼자 또는 다른 사람과 함께 읽도록 한다. 뿐만 아니라 교과주제 관련 디지털매체 텍스트를 스스로 찾아 동료들과 함께 읽도록 한다. 학생들이 인쇄매체 책이나 다양한 매체읽기를 할 때, 교사는 질문하는 모델을 보여주고 학생들이 자신에게 질문하는 연습을 하도록 한다. 교사의 모델을 보고 학생들이 질문연습을 하고 나서 교사와 학생들이 반반씩 번갈아가며 질문을 할 수 있다. 질문을 하는 일은 뉴 리터러시 읽기학습 효과를 극대화할 수 있는 기반이 된다.

뉴 리터러시 읽기 학습에서 상호작용을 하는 동안 교사와 학생들이 번갈아 가며 질문을 하게 되는데, 이때 기억해야 할 점들이 있다. 교과주제 관련 다양한 매체읽기활동에서 상호작용을 할 때, 다음과 같은 질문들에 보다 관심을 갖는다면 뉴 리터러시 읽기학습이 더욱 효과적이게 될 수 있다.

- 뉴 리터러시 읽기활동에서 교사와 학생 간 효과적인 상호작용을 이끄는 질문활동에서 가장 효과적이며 읽기학습을 잘 운영될 수 있는 질문이 무엇인가?
- 뉴 리터러시 읽기활동에서 사용되는 질문전략 중 보다 효과적인 질문전략은 어떤 것이었는가?
- 뉴 리터러시 읽기활동에서 질문활동을 할 때 가장 힘든 점은 무엇인지? 이렇게 힘든 질문활동을 어떻게 하면 보다 쉽게 할 수 있을지?

뉴 리터러시 읽기 학습에서 질문을 잘하는 방법을 아는 것은 읽기과정에서 효율적으로 문제에 대한 해결점을 탐구하는 가장 필수적인 열쇠가 된다. 이때 교과주제학습에서 질문에 답이 되는 정보는 권위가 있는 신뢰 있는 정보이어야 한다. 교과주제학습에서 성공을 한다는 것은 학생들이 궁금해하고 흥미 있는 질문에 대한 답으로서 어떤 정보가 필요하고 적절한지를 아는 것과 신뢰 있는 정보위치를 추적할 수 있는 학생들의 질문전략과 문제해결식 읽기전략을 아는 것이다.

교과주제 관련 뉴 리터러시 읽기 학습에서 가장 기본적인 질문전략은 다음과 같다.

- 교과주제에 대해 찾고자 하는 정보를 어떻게 좁힐 수 있는가?
- 교과주제에 대해 찾고자 하는 정보에 대해 뭘 알아야 하는가?
- 교과주제에 대해 무엇을 알고자 하는가?
- 교과주제에 대해 학생자신이 이미 알고 있는 것은 무엇인가?
- 교과주제에 대해 어떤 자료가 수업 후 학생에게 유용하고 도움이 될 수 있는가?
- 교과주제에 대해 찾고자 하는 정보가 학생 자신에게 유용하고 도움이 되는 것은 무엇이며, 이 정보를 어떻게 사용할 것인가?

21세기 역량을 갖춘 학생들을 평가하는 AASL(American Association of School Librarians) 표준을 살펴보면, 찾고자 하는 정보를 얻기 위해 비판적으로 묻고 생각하라고 강조한다. 그리고 새로운 질문을 하며 원하는 정보를 찾기 위한 탐구활동을 정형화하기 위해서는 질문의 범위를 넓히라고 강조한다. CCSS(Common Core Standards)에서는 9~10학년 학생들의 쓰기활동을 위한 지식을 습득하고, 습득된 지식을 표현하기 위해 쓰기활동 표준에 대해 설명하고 있다. 뿐만 아니라 CCSS에는 초등학교 창의적 쓰기 활동의 표준뿐 아니라 11~12학년 교육과정에도 쓰기활동 표준이 정리되고 있다. ISTE NETS 표준을 살펴봐도 비판적 사고력, 문제해결력, 그리고 의사결정력에 관한 표준에 대해 설명되고 있다. 학생들은 디지털매체읽기를 하면서 교과주제 관련 질문에 답을 찾는 탐구기획을 하고, 탐구활동을 하고, 교과주제 관련 문제를 해결하기 위한 탐구활동을 하며, 문제해결을 위한 비판적 사고 스킬을 사용한다. 결국, 질문과 문제는 탐구활동을 효과적으로 하기 위한 필수도구가 된다.

교과주제 관련 다양한 매체를 통한 뉴 리터러시 읽기 수업에서 학생들이 다양한 매체 텍스트를 이해하는지에 대한 증거를 아는 것은 매우 중요하다. 학생이 교과주제에 대한 질문에 답을 찾기 위해 다양한 매체텍스트를 이해한다는 증거는 자신의 창조물을 완성하는 기초가 될 수 있다.

학생들은 디지털매체자료를 사용하면서 교과주제 관련 궁금한 점에 대한 탐구활동을 기획한다. 그리고 학생들은 교과주제 관련 문제해결을 위한 탐구활동을 한다. 교과주제 관련 문제를 다양한 매체읽기로 연결하는 뉴 리터러시 읽기수업은 학생들이 탐구문제를 해결하도록 학생주도적 탐구활동을 이끈다. 이때 사용되는 질문들은 학생들이 탐구하려고 하는 연구문제가 된다.

뉴 리터러시 읽기 수업에 참여한 학생들의 읽기 목표는 교과주제 관련 다양한 매체 정보 읽기를 어떻게 평가할지에 대한 기준이 된다. 뉴 리터러시 읽기과정에서 학생들은 질문 만들기를 하면서 광범위한 교과주제를 어떻게 좁히는지를 배우게 된다. 그리고 질문용지를 어떻게 사용할 지도 배운다. 뉴 리터러시 수업활동은 학생들이 교과주제를 좁히는 방법을 아는 것과 질문활동이 얼마나 중요한지를 알게 해준다. 그리고 인터넷 참고자료를 어떻게 적절하게 사용하는지를 배우게 해준다.

교과주제통합학습을 통한 뉴 리터러시 수업에서 탐구문제 만들기 과정은 다음과 같다. 뉴 리터러시 교사는 인터랙티브 화이트보드와 그래픽 organizer를 사용하면서, '한국의 다문화 사회'와 같은 폭넓은 주제를 6하 원칙(who, what, when, where, why)에 따른 보도질문(reporter questions)으로 교과주제를 좁혀간다.

- 교사는 각 'W'의문사 질문에 대해 2개의 예시를 보여준다.
- 교사는 각 'W'의문사마다 바른 질문을 만들고,
- 교사는 선택된 주제들을 어떻게 연결하고 통합하는지를 보여준다.
- 학생들은 교사가 제시한 교과관련 광범위한 주제로부터 찾고자 하는 탐구활동을 위해 필요한 3개 정도의 질문을 만든다. 혹은 교사와 학생간의 상호작용을 통해 학생들이 스스로 교과주제 관련 탐구활동을 위한 질문을 만들 수 있다.

뉴 리터러시 읽기 수업에서 질문에 대한 탐구문제를 찾을 수 있는 관련 참고사이트가 있다. Rio Hondo Community College Library :

http://library.riohondo.edu/Research_Help/Research_Topics/index.htm,
또한, 교과주제에 대한 리스트를 받을 수 있는 롱비치 CSU사이트도 있다.

http://www.csulb.edu/library/subj/Paper_Topics/hottopics/index.html

뉴 리터러시 학습은
다양한 매체읽기를 한다

# 1

# 뉴 리터러시 학습은 디지털매체읽기를 한다

책 같은 인쇄매체읽기와 인터넷 웹사이트의 디지털매체읽기를 하는 것은 많이 다르다. 책을 읽을 때는 왼쪽에서 오른쪽으로, 위에서 아래로, 또는 처음부터 끝까지 한 방향 직선(linear)으로 읽으면 된다. 그런데 디지털매체 텍스트를 읽을 때는, 여기저기 다양한 방향에서 전달되는 정보를 클릭해서 읽고, 또 사이트에서 나가기도 해야 한다. 따라서 디지털매체 텍스트를 읽을 때는 인쇄매체읽기와는 다른 읽기전략들을 사용해야 한다.

- 디지털매체 텍스트읽기에 맞는 읽기 계획과 과정을 경험해야 한다.
- 디지털매체 텍스트를 평가하기 위해서는 비판적 읽기전략을 사용해야 한다.
- 디지털매체 텍스트 전개방식을 이해해야 한다.

디지털매체읽기를 할 때는 학생 개개인들의 주관적인 선택에 따라 서로 다른 길을 찾아간다. 그래서 학생 자신만의 정보여행의 길을 선택하게 된다. 그러다 보니 찾아 들어갔다가 되돌아오기도 하고, 빠져나오는 길을 잃기도 하고, 때론 여기저기를 기웃거리며 헤매기도 한다. 따라서 디지털매체읽기에서 가장 우선시 고려되어야 할 점은 바로 정보 추적 위치를 정확히 파악하는 일(locating)이다. 그리고 디지털매체읽기에서 또 다른 고려사항은 웹사이트 정보를 정확하게 평가(evaluating)할 수 있어야 한다. 인터넷에는 누구나 글을 올릴 수 있다. 따라서 인터넷 웹사이트에 탑재된 디지털매체 텍스트를 읽을 때는 그 정보가 정확한지, 또는 글쓴이의 관점이 편견이 있지는 않은지 등에 대해 텍스트를 평가할 수 있어야 한다. 다시 말해, 디지털매체정보를 그대로 믿기보다는 현명하게 비판적으로 평가하며 읽을 수 있어야 한다.

디지털매체 텍스트를 읽기 위해서는 읽기 전에 인터넷 요소들에 대해 알아야 한다. 인터넷은 컴퓨터를 통해 사이버 세상과 연결하여 현실세상과 소통을 이끌어내는 시스템이다. 사람들은 컴퓨터를 통해 현실세계와 인터넷 세상을 오가면서 지식과 정보를 찾고 공유한다. 이러한 소통과 정보공유를 매개해주는 인터넷을 잘 활용하기 위해서는 다음과 같은 인터넷에 대한 기본 요소들을 확인해야 한다.

〈인터넷 활용을 잘하기 위해 알아야 할 기본요소들〉

| 요소들 | 설명 |
| --- | --- |
| WWW (World Wide Web) | WWW(World Wide Web)은 사람들과 공유될 수 있는 다양한 정보파일을 가지고 있다. 그리고 사람들끼리 함께 연결되는 컴퓨터 시스템이다. 뿐만 아니라 파일을 공유하고 세계 도처에서 누구라도 참여할 수 있는 컴퓨터 시스템이다.<br>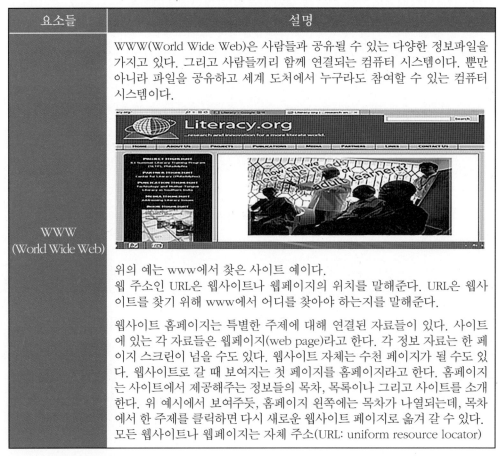<br>위의 예는 www에서 찾은 사이트 예이다.<br>웹 주소인 URL은 웹사이트나 웹페이지의 위치를 말해준다. URL은 웹사이트를 찾기 위해 www에서 어디를 찾아야 하는지를 말해준다.<br><br>웹사이트 홈페이지는 특별한 주제에 대해 연결된 자료들이 있다. 사이트에 있는 각 자료들은 웹페이지(web page)라고 한다. 각 정보 자료는 한 페이지 스크린이 넘을 수도 있다. 웹사이트 자체는 수천 페이지가 될 수도 있다. 웹사이트로 갈 때 보여지는 첫 페이지를 홈페이지라고 한다. 홈페이지는 사이트에서 제공해주는 정보들의 목차, 목록이나 그리고 사이트를 소개한다. 위 예시에서 보여주듯, 홈페이지 왼쪽에는 목차가 나열되는데, 목차에서 한 주제를 클릭하면 다시 새로운 웹사이트 페이지로 옮겨 갈 수 있다. 모든 웹사이트나 웹페이지는 자체 주소(URL: uniform resource locator) |

| | |
|---|---|
| | 를 갖는다. 이는 WWW에서 뭔가를 어디서 찾아야 하는지를 알려주는 방법이다. 그래서 웹 주소(URL)은 바로 특정자료를 알려주는 위치라 할 수 있다. 만일 브라우저에 www.sangji.ac.kr를 치면, www에서 위치를 본다. 브라우저는 주소가 말해준 위치로 간다. 우리는 '도메인(domain)'이라는 주소를 사용할 권리를 사야한다. 하지만 네이버 같은 포탈사이트에서는 개인이나 단체가 블로그나 카페를 만들어 사용할 수 있도록 풍부한 서버를 공유해주기도 한다. |
| 클라우드<br>(Cloud) | 클라우드(Cloud)는 영어로 '구름'을 의미하는 용어이다. 컴퓨팅 서비스 사업자 서버를 구름 모양으로 표시하며, 이는 '서비스 사업자의 서버'로 통하게 한다. 소프트웨어와 데이터를 인터넷과 연결된 중앙 컴퓨터에 저장하여 인터넷에 접속하기만 하면 언제 어디서든 데이터를 이용할 수 있도록 하는 것이다.<br><br>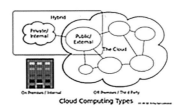 |
| 브라우저<br>(Browser) | <br><br>브라우저는 웹을 서핑하게 해주는 일종의 소프트웨어 도구이다. 브라우저는 우리에게 사이트를 보게 해주고 사이트로 쉽게 이동하도록 도와준다. 또한, 나침판처럼 지나온 길을 찾도록 도와주기도 하고 찾고자 하는 홈페이지를 알려주기도 한다. 이는 인터넷을 탐험하도록 도와주는 소프트웨어이다. 결국 브라우저는 찾고자 하는 웹사이트를 방문해서 보도록 도와주는 도구이다. 브라우저는 즐겨찾기 사이트를 저장하는 특징도 있고, 이미지를 보고, 음악을 들을 수 있도록 도와주기도 한다. |
| 검색엔진<br>(Search Engine) | 검색엔진은 www에서 원하는 것을 찾도록 도와주는 도구이다.<br>www에서 원하는 정보를 어떻게 찾을 수 있을까? 바로 검색엔진이라는 것을 이용해 정보를 찾을 수 있다. 검색엔진은 구글처럼 주요단어를 치면 검색엔진이 작동해서 수많은 자료를 얻을 수 있거나 원하는 자료에 연결시켜준다. 검색엔진은 우리가 상상하는 수많은 주제와 관련된 수많은 웹사이트를 포함하고 있다. 이러한 검색엔진을 잘 사용하기 위한 핵심은 검색엔진이 찾은 결과에서 가장 근접한 정보를 찾아내는 것이다. 목표에 맞는 가능성이 가장 높은 것을 선택하는 것이 중요하다. |

| | |
|---|---|
| | 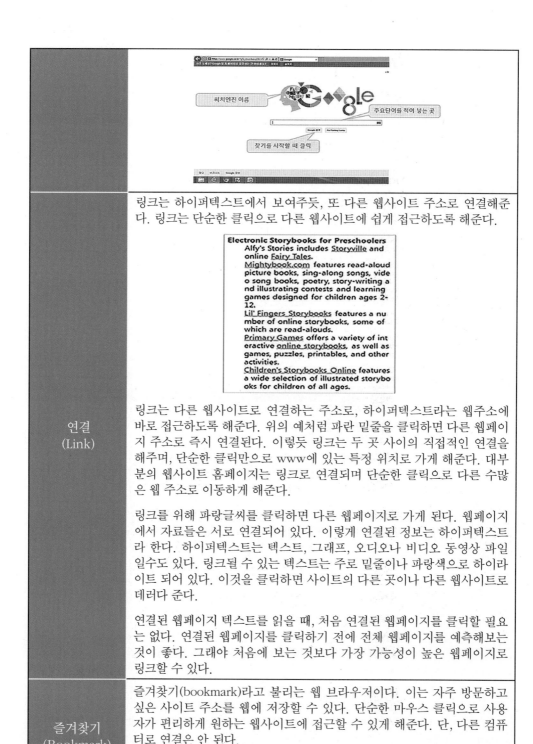 |
| 연결<br>(Link) | 링크는 하이퍼텍스트에서 보여주듯, 또 다른 웹사이트 주소로 연결해준다. 링크는 단순한 클릭으로 다른 웹사이트에 쉽게 접근하도록 해준다.<br><br>**Electronic Storybooks for Preschoolers**<br>Alfy's Stories includes <u>Storyville</u> and online <u>Fairy Tales</u>.<br>Mightybook.com features read-aloud picture books, sing-along songs, video song books, poetry, story-writing and illustrating contests and learning games designed for children ages 2-12.<br><u>Lil' Fingers Storybooks</u> features a number of online storybooks, some of which are read-alouds.<br><u>Primary Games</u> offers a variety of interactive <u>online storybooks</u>, as well as games, puzzles, printables, and other activities.<br><u>Children's Storybooks Online</u> features a wide selection of illustrated storybooks for children of all ages.<br><br>링크는 다른 웹사이트로 연결하는 주소로, 하이퍼텍스트라는 웹주소에 바로 접근하도록 해준다. 위의 예처럼 파란 밑줄을 클릭하면 다른 웹페이지 주소로 즉시 연결된다. 이렇듯 링크는 두 곳 사이의 직접적인 연결을 해주며, 단순한 클릭만으로 www에 있는 특정 위치로 가게 해준다. 대부분의 웹사이트 홈페이지는 링크로 연결되며 단순한 클릭으로 다른 수많은 웹 주소로 이동하게 해준다.<br><br>링크를 위해 파랑글씨를 클릭하면 다른 웹페이지로 가게 된다. 웹페이지에서 자료들은 서로 연결되어 있다. 이렇게 연결된 정보는 하이퍼텍스트라 한다. 하이퍼텍스트는 텍스트, 그래프, 오디오나 비디오 동영상 파일일 수도 있다. 링크될 수 있는 텍스트는 주로 밑줄이나 파랑색으로 하이라이트 되어 있다. 이것을 클릭하면 사이트의 다른 곳이나 다른 웹사이트로 데려다 준다.<br><br>연결된 웹페이지 텍스트를 읽을 때, 처음 연결된 웹페이지를 클릭할 필요는 없다. 연결된 웹페이지를 클릭하기 전에 전체 웹페이지를 예측해보는 것이 좋다. 그래야 처음에 보는 것보다 가장 가능성이 높은 웹페이지로 링크할 수 있다. |
| 즐겨찾기<br>(Bookmark) | 즐겨찾기(bookmark)라고 불리는 웹 브라우저이다. 이는 자주 방문하고 싶은 사이트 주소를 웹에 저장할 수 있다. 단순한 마우스 클릭으로 사용자가 편리하게 원하는 웹사이트에 접근할 수 있게 해준다. 단, 다른 컴퓨터로 연결은 안 된다.<br><br>다시 방문할 웹주소를 보관하고 다시 웹사이트를 빨리 찾고자 할 때 편리하다. |

웹주소를 기억해주어 다른 웹사이트를 직접 타이핑할 때 오타 등 문제를 해결해준다.

사이트 주소나 이름은 컴퓨터 위에 ★나 메뉴를 리스트하면 된다. 좋은 사이트를 기억하고 싶을 때 '즐겨찾기'에서 클릭하면 바로 저장되거나 연결된다.

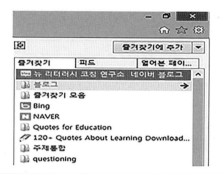

이메일은 전자메시지거나 전자편지이다.

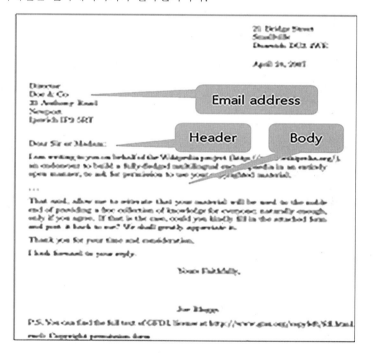

이메일(e-mail:전자메일)의 예이다. 이메일은 세계도처에서 메시지를 주고받으면서 가장 널리 사용되고 있는 인터넷 서비스 중 하나이다.
이메일은 주로 2부분(머리말과 본문)으로 표준형식을 갖추고 쓰인다. 머리말에는 누가 누구에게 메시지를 보내는지를 주소, 날자, 주제 등을 표기한다.

이메일을 주고 받기 위해서는 이메일 주소가 있어야 한다. 모든 이메일 주소는 다음과 같이 표기한다.

이메일을 통해 친구들과 '톡'을 할 수도 있고, 온라인에서 메시지를 보내기도 한다. 최근에는 SNS(Social Network System)을 통해 수시로 메시지를 주고받기도 한다. 물리적 공간은 없지만 언제든지 로그온하고 메시지를 보내고 답을 기다리곤 한다.

페이스북이나 카톡 등 다양한 SNS는 친구라는 기능을 통해 알지 못하거나 원하지 않은, 전 세계 사람들과 연결도 가능하게 해준다. 하지만 이러한 자유로운 연결은 개인정보 (이름, 전화번호, 주소, 학교, 이메일 주소 등) 유출문제를 야기하는 위험을 수반하게 되므로, SNS사용을 꺼리는 사람들도 있다.

다음은 웹사이트에서 디지털매체읽기를 할 때 사용되는 전략과 학습활동을 교사들이 실제 수업에서 사용가능하도록 뉴 리터러시 학습과정에 따라 정리한다.

■ 묻는 읽기 준비

웹사이트를 검색하는 일은 보물섬을 찾아나서는 상상의 모험여행과도 같다. 그래서 웹사이트를 뒤지는 일은 재밌고 신나는 일이다. 글이나 도표로 구구절절 설명하고 있는 책과 달리 웹사이트에는 소리, 동영상, 다양한 색깔의 그래프 등으로 재미와 상상력으로 보물을 찾아 헤매던 동화 속 착한 주인공들을 기다리는 늑대 소굴과 같다. 학생들은 자신의 취향이나 흥미에 맞게 가장 매력적이게 꾸미고 있는 웹사이트를 계속 클릭하게 된다. 그러다 보면 산만해지기 쉽고 딴 데로 빠지게 되어 결국 돌아오는 길을 잃어버리기 쉽다. 하지만 이러한 어려움 때문에 웹사이트를 읽을 때는 인쇄매체를 읽을 때보다 읽기 계획과 읽기과정이 더 유용하고 중요하다.

인터넷 웹사이트의 디지털매체 텍스트 구조는 직선구조로 순서대로 페이지가 연결된 인쇄매체인 책과는 다르다. 디지털매체정보를 어떤 순서로 읽을 것인지를 학생 스스로 선택하고 결정해야 한다. 읽고자 하는 디지털매체 텍스트를 왼쪽이나 위쪽에 정리된 목차나 메뉴를 통해 원하는 읽기 통로를 스스로 선택하고 결정해야 한다.

〈웹사이트와 책의 구조 비교 : Reading Handbook, p. 522〉

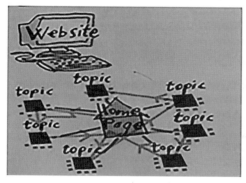

웹사이트 다이어그램은 교과주제 관련 많은 주제나 부제 정보자료를 가지게 되면서 다양한 웹사이트로 거미줄 망처럼 얽히듯 연결되어 있다. 교과주제에 관한 흥미있는 내용들이 왼쪽 망처럼 연결되듯 얽혀있으므로 '망(web)'이라고 부른다.

• 교과주제 정하기

다양한 매체텍스트 읽기를 할 때, 가장 먼저 해야 할 일은 어떤 교과주제 관련 정보를 찾을 것인지를 결정하는 것이다. 뉴 리터러시 학습에서는 교과주제에 대해 적정한 정보 텍스트를 찾아야 한다. 이렇듯 원하는 정보를 찾기 위해서는 그 전에 어떤 교과주제에 대한 디지털매체정보를 찾을 것인지, 주제정하기를 해야 한다.

• 교과주제관련 중심어휘 점검하기

교과주제 관련 정보를 찾기 위해서는 웹사이트에서 어떻게 적정한 정보를 찾을 수 있는지를 생각해야 한다. 검색엔진에서 교과주제에 맞는 적정한 정보를 찾을 수 있도록 주제관련 중심어휘를 찾아야 한다. 교과주제 관련 중심어휘가 주제정보를 찾는 데 중요한 요인이기 때문이다. 따라서 교과주제 관련 정확한 정보를 찾는 데 필요한 중심어휘를 찾고, 이를 동료들과 협업적으로 점검하도록 한다.

• 읽기목표 정하기

웹사이트를 여행하는 경우, 때론 심심해서 재미로 웹 서핑을 하기도 한다. 하지만 학생들이 웹사이트를 서핑하는 경우는 대부분 학교 교과목 과제나 관심있는 교과주제에 대한 적절한 정보를 찾기 위해서이다. 이 경우 웹사이트에서 원하는 디지털매체읽기를 하기 위해서는 분명한 읽기목표가 있어야 한다. 디지털매체읽기를 할 때, 학생 자신이 어떤 궁금한 점을 찾고자 하는지 반문하고, 질문리스트를 작성해보도록 한다. 뭘 찾고자 하는지에 대한 궁금한 질문을 만들고 그 답을 찾기 위해 디지털매체읽기를 하면 읽기목표가 분명해지고 원하는 정보를 찾아가는 길을 잃어버릴 확률이 낮아진다.

천식에 대한 보고문을 작성하기 위해 읽기를 한다고 가정해보자. 천식에 관한 정보를 얻기 위해 궁금한 점들에 관해 질문을 만들어 보는 것이 읽기 목표를 위해 중요하다.

| 질문 1 | 천식이 무엇이고, 얼마나 많은 사람들이 천식으로 고민하고 있는가? |
| --- | --- |
| 질문 2 | 천식을 일으키는 요인은 무엇인가? |
| 질문 3 | 천식을 어떻게 치료할 수 있는가? |

이 같은 질문들에 답을 찾기 위해 웹사이트를 항해하며 읽기를 하다 보면 더 많은 정보를 위해 질문을 더 만들어 읽기목적을 확장해야 할 필요가 있다. 이렇듯 질문을 통해 읽기 목표를 명확히 하고 나면, 웹사이트에서 디지털매체읽기를 할 때, 읽기 목표가 없이 여기저기를 클릭하면서 쓸데없는 시간낭비를 할 필요가 없다.

학교에서 교과주제통합수업을 하는 경우, 교과목 주제와 관련된 내용을 웹사이트를 클릭하면서 디지털매체를 통해 탐구읽기를 해야 한다. 이 경우 분명한 탐구읽기 목표를 가진다는 것은 매우 중요한 일이다. 필요한 정보를 가지고 웹사이트를 뒤지도록 도와주는 검색엔진을 사용하면서 검색을 시작하게 된다. 하지만 검색을 하는 동안 학생들은 자신이 경유한 사이트를 도표화해서 정리해 두는 것이 매우 효과적이다. 탐구읽기 목표를 명확히 하면 웹사이트를 검색하는 동안 목표를 벗어나지 않고 일관성있게 읽기목표와 관련된 검색을 할 수 있다.

읽기 목표를 일관성있게 지키며 검색을 하지 않으면 이곳저곳을 클릭하게 된다. 때문에 교과주제 관련 적정한 디지털매체 텍스트를 찾으면서 경유한 사이트들을 도표화 해 두어야 한다. 그렇지 않으면 궁금한 것들을 클릭하면서 흥미있는 것들을 이것저것 클릭하다가 시간만 낭비하고 정확한 정보를 찾지 못하게 된다. 읽기 목표가 없이 클릭 한 번 잘못하면 읽기 목표와 전혀 다른 방향에서 계속 클릭하게 됨으로써 탐구읽기 방향을 잃은 웹서핑(web surfing)이 된다. 이렇듯 읽기 목표가 없는 웹서핑은 웹사이트 읽기에서 가장 범하기 쉬운 실수이다. 이러한 실수를 하지 않기 위해서는, 첫 웹페이지가 오픈되고 난 후, 다른 링크를 위해 클릭하기 전에 웹페이지가 읽기목표에 맞는지 점검해볼 수 있도록 잠깐 시간을 갖는 것이 매우 중요하다.

• 웹사이트를 예견하기

웹사이트를 오픈하게 되면, 무엇보다도 먼저, 찾고자 하는 교과주제에 대해 알고 있는 것과 이 웹페이지에서 어떤 정보를 얻을 수 있는지에 대해 생각해야 한다. 즉, 이 웹사이트에 무엇이 있는지, 교과주제내용에 대한 감을 가져야 한다. 웹사이트에서 교과주제관련 감을 얻기 위해서는 다음과 같은 사항들을 예견할 수 있어야 한다.

- 사이트 이름과 사이트에 대한 전반적인 안목
- 주요 메뉴나 목차들
- 사이트를 설명해주는 처음 몇 줄의 설명
- 사이트에 대한 느낌을 표현하고 있는 이미지나 그래픽 보기
- 웹사이트의 자원이나 후원자에 대한 정보

인터넷 웹에서 구글이나 네이버 같은 검색엔진을 통해 찾고자 하는 중심단어 '천식(asthma)'이라고 타이핑하고, 클릭 후 서핑을 하면, 천식이 무엇인지에 대해서는 WiKipedia의 글을 읽을 수 있다.

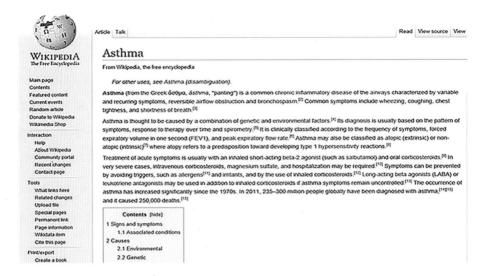

대한천식알레르기학회(www.allergy.or.kr/) 내 관련 사이트에서 국내/외 사이트를 찾게 된다.

국외 사이트에서 World ASTHMA Day라는 사이트로 들어가면 천식에 대한 다양한 자료와 환자들에 대한 디지털매체 텍스트를 읽을 수 있다. 이때 무엇을 읽을 것인가는 읽기 준비를 위해 작성한 교과주제관련 질문에 답을 되는 자료를 찾아 읽는 것이다.

웹사이트를 보고 천식에 대해 무엇을 배울 수 있는지를 예견해보는 일은 중요하다. 찾고자 하는 질문에 답을 찾기에 적절하고 유용한 정보가 있는 사이트처럼 보이는지를 예견해보는 것이다. 또한, 대한 천식 알레지 협회에서 링크되는 World Arithma Day라는 사이트가 만하고 권위가 있는 사이트인지도 예견해야 한다. 그리고 질문에 답을 찾을 수 있는 곳인지를 예견해 봐야 한다.


• 읽기 계획하기

찾은 웹사이트를 자세히 보면 원하는 정보를 얻을 수 있는지에 대한 예측이 필요하다. 어떤 디지털매체 텍스트는 유용하지 않기도 하고, 때론 참고용 정보를 주는 사이트도 있다. 이때는 왼쪽이나 위쪽 바에 정리 나열된 목차나 메뉴를 살펴보는 것이 효과적이다. 목차는 사이트에서 이용할 수 있는 것들에 대해 전반적으로 살펴볼 수 있게 해준다. 일종의 메뉴와 비슷한 용도로 사용된다. 탐구읽기를 하는 경우에는 사이트에 제공된 그래픽이나 볼드체로 두드러진 글자체를 클릭하면 보다 더 많은 정보나 의미를 제공받을 수 있다. 초보자들이 주로 하는 실수는 사이트가 관심있어 보이면 대부분 첫번째 링크에서 자동적으로 클릭해버린다. 하지만 원하는 정보를 더 많이 가지고 있을 것 같은 링크를 찾아보는 것이 매우 중요하다. 유용할 것 같은 링크가 없으면 클릭하지 말고 원하는 정보가 있을 때까지 찾아서 클릭하도록 해야 한다.

웹사이트에 있는 디지털매체 텍스트를 비판적으로 읽기 위해서는, 일단 읽기목적에 알맞은 웹사이트에 이르게 되면 읽기를 시작할 준비가 된 것이다. 그런데 사이트에서 찾게 된 정보가 믿을만한 것인지에 대해 어떻게 알 수 있는가 하는 문제에 봉착하게 된다. 이러한 이유 때문에 비판적 읽기전략을 사용해야 한다. 다시 말해 찾은 웹사이트가 믿을만하고 권위 있는 사이트인지를 평가할 수 있는 설계가 필요하다. 그리고 학생자신의 생각을 추적할 수 있도록 웹사이트 파일을 만들어가는 것이 바람직하다.

웹사이트를 비판적으로 읽기 위해서 다음과 같은 설계가 필요하다.
- 웹사이트가 오픈되면 오픈된 사이트를 예견할 수 있어야 한다. 학생의 읽기 목표에 도움이 되는 정보인지를 결정해야 하기 때문이다.
- 원하는 정보에 대한 필기를 해두거나 주요정보가 있는 페이지를 인쇄하고 표시해 두도록 한다.
- 웹 사이트의 URL이나 웹 주소를 적어 두어야 한다.
- 웹 사이트를 비판적으로 예견해보기 위해, 누가 후원하고, 가장 최근자료인지, 어떤 관점인지, 그리고 전문지식 수준은 어떠한지 등, 웹사이트에 있는 디지털매체정보에 대해 간단한 정보를 작성해보는 것이 효과적이다.

〈웹사이트 프로파일 정리해 둘 도표〉

| 사이트 명 | |
| --- | --- |
| URL | |
| 후원처 | |
| 업로드 일자 | |
| 작가관점 | |
| 전문지식 | |

■ 비판적 탐구읽기

웹사이트에서 디지털매체읽기를 효과적으로 하기 위한 적극적 묻는 읽기 준비가 완료되었다면, 이번에는 읽기목적에 맞는 적정한 질문을 마음속에 간직하고서 디지털매체정보 탐구읽기를 해야 한다. 가능하다면 이 경우 노트에 읽기목적에 맞는 질문을 적거나 학습카드를 만들어야 한다. 웹사이트를 읽을 때마다 옆에 읽기목적에 맞는 질문을 작성해두면, 읽어야 할 정확한 사이트를 서핑하는 데 도움이 된다.

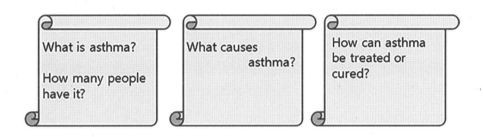

• 비판적 읽기

천식에 대한 웹페이지를 쭉 훑어볼 때, 읽기목적에 따라 궁금했던 질문에 초점을 두면서 읽어야 한다. World Asthma Day라는 사이트를 클릭하고 사이트에서 보여준 목차나 주요 다운로드파일을 클릭한다.

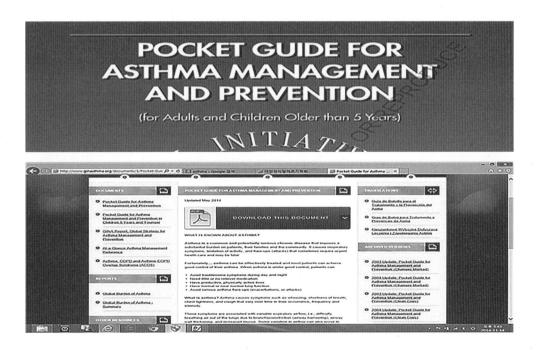

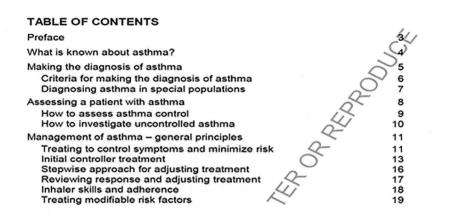

그리고 다운로드 된 파일에서 보여준 목차에서 읽기목적에 맞는 궁금한 질문들에 대한 답이 있는지를 훑어봐야 한다. 그리고서 학생 자신에게 물어야 한다. 이 정보가 얼마나 유용한지에 대해 자문하고 (매우 그렇다, 그렇다, 그렇지 않다, 전혀 그렇지 않다)라는 4점 척도로 답을 찾아보도록 한다.

찾은 디지털매체정보가 질문에 적절한 답을 포함하고 있는지 여부를 예견할 수 있다. 그런데 만일 링크된 웹사이트 정보가 질문에 답을 줄 것 같지 않으면 웹사이트 목차로 다시 돌아가 점검해 볼 필요가 있다. 그리고서 다른 링크로 연결해야 한다. 필요한 정보를 찾기 위해 가장 적정한 링크위치를 찾아야 하기 때문이다. 그리고 다시 사이트 전체를 훑어보면서 디지털매체정보가 읽기목적에 적절한지를 예견해야 한다.

비판적 읽기에서 첫 단계는 읽기를 하는 과정에서 끊임없이 읽기목적에 맞는 질문을 자문하는 일이다. 학생 스스로에게 질문을 하면서 적정한 답을 찾기 위한 묻는 읽기와 다르게 읽기를 해야 한다. 비판적 읽기과정에서 첫 번째 질문에 대한 답을 포함하고 있는 디지털매체 텍스트를 찾고, 질문에 답을 찾고자 디지털매체 텍스트에 대해 비판적 읽기를 해야 한다. 첫 번째 디지털매체 텍스트, 질문지, 또는 노트에 필요한 정보를 적어두거나 해당 페이지를 프린트해두는 것도 효과적이다. 웹사이트의 디지털매체읽기를 하는 동안 학생들이 자주 접하게 되는 공통된 문제는 텍스트에서 표현하거나 설명하고 있는 단어나 표현을 그대로 복사해 둘 수 있다. 하지만 그대로 복사하는 것은 표절이 될 수 있다는 점을 명심해야 한다.

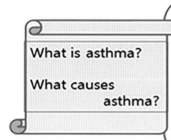

What is asthma?

What causes asthma?

Asthma is associated wit variable expiratory airflow, i.e. difficulty breathing air out of the lungs due to bronchoconstriction airway wall thickening, and increased mucus.

Asthma cause symptoms such as wheezing, shortness of breath, chest tightness and cough that vary over time in their occurrence, frequency and intensity.

따라서 글에서 배운 내용을 자신의 언어로 적어두어야 한다. 자신의 글로 적어 두어야 정보를 보다 잘 기억할 수 있다. 웹사이트에 있는 디지털매체 텍스트 내용을 그대로 적거나 인용을 하는 경우는, 인용표시를 하거나 자료출처를 반드시 기입해야 한다.

■ 융합적 탐구읽기

• 웹사이트 내용을 분석·종합하기

웹사이트를 읽을 때, 정보내용을 있는 그대로 파악하기도 하지만, 순간순간 학생자신의 느낌이나 생각을 갖게 된다. 특히 찾고자 하는 특정한 정보나 흥미로운 주제에 대해 웹사이트에서 디지털매체 텍스트를 찾아 읽을 때는 더욱 그러하다. 찾아낸 웹사이트를 보고 디지털매체 텍스트가 산삼을 찾은 듯 기쁘고, 즐거울 때가 있는가 하면, 화가 날 때도 있기 마련이다. 학생의 읽기목적이 무엇이며, 어떤 배경에서 이러한 읽기목적을 갖게 되었으며, 학생 자신이 어떤 사람이고, 어떤 배경지식과 상황에 처해 있는 사람이며, 찾고자 하는 교과주제에 대해 사전에 얼마나 많은 정보를 알고 있는지에 따라 찾은 웹사이트의 디지털매체정보에 대한 반응은 매우 다르게 나타날 수 있다. 개인적으로 각 사이트에 대해 개인적인 의견을 갖게 되면, 나중에 웹사이트에 있는 디지털매체정보를 참고자료로 다시 사용하는 경우에 매우 중요한 자료가 될 수 있다. 이 경우 웹사이트의 디지털매체정보에 대해 정리포맷을 사용하여 정리해두면, 후에 효과적인 참고자료로 사용할 수 있고 유용한 자료가 될 수 있다.

〈웹사이트 정보내용 정리 예〉

| 사이트 명 | World Asthma Day |
|---|---|
| URL | http://www.ginasthma.org/,<br>http://www.ginasthma.org/documents/1/Pocket-Guide-for-Asthma-Management-and-Prevention |
| 후원처 | 자체 홈피 |
| 업로드 일자 | Updated May 2014 |
| 작가관점 | 천식의 특징부터 진단, 관리, 방지 등에 대한 의학적 관점으로 정리 |
| 전문지식 | 천식이 무엇이고, 어떻게 천식이 야기되며, 어떤 방법으로 천식을 진단하고 예방할 수 있는지에 대한 전문가의 연구가 녹아진 article임 |
| 반응 | 천식에 대한 현실적인 문제를 종합적으로 정리해주고 있어 천식에 대한 지식과 전반적인 대처방안을 찾고자 할 때 참고자료로서 효과적일 듯함. |

읽기목적에 맞는 질문을 갖고 탐구읽기를 하는 동안 계속 자문하면서 웹사이트에 있는 디지털매체정보를 읽도록 한다. 이때 학생 자신이 가진 사전지식과 웹사이트 정보와의 차이를 적어두고, 실제생활에서 접한 경험과 일치하거나 다른 경우도, 그리고 텍스트 내용에 대해 번득이는 생각이나 궁금한 사항들에 대해서도 적어두는 것이 좋다. 또한, 웹사이트에서 디지털매체정보를 읽는 동안 순간순간 떠오르는 생각을 전후 내용과 연결하거나, 글의 내용과 실생활을 연결하면서 새로운 질문과 답을 찾아 생각을 확장해가는 활동을 하는 것도 중요하다.

탐구읽기를 하기 위해 인터넷 웹사이트를 찾는 일은 신나는 일이다. 어떤 사이트도 원하는 대로 클릭만 하면 옮겨 다닐 수 있다. 또한, 관심있는 주제가 있는 경우도 언제든, 어디든 원하는 것을 찾아 옮겨 다닐 수 있다. 웹사이트에서 디지털매체정보 읽기가 주는 이러한 재미 때문에 읽기목적과 방향을 잃게 되는 경우가 허다하다. 때문에 웹사이트에 있는 디지털매체정보를 읽을 때는 천천히 질문에 대한 답이나 정보를 모으고, 정보들을 서로 연결하여 통합하는 융합적 탐구읽기활동이 주어져야 한다.

## • 웹사이트의 정보 평가하기

웹사이트에 있는 디지털매체정보에 대해 비판적 읽기를 하는 동안, 초기 읽기목적에 맞는 질문에 답이 되는 정보를 찾았는지를 자문하는 비판적 읽기를 하게 된다. 텍스트를 읽는 중이나 읽고 난 후에는 1〉 가장 중요한 정보를 요약할 수 있는지? 2〉 읽은 내용을 아직 혼돈하고 있는지? 3〉 그 외 더 알고 싶은 내용이 있는지? 등 읽기를 하는 중이나 후에도 질문을 많이 하면 많이 할수록 더 효과적인 융합적 사고로 탐구읽기를 하게 된다. 천식에 대한 다른 요인들이나 천식의 다른 증상, 그리고 천식의 관리와 치료하기를 위해 실생활 습관이나 음식 등에 대한 효과적 방안 등에 대해 더 많은 질문을 갖고, 답을 찾아 적어두고, 다시 그 답을 찾는 웹사이트에 있는 다른 정보들에 대해 탐구읽기를 할 수 있다.

다른 질문이 있어 새로운 정보를 찾고자 할 때나, 또는 아직 분명하지 않은 사항을 보다 쉽고 명확하게 이해하기 위해 다른 사이트를 찾거나 사이트를 다시 봐야 하는 경우도 있다. 이 경우는 웹사이트에 있는 디지털매체정보에서 찾고자 하는 답을 찾아 읽게 된다. 때론 이미 찾았던 사이트의 신뢰성을 평가하기 위해 웹사이트로 다시 돌아가 읽어야 하는 경우도 있다. 이를 위해 학생은 웹사이트를 즐겨찾기 해두기도 한다. 그리고 웹사이트가 개인적인 것인지, 정부기관 사이트인지, 비영리 기관인지, 교육기관인지, 사업관련 사이트인지를 지정해두는 것이 필요하다. 왜냐하면 사업성이 높은 사이트는 편견이나 광고성 정보가 많거나 부정확한 정보를 업로딩하는 경우가 있기 때문이다. 이러한 이유때문에, 웹사이트를 읽을 때는 철저하고 비판적인 읽기능력이 필요하다. 그리고 정보에 대한 관련 자료가 신뢰성이 있는지를 평가해야 한다.

웹사이트를 예견하거나 평가하기 위한 읽기전략으로는 Skimming이 효과적이다. Skimming은 읽기 전이나 읽기 후에 웹사이트에 있는 디지털매체정보가 무엇에 대한 것이며, 어떻게 구성되었고, 웹사이트의 디지털매체자료에 대한 신뢰성을 평가하는 데에도 매우 효과적인 읽기전략이다. 무엇보다 웹사이트에 있는 디지털매체정보를 평가할 때 필요한 점검사항은 다음과 같다.

〈웹사이트 자료 평가항목〉: Reading Handbook, p. 525

| 점검을 위한 질문 | 점검에 대한 답 |
|---|---|
| 사이트 자료들 점검하기 | - 자료나 후원에 대한 홈페이지 위나 아래에 명시여부 |
| 사이트 신뢰성 점검하기 | - 신뢰성은 교육적 정도, 직업직위, 주제에 대해 권위를 가진 훈련이나 경험여부 : 사이트 정보 신뢰를 위해, 작가의 지식 정도 확인 필수 |
| 사이트 목적 확인하기 | - 사이트 개설 이유나 목적확인<br>: 개설목적이 상업적인지, 이윤추구, 상품판매, 선전용, 원인에 대한 알림 목적인지, 아니면 교육용인지<br>: 개설목적 확인은 사이트의 관점이나 견해 확인에 도움 |
| 사이트에 최근 업로드 날짜 확인하기 | - 최근 업데이트된 자료인 경우, 최신 정보이며 정확한 정보일 개연성 |
| 정확성에 대한 확인 질문하기 | - 웹사이트 정보 확인 여부<br>- 자료가 잘 알려지지 않은 것인지 여부<br>- 사이트 목적이 상품판매, 원인홍보, 정치성 여부<br>- 최근 정보인지 여부<br>- 텍스트에 명확한 오류, 문법이나 스펠링 실수나 타이핑 오류 등 여부 |

■ 창의적 쓰기

• 자신의 말로 표현하기

읽기목적에 맞는 웹사이트에 있는 디지털매체정보를 읽고, 이를 기억하고 재생산하기 위해서는 먼저 학생자신의 언어로 정보를 표현할 수 있어야 한다. 무엇보다도 사이트 정보내용에 대해 누군가에게 이야기할 수 있는 기회를 갖는 것이 필요하다. 교실수업에서는 그룹활동을 통해 학생자신이 읽고 얻은 정보에 대해 그룹원들과 공유하는 활동이 주어지면 좋다. 개인적으로는 블로그나 메모장에 자신이 좋았던 특정한 특징을 묘사하거나 메모해두는 것이 효과적이다. 누군가에게 자신이 찾은 웹사이트의 디지털매체정보에 대해 이야기 하는 것은 웹사이트에 있는 디지털매체정보내용을 요약하는 데 도움이 될 뿐 아니라, 새로 배운 정보나 학생자신의 생각을 자신의 언어로 표현하는 데 도움이 된다.

무엇보다 누군가에게 말을 하면서 자신의 생각이나 정보에 대해 재정리하는 시간을 가질 필요가 있다. 웹사이트 정보에서 배운 주요내용을 적어보는 것이 좋다. 그리고 나중에 다시 찾아 읽어보기 위해서는 웹 주소를 적어두거나 즐겨찾기를 해두어야 한다. 웹사이트에 대해 적어두는 경우는 읽기목적을 위해 작성한 질문에 대한 답보다, 더 많은 정보를 적어두도록 한다. 뿐만 아니라, 탐구읽기과정 동안 새로 생성한 질문들에 대한 새로운 정보도 정리해 두는 것이 좋다. 특히 웹사이트에 있는 디지털매체읽기를 하는 과정에서 인상적이거나 꼭 알아두고 싶었던 내용은 반드시 적어두어야 할 필요가 있다.

천식에 대한 사이트(http://www.ginasthma.org/)에서 배운 3가지 내용을 적어보아라.

1.

2.

3.

이렇듯 웹사이트에서 디지털매체정보를 읽을 때는 적극적으로 묻는 읽기과정인 비판적 탐구읽기와 융합적 탐구읽기과정과 전략을 사용하게 된다. 웹사이트 구성과 전개는 인쇄매체텍스트의 구성과 전개와는 다르기 때문에 읽기목적에 맞게 읽기 위해서는 쓸데없이 클릭하면서 읽기목적에 벗어나는 읽기가 되지 않도록 해야 한다. 학생이 교과 주제에 맞는 원하는 정보를 얻기 위해서는 올바른 www(World Wide Web)와 검색엔진을 활용하여 적절한 링크를 하는 것이 가장 중요하다. 또한, 웹사이트의 신뢰성을 평가하기 위해서는 사전 읽기, 훑어읽기, 질문하기, 추측하기와 융합 및 연결하기 등 다양한 읽기전략과 더불어 웹사이트 파일 형식, 학습카드, 즐겨찾기, 그리고 요약노트를 사용하면서 읽기목적에 맞는 디지털매체정보를 정리하도록 한다. 또한, 모바일 메모장에 작성을 하거나, 이메일로 작성하여 자신의 메일로 보내놓는 것도 좋은 방법이다. 왜냐하면 이는 언제든 필요할 때 찾아 볼 수 있기 때문이다.

# 2 뉴 리터러시 학습은 Connecticut 대학에서도 한다

미국 Connecticut 대학 교수님들은 뉴 리터러시 학습에서 학생들의 다양한 매체읽기(인쇄매체읽기와 디지털매체읽기) 성취에 대한 연구를 꾸준히 해오고 있다. http://www.newliteracies.uconn.edu/reading.html. 이 사이트에서는 디지털매체읽기 과제수행에 관한 관찰연구를 한 비디오에 대한 정리를 볼 수 있다. 이 연구에서는 학생들이 인쇄매체읽기에서 사용한 스킬과 디지털매체읽기에서 필요한 스킬들을 정리하였다. 그리고 학생들의 뉴 리터러시 스킬에 대해 평가를 실시하였다. 이 연구는 학생들의 다양한 매체읽기수행에 대해 구체적으로 설명하고자 하였다. 그 이유는 뉴 리터러시 읽기수업에서 교사들이 학생들의 뉴 리터러시 스킬이나 전략사용을 관찰하고자 할 때 적절한 과제 제시, 또는 학생들의 수행에 대한 평가방법에 대해 참고할 수 있는 자료가 될 수 있다는 취지 때문이다. 비디오에 대한 정리는 미국 Connecticut 대학에서 실시한 학생들의 읽기수행 평가를 예시한다. 때문에 이 장에서는 뉴 리터러시 읽기수업을 교과주제 통합에서 시도하려는 교사들에게 도움이 되도록 미국 7학년 학생들의 뉴 리터러시 읽기수행을 가능한 한 자세히 사실적으로 옮겨 소개하고자 한다.

이 연구는 인쇄매체읽기와 디지털매체읽기 과제수행에 대한 평가를 위해 7학년 학생들의 디지털매체읽기 수행과정에 대해 자세히 묘사해준다. 이 연구에서 실시한 평가는 학생들에게 디지털매체읽기 과제를 완성하도록 요구한다. 왜냐하면 읽기과제수행에 참여한 학생은 이미 인쇄매체읽기에 우수한 학생이기 때문이다. 인쇄매체읽기에 우수한 학생들이 디지털매체읽기에서도 성공적으로 과제수행을 하는 경우, 두 매체에서 읽기 스킬과 능력은 동일하다는 것을 증명할 수 있기 때문이다. 또한, 인쇄매체와 디지털매체읽기가 동일구조라는 가설을 확인하기 위해, 인쇄매체읽기 과제수행과 비슷한 능숙도를 보이는 학생들의 디지털매체읽기 과제수행을 비교하였다. 이 연구는 인쇄매체읽기와 디지털매체읽기가 동일구조라는 가설을 증명하기 위해 학생들의 디지털매체읽기수준을 인쇄매체읽기수준과 비슷하게 맞추려 했다.

학생들이 수행한 읽기과제는 먼저 비디오를 틀어주고 비디오에서 제시한 3개의 블로그에 탑재된 텍스트를 학생들에게 읽도록 했다. 비디오에서 보여주는 각각의 과제는 다운로드 할 수 있도록 첨부된 워드서류에서 텍스트 읽기를 하도록 요구했다.

〈각 비디오에서 요구된 수행과제들〉

| | 뉴 리터러시 과제수행에 대한 요구 |
|---|---|
| 첫 번째 블로그 | • 학생들에게 각 사이트에서 부분적 정보가 주어진 2개의 사이트 위치를 지정하라고 요구했다.<br>• 그리고 사이트들의 제목과 URL을 블로그에 포스트하게 하고, 주어진 기준에 따라 두 사이트들을 평가하도록 요구했다.<br>• 그리고 어느 사이트 정보가 가장 적정한 것인지 결정하고 그 이유를 설명하라고 요구했다. |
| 두 번째 블로그 | • 학생들에게 인터넷에서 여러 기준에 맞는 그래픽을 포함하고 있는 사이트 하나를 위치 지정하도록 요구했다.<br>• 학생들이 위치지정을 한 인터넷 사이트에서 정보의 정확성을 어떻게 점검하는지를 소통하도록 요구했다. |
| 세 번째 블로그 | • 학생들이 2번째 과제와 비슷한 읽기활동을 수행하도록 요구했다.<br>• 하지만 호흡기관 시스템에 대한 최고의 에니메이션으로 구성된 그래픽을 위치지정하고 소통하도록 요구했다.<br>• 이 같은 사이트에서 정보의 정확성에 대해 평가하는 추가적 방법을 소통하도록 요구했다. |

비디오는 다양한 매체읽기에서 수준이 다른 학생들의 질문확인, 정보위치 지정, 평가하기, 통합하기와 소통하기 활동에 대한 여러 방식들을 보여준다.

■ 인쇄매체읽기와 디지털매체읽기에서 동등한 능숙도를 보이는 학생

리코(Rico)라는 학생은 디지털매체읽기에서 아주 높은 능숙도를 보이며 인쇄매체읽기에서도 높은 성취 학생이라고 한다. 때문에 이 학생의 경우는 인쇄매체읽기나 디지털매체읽기가 동질구조라는 가설을 뒷받침해준 학생인 듯 보인다. 연구는 인쇄매체읽기에서 높은 성취를 보인 학생들은 디지털매체읽기에서도 역시 높은 성취를 보인다는 가설을 증명하고자 했기 때문이다. 그런데 이 학생은 두 매체읽기에서 높은 성취를 보여주어 연구의 가설을 뒷받침해주었다. 과학교사는 리코 학생이 인쇄매체읽기에서 놀랄 만큼의 수행을 보였다고 보고했다. 무엇보다 교사의 도움이 없이도 7학년 과학텍스트를 읽고 이해할 수 있다고 말했다. 이 평가는 Connecticut Mastery Test (CMT)의 읽기 영역 점수로 매겨졌다. 이 학생은 CTM에서 총점 305점을 얻었다. 이 점수가 최고수준의 범주에는 미치지 못하지만 아주 우수한 인쇄매체읽기 학생이라는 것을 부정할 수 없는 점수이다. 과학교사가 말했듯이 이 학생은 주 정부에서 실시하는 인쇄매체읽기평가에서 우수한 학생이었다. 그럼에도 디지털매체읽기에 대한 ORCA-Blog 평가에서도 역시 잘했다고 했다. 89명의 학생들 중 학생이 가장 높은 점수인 30/33를 받았다. 이 학생들의 디지털매체읽기 수행과정에 대한 비디오를 보면 디지털매체읽기에서 필요한 요소들(위치지정하기, 평가하기, 통합하기, 소통하기)에 대해 우수한 수준의 성취를 보이고 있다는 점을 파악할 수 있다. 디지털매체정보의 위치 지정하기활동을 할 때 이 학생은, 인쇄매체읽기에서 낮은 수행을 보이는 학생들에게서 흔히 나타나는 검색전략을 사용하면서 처음에는 the human Anatomy Online 사이트를 위치지정하려고 시도하였다. 즉, 확장자명 .com이 붙은 것을 찾는 수행이 있었으므로 사이트의 이름을 www.humananatomy.com라고 실수로 타이핑해버렸다. 하지만 이 정보위치로 지정된 사이트는 학교검색 때문에 닫힌 사이트였다. 학생은 이 사실을 금방 알아차리고 바로 다시 검색엔진으로 이동해서 빠르게 Human Anatomy Online (http://www.innerbody.com/htm/body.html)을 위치지정 했다.

평가를 위해 뉴 리터러시 읽기 과제수행을 요구하는 비디오에서 보여준 내용은 디지털매체읽기 과제수행능력을 평가할 때 무엇보다 먼저 정보에 대한 이해도, 교과주제와의 관련성, 그리고 정보에 대한 신뢰성에 초점을 둔 평가를 하는 경향이 있다는 것을 알 수 있다. 학생은 디지털매체읽기 과제수행을 평가하기 위해 3가지 분야(이해, 관련성, 신뢰성) 각각에서 읽기과제수행을 잘해냈다. 학생은 위치지정된 정보를 학생자신이 정확하게 이해하고 있는지 재점검하고 있었다. 그리고 그 학생은 사이트 정보에 대한 신뢰성을 평가하기 위해 자신이 선택한 전략으로 소통하고 있었다. 디지털매체읽기과제에서 학생은 정보통합과 정보소통, 두 과제에서 읽기수행을 잘해냈다. 학생은 정보를 정확하게 통합했고, 블로그에 통합된 정보를 포스팅해서 그 통합된 내용을 정확하게 소통했다. 이 블로그가 학생에게는 새로운 디지털 환경인데도 학생은 사이트 정보를 아주 잘 이해했고 심지어 어려움이 보일 때도 읽기이해를 잘해냈다. 비디오를 보면 학생이 디지털매체읽기 수행과정에서 단순하지 않은 정보 창들을 효과적으로 옮겨 다니고 있는 것을 볼 수 있다. 결국 학생은 디지털매체읽기 수행과제를 성공적으로 잘 수행하고 있다는 점을 알 수 있다. 디지털매체읽기에서 학생의 과제수행은 연구가설에서 보여주듯이 인쇄매체읽기와 디지털매체읽기가 같을 수도 있다는 점을 말해주었다. 하지만 비디오 제시에서 보여준 다른 학생들의 예를 보면서 인쇄매체읽기와 디지털매체읽기가 동일구조라는 가설에 다시 의문을 갖게 해주었다.

- **인쇄매체읽기에서는 낮은 성취를 보이는데, 디지털매체읽기에서는 높은 성취를 보이는 경우**

89명의 7학년 학생들 사이에 인쇄매체읽기수행에 약한 수행을 보여준 학생들이 디지털매체읽기과제에서는 어떤 수행을 보이는지에 대한 연구 비디오(www.newliteracies.uconn.edu/reading.html)를 볼 수 있다. 이 비디오에 나오는 학생은 디지털매체읽기에서 높은 성취를 보여주고 있다. 비디오에서 보여준 토마스(Thomas)라는 학생은 인쇄매체읽기와 디지털매체읽기가 동질구조가 아니라는 것을 보여주는 좋은 예였다. 이 학생은 인쇄매체읽기에서 아주 낮은 수행을 보여주었던 학생이었다. 특히 교과읽기 학습에서 무능력을 보이는 학생으로서 교사나 동료학생들의 지원이나 도움을 받고 있는 학생이었다. 하지만 놀랍게도 그는 디지털매체읽기에서는 상위 15% 사이에 있었다.

과학교사는 이 학생이 7학년 과학교과서 읽기가 어려울 정도로 인쇄매체읽기에는 아주 약한 능력을 보이는 학생이라고 알려주었다. 심지어 교사에게 특별한 학습지원을 받는데도 과학교과서 읽기를 어려워했다고 강조했다. 학생이 인쇄매체읽기에 낮은 수준의 읽기 스킬은 보이며, 교과 읽기학습에서도 어려움을 느끼거나 무능력하다는 점이 기록되어 있었다. 그 후 학생은 특수교사에게서 매일매일 읽기학습 지원을 받았음에도 최근 CVMT9(Continuous Visual Memory Test)에서 총점이 167로 '기초력 미달(blow-basic)' 수준에도 들지 못했다고 했다. 이렇듯 학생은 주 정부 인쇄매체읽기 평가에서 아주 부족한 읽기수행을 보였다는 것이다. 하지만 놀랍게도 디지털매체읽기 평가인 ORCA-Blog 평가에서는 높은 수준으로 읽기수행을 해냈다고 했다. 89명의 학생들 중 10번째로 매우 높은 점수인 22/33을 받았다고 한다. 단지, 디지털매체읽기 평가를 완성하는데 학생에게 추가시간(30분에서 10분 추가한 40분이 주어졌다)이 주어지긴 했다. 학생은 비디오에서 제시된 3개의 디지털매체읽기 과제 각각에 대해 성공적인 수행을 보였다. 특히 디지털매체읽기에서 요구되는 스킬요소들 중 위치지정, 통합하기와 소통하기에서는 아주 능숙한 수행을 보였다. 하지만 정보평가하기에서는 수행을 잘하지는 못했다고 말했다. 디지털매체읽기에서 학생이 약한 영역은 정보에 대한 비판적 평가 스킬이었다. 예를 들어, 학생이 블로그에 포스트 했던 마지막 입력("I don't think it mater who made the site along as it was good information and no adervertisment I don't think you need who made the site")은 스펠링 오류가 많이 보인다. 하지만 학생은 디지털매체읽기정보가 어떤 편견을 가지고 있는지에 대해서는 잘 모르는 초보자였다.

비디오는 학생이 디지털매체읽기 수행에서 비록 약간 느린 수행을 보이긴 했지만, 디지털매체읽기를 하는 동안 내내 전략적이고 사고력 있는 결정을 해냈다는 점은 명확하게 보여주었다. 학생은 아주 신중하게 읽기과제를 설명하는 창과 검색엔진 사이를 빠르게 왔다갔다 항해를 했다. 학생는 디지털매체읽기 수행을 하기 위해 적절한 주요단어로 찾아 입력한 후 검색활동을 효과적으로 수행했다. 게다가 학생은 검색엔진 결과로 나타난 리스트 각각을 열심히 읽었고 찾고자 한 정확한 사이트를 잘 선택하는 듯 보였다. 학생은 정확한 사이트를 위치지정하기 위해 사이트 URL을 복사해서 블로그에 갖다 붙였다. 그리고 소화기관이나 호흡기관에 대한 그래픽을 포함하고 있는 사이트를 위치지정하기 위해 디지털매체읽기전략을 사용했다. 비록 어휘문제라 할 수 있지만 학생은 [animated]라는 어휘가 무슨 의미인지를 알지 못한 것 같았다. 학생은 블로그를 사용하기 위해 요구된 디지털매체읽기 스킬을 이해했다. 그리고 학생은 각 사이트 텍스트를 다운로드하고, 3개의 개별 과제를 수행하기 위해 텍스트를 블로그에 포스트했다. 학생의 소통 스킬은 스펠링이 틀린 것을 제외하고는 아주 적절한 전략사용을 보여주었다. 디지털매체읽기에서 비판적 평가 스킬에 대해 약간 부족한 이해를 보였다. 하지만, 인쇄매체읽기과제를 할 때는 특별한 지원을 필요로 하는 기초력 미달(below basic) 수준의 학생들에게서 나타나는 읽기수행은 아니었다. 인쇄매체읽기에 어려움을 가진 학생도 디지털매체읽기에 기본적인 스킬과 전략만 가지고 있다면 디지털매체읽기에서 어려움을 느끼지 않을 수 있다는 점을 보여주는 학생이었다.

■ 인쇄매체읽기에서는 높은 성취를 보이는 학생이 디지털매체읽기에서는 낮은 성취를 보이는 경우

마코(Marcos)라는 학생은 인쇄매체와 디지털매체읽기가 동질구조가 아니라는 점을 보여주는 또 하나의 예이다. 학생은 인쇄매체읽기에서는 높은 성취를 보이지만 디지털매체읽기에서는 매우 낮은 성취를 보이는 학생이었다. 이 학생의 경우는 디지털매체읽기를 할 때는 인쇄매체읽기를 할 때 필요한 읽기 스킬과는 다른 스킬이 필요하다는 증거를 보여준다.

과학교사는 이 학생은 7학년 과학교재를 독립적으로 읽고 이해할 수 있을 정도로 인쇄매체읽기 스킬을 갖추고 있다고 했다. 그리고 학생은 특히 CMT 평가에서 총점 302점을 받아 리코 학생처럼 최고 높은 수준의 인쇄매체읽기 능력을 갖춘 학생이라고 했다. 하지만 학생은 디지털매체읽기 능력을 평가하는 ORCA-Blog 평가에서는 89명의 학생 중 7/33의 가장 낮은 점수에 속할 정도로 인쇄매체읽기 과제수행을 잘해내지 못했다. 마코 학생의 디지털매체읽기 수행과 토마스의 디지털매체읽기 수행을 비교하는 것은 토끼와 거북이 이야기를 상기시켜준다. 비록 토마스가 디지털매체 텍스트를 천천히 자신의 속도로 읽으면서 마코보다 수행을 더 잘했다. 그 이유는 토마스는 디지털매체읽기 과제를 수행하는 데 효과적인 읽기전략을 알고 있었고 적절한 정보를 위치지정 했다. 그리고 비디오에서 제시한 3개의 과제를 모두 잘 수행했다. 반면에 마코 학생은 방

문했던 많은 사이트를 돌아다니면서 사이트와 사이트를 빠르게 움직이고, 힘든 시간을 보내면서 텍스트 일부분만을 선택하며 읽기 과제수행을 적절하게 해내지 못했다. 그리고 URL을 복사하고 갖다 붙이는 방법도 잘 몰랐다. 이렇듯 이 학생은 사이트를 위치지정 하는데 무능력했고 산만했고 많은 실수를 하며 비디오에서 제시한 3개의 읽기과제를 수행하지 못하면서 시간만 허비했다. 이 학생은 질문의 답이 되는 텍스트 제목도 읽지를 않았다. 마지막으로 학생이 방문했던 몇 개의 사이트로 다시 돌아갈 수 없었기 때문에, 평가항목에서 좋은 평가를 받지 못했다. 이 학생이 디지털매체읽기 스킬을 가졌다 해도 결정적인 정보들을 많이 놓쳐버렸다. 결국, 이 학생은 디지털매체읽기 과제를 수행하지 못하는 무능력한 학생이 되고 말았다.

〈비디오에서 보여준 세 학생의 수행능력〉

| 이름 | 특징 |
|---|---|
| Rico | • 인쇄매체읽기와 디지털매체읽기에서 동등한 성취를 보이는 학생 인쇄매체읽기나 디지털매체읽기가 동질구조라는 가설을 뒷받침 해주는 예<br>• Connecticut Mastery Test (CMT)에서 총점 305점.<br>• ORCA-Blog 평가에서는 89명의 학생들 중 10번째로 매우 높은 점수인 22/33을 받았다<br>(추가시간 30분에서 10분 추가한 40분이 주어졌다.) |
| Thomas | • 인쇄매체읽기와 디지털매체읽기가 동질구조가 아니라는 것을 보여주는 예<br>• 인쇄매체읽기에서는 낮은 성취를 보이는데, 디지털매체읽기에서 높은 성취를 보이는 학생<br>• CVMT(Continuous Visual Memory Test)에서 총점이 167로 '기초력 미달(blow-basic)'<br>• ORCA-Blog 평가에서는 89명의 학생들 중 10번째로 매우 높은 점수인 22/33 |
| Marcos | • 인쇄매체나 디지털매체읽기가 동질구조가 아니라는 점을 보여주는 예<br>• 인쇄매체읽기에서는 높은 성취를 보이는 학생이 디지털매체 읽기에서는 낮은 성취를 보이는 학생<br>• CMT 평가에서 총점 302점<br>• ORCA-Blog 평가에서는 89명의 학생 중 7/33의 가장 낮은 점수 |

디지털매체읽기에서 보여주는 학생들의 읽기능력에 대한 예들은 몇 가지 중요한 교훈을 가르쳐 준다.

1. 교사는 학생들이 디지털매체읽기를 하는 동안 반복적으로 일어나는 여러 가지 요인들에 관심을 갖게 해준다. 비디오에서 보여준 디지털매체읽기는 문제나 질문으로 시작하고, 디지털매체읽기과정은 질문, 위치 지정, 평가, 통합 및 소통의 요소들을 포함한다.

2. 디지털매체읽기가 담화적 텍스트 읽기가 아니라 정보텍스트 읽기라는 것을 예시해준다. 문제해결과 질문에 답을 찾기 위해 인터넷을 사용할 수 있다는 점은 중요한 정보이다. 디지털매체읽기는 교과학습과 새로움의 발견을 위한 정보 텍스트를 이해하는 것이다.

3. 디지털매체읽기에서는 인쇄매체읽기를 하는 동안에는 요구되지 않은, 새로운 요인들을 포함한다. 이러한 새로운 스킬, 전략, 특성이 어떻게 요구되고 사용되는지를 보여준다. 디지털매체읽기 유형은 질문, 위치, 평가, 통합과 소통활동을 포함한다. 인쇄매체는 정보를 위치지정하기 위해 인덱스와 목차 등을 사용하는 능력을 요구한다. 반면에 디지털매체읽기는 검색엔진을 요구하는 등 인쇄매체읽기에서 사용하는 스킬 외에도 새로운 스킬을 요구한다.

4. 디지털매체읽기는 이해와 소통의 요소를 동시에 가진다. 인터넷 환경에서 우리가 쓰기를 하는 동안 읽기를 하고, 읽기를 하는 동안 쓰기를 한다.

5. 인쇄매체읽기와 디지털매체읽기가 같지 않다는 점을 보여준다. 만일 두 매체읽기 유형이 동일구조라면 인쇄매체읽기에 높은 성취를 보이는 학생은 디지털매체읽기에서도 항상 높은 성취를 보여야 한다. 그리고 반대도 통해야 한다. 하지만 놀랄만한 일은 인쇄매체에 낮은 성취를 보이는 학생이 디지털매체읽기에서는 높은 성취를 보이는 학생이 있었다. 반대로 인쇄매체읽기에 높은 성취를 보이는 학생은 학습장애를 가지고 있어 같은 수준의 디지털매체읽기를 수행할 수 없었다. 인쇄매체나 디지털매체읽기, 두 매체읽기 간에는 동질구조가 있다는 가설은 존재하지 않는다는 점을 보여주었다.

비디오에서 보여준 연구는 다양한 의미를 내포하고 새로운 발견을 보여준다. 인터넷은 디지털매체읽기를 위한 핵심적인 학습 환경이다. 디지털매체읽기는 중요한 방식에서 변화하고 있다. 최근 많은 연구들은 디지털매체읽기의 특성에 초점을 맞추고 있다. 이유는 디지털매체읽기가 인쇄매체읽기와 거의 동일하다는 가정을 해왔기 때문이다. 하지만 Connecticut 대학 연구에서 보여준 디지털매체읽기에 대한 비디오 예시는 디지털매체읽기는 어떻게 하는 것인지에 대해 눈으로 확인하게 해주었다. 그리고 디지털매체읽기는 인쇄매체읽기 스킬과는 다른 질문으로 시작하고, 풍부하고 복잡한 정보를 위한 탐구읽기는 새로운 디지털매체읽기를 위해 필요한 도구(검색엔진, 블로그, 이메일 및 그 외의 것)를 갖추도록 했다. 디지털매체읽기는 질문으로 시작하기 때문에, 다양한 매체읽기는 이해하는 과정으로 질문에 답을 찾아내는 탐구읽기를 이끈다.

비디오에서 보여준 디지털매체읽기에 대한 예들은 인쇄매체읽기에서 낮은 성취를 보이는 학생이 디지털매체읽기에서도 반드시 낮은 성취를 보인다는 점과 그 반대의 경우에 대해서 가정하지 말아야 한다는 점도 알려주었다. 이렇게 생각하는 것은 우리가 학생들의 잠재력과 학생들의 학습니즈를 잘못 판단하는 것이라는 교훈을 주기도 했다. 디지털매체읽기는 인쇄매체읽기와 동일구조라는 잘못된 가설은 더는 언급되지 말아야 한다는 점을 확실히 보여주었다. 전통적인 인쇄매체읽기평가는 학생들의 검색결과나 읽기능력을 측정하지 못했다. 또한, 디지털매체읽기에서 필요한 비판적으로 읽고 평가하는 능력을 평가하지 못했다. 뿐만 아니라 이메일 메시지/블로그나 위키 읽기를 포함하지도 않았다.

최근에도 리터러시 교육은 인쇄매체읽기를 위해 필요한 스킬과 전략을 평가하는 데 초점을 둔다. 하지만 디지털매체읽기를 위해 필요한 스킬과 전략을 평가하지 않으면 해결하고자 하는 새로운 문제들을 해결할 수 없게 될 것이다. 최근 많은 학교나 평가들은 리터러시 수업이나 평가 프로그램에서 디지털매체읽기 스킬을 포함하고 있다. 그 이유는 기술의 발달로 인해 절실히 필요하게 되는 디지털매체읽기 스킬과 전략이 평가되어야 하기 때문이다. 하지만 학생들은 여전히 인쇄매체읽기에 필요한 스킬로 읽기점수를 올리고 있다. 또한, 많은 학교들이 디지털매체읽기에 대한 뉴 리터러시 스킬 지원을 학생들에게 제공해 주지 못하고 있다. 새로운 스킬과 전략을 요구하는 디지털매체읽기를 이해하지 못하는 것은 읽기평가의 한계를 보여주는 실상이다. 앞으로 학교나 일터에서는 새로운 뉴 리터러시 스킬을 가진 사람들을 요구할 것이다. 때문에 뉴 리터러시 교사는 뉴 리터러시 읽기와 쓰기 표준과 정보를 통합하는 스킬을 갖춘 사람이어야 한다. 새로운 뉴 리터러시를 교과수업과 통합하기 위해 최선의 방법은 바로 다양한 매체정보를 읽고 쓰는 과정을 교과학습과 연결하는 것이다. 뉴 리터러시 학습을 통한 교과 간 통합수업 시스템을 갖추는 일은 차세대 뉴 리터러시 스킬을 학생들에게 준비시키는 일이다.

■ 뉴 리터러시 능력을 갖추도록 무엇을 어떻게 가르쳐야 하는가?

디지털매체정보를 읽고 이해하기 위해 필요한 스킬이나 특성에 관한 연구가 광범위하게 이루어지고 있다. 그리고 디지털매체읽기에서 중요한 기술과 전략에 대한 연구들이 주를 이루고 있다. 디지털매체읽기는 항상 해결해야하는 질문이나 문제로 시작한다는 점은 디지털매체읽기활동은 정보텍스트로 제한된다는 말이다. 그리고 복잡하고 풍부한 인터넷이란 정보공간을 항해하기 위해 새로운 기술과 전략을 요구한다는 말이기도 하다. 때문에 인터넷에서 다양한 매체읽기를 위해 가르쳐야 할 5가지 스킬이 있다(Coiro, 2007; Coiro & Dobler, 2007; Henry, 2006; Leu, Kinzer, Coiro, & Cammack, 2004).

1) 중요한 질문을 만들고,
2) 인터넷에서 필요한 정보를 위치지정하고,
3) 위치 지정한 정보를 비판적으로 평가하고,
4) 답일 것이라고 결정하기 위해 항해하며 정보를 통합하고
5) 다른 사람들에게 발견물로 소통하는 것

디지털매체읽기에서 뉴 리터러시를 어떻게 가르칠 것인가에 대한 질문에 답은 쉽지 않은 일이다. 왜냐하면 교과주제통합수업에서 디지털매체읽기를 하는 연구는 거의 없기 때문이다. 비디오에서 보면 7학년 학생들은 디지털매체읽기 스킬을 잘 알고 있는 듯 보인다. 그래서 교과주제통합수업에서 디지털매체읽기로 뉴 리터러시를 가르치기 위

한 수업모델을 개발하는 것이 답이 될 수 있다. 그리고 앞으로는 디지털매체읽기에 대한 뉴 리터러시를 가르치는데 효과적인 연구가 있어야 할 것이다.

교과수업과 연계한 다양한 매체읽기에서 이해력을 증진시키기 위해 최근 많은 변화가 시도되고 있다. 교과수업과 연계하는 디지털매체읽기 스킬과 전략사용은 교과주제 관련 문제나 질문에 대한 답을 찾고자 인터넷을 통한 탐구읽기를 요구한다. 인쇄매체읽기와 평가에 대한 전통적인 방법이나 전통적인 인쇄매체읽기는 학생들에게 인터넷상에서 다양한 매체읽기가 이루어지는 뉴 리터러시 스킬과 전략을 충분히 준비시켜주지 못한다. 최근 미래 필요 역량인 뉴 리터러시 스킬과 전략을 준비시키기 위해 학생들에게 인터넷을 뒤지며 디지털매체읽기를 경험하도록 이끄는 리터러시 교육환경과 방법에서 변화가 일어나고 있다. 최근 연구들은 초등학교 리터러시 수업을 위한 새로운 로드맵을 제공하고자 한다. 그 이유는 주 정부 읽기평가나 세계 많은 국가들의 리터러시 능력 평가들에서는 디지털매체읽기에 대한 뉴 리터러시 스킬을 포함하기 때문이다. 그리고 오늘날 학생들은 디지털매체정보에 매순간 노출되기 때문에, 이왕이면 디지털매체정보에 더 잘 접근하고 올바르게 평가할 수 있도록 학교 교과수업과 연계한 디지털매체정보접근을 이끌고자하는 의도 때문일 것이다. 이러한 노력으로 다양한 디지털매체읽기 수업모델들을 교과과정에 어떻게 잘 통합할지에 대한 교사교육이 이루어져야 한다. 그리고 학생 자신의 뉴 리터러시 스킬 향상을 위해 교사들의 전문성 개발을 제공하는 장치가 만들어져야 한다.

교육자들은 초등학교 교과학습과 디지털매체읽기 학습을 어떻게 통합할지를 연구하고 이해하는 교사들을 준비시켜야 한다. 그리고 모든 교사가 뉴 리터러시 학습목표를 깨닫고 학생들을 이끌어야 한다. 교사들이 추구하는 뉴 리터러시 학습목표는 학생 개개인이 자신의 꿈을 수행하고 자신의 읽기성취를 통해 인터넷을 훌륭한 학습장소로 만들 수 있도록 학생들에게 다양한 매체읽기를 충분히 효과적으로 준비시키는 일이다.

뉴 리터러시 학습은
영문읽기도 한다

# 1 뉴 리터러시 영문읽기를 해야 하는 이유가 있다

세계화 시대에 학생들이 미래를 대비하기 위해 갖추어야 하는 가장 중요한 능력으로 영어나 중국어 같은 외국어능력과 소통능력을 꼽는다. 우리나라의 경우 영어나 중국어 능력은 입시나 사회의 일원이 되기 위한 기본능력이 되고 있다. 우리나라 문화를 세계에 알리고, 국가 간 경제교류 차원에서도 외국어능력과 소통능력은 꼭 필요한 스킬이 되었다. 미래 글로벌 세상을 대비하기 위해 국가 그리고 많은 기업인들은 다양한 언어능력을 가진 인재를 원하고 있다. 이처럼 미래 글로벌 세상에 대비하고, 자신의 입신양명을 위해서도 언어능력은 중요한 요인이 되고 있다. 때문에 우리나라 많은 사람들은 사회에 적응하기 위해 영어능력은 매우 중요하며, 필수적인 능력이라고 말한다. 이는 영어가 글로벌 사회에서 꼭 필요한 국제 통용어이기 때문이다. 영어교육은 학교 교과수업으로서 뿐만 아니라, 건강한 사회인이 갖추어야 할 필수요건이 되었다. 학생이나 직장인들의 필수품인 손안의 인터넷에서 매일매일 접하게 되는 다양한 매체텍스트의 거의 80%가 영어로 쓰여 있다는 점이 이를 말해준다.

그럼에도 어느 누구도 영어가 앞으로 얼마나 중요하고, 얼마나 필요하며, 사용기회가 얼마나 주어질 것인가에 대해서는 정확하게 알지 못한다. 이렇듯 불투명한 확신(?) 때문에 우리는 앞으로도 계속 영어공부에 더 많은 시간, 비용과 노력을 투자하게 될 것이다. 어차피 해야 하는 것이라면 이젠 더 이상 아무리 노력해도 영어가 잘 안 된다는 핑계거리를 찾아서는 안 된다. 이러한 점에서 우리나라 영어교육은 다른 나라의 영어 교수학습 방법을 모방하는 것이 아니어야 한다. 우리나라 상황이나 환경에 맞는 영어 교육이 실현되어야 한다. 또한, 영어능력 향상은 물론이고, 21세기 시민으로 살아가는 데 필요한 소통능력도 함께 키워가는 영어교육이 되어야 한다.

영어교육의 목적은 '글로벌인재 양성'에 있다고 본다. 그런데 어떤 이유에서인지 우리사회에서 영어교육의 목적은 많은 점에서 왜곡되고 있다. 우리나라 사회/교육 시스템은 영어를 잘하는 학생들이 점차 유리한 상황이 되고 있다. 영어가 '신분상승'이나 사회적 성공의 관문이며 때론 장벽이 되는 사회구조가 되고 있다. 이러한 이유 때문에 국가 교육정책이 사교육 절감을 위해 아무리 노력해도, 부모님들은 자녀들이 영어능력을 갖추도록 조기유학 등으로 해외 체류 경험을 갖도록 하고 있다. 이마저 안 되는 경우에는 영어 사교육기관으로 보낼 수밖에 없는 실정이다.

우리나라 영어교육의 방향은 미래 글로벌시대 국제적인 감각과 의사소통을 위함이라 강조한다. 하지만, 영어교육의 수요자들이 느끼는 영어교육의 실질적 목표는 부모들의 부에 의해 차별화된 기회와 학생 개개인의 욕망을 충족하기 위해 넘어야 하는 장벽이며 갖추어야 하는 필요충분조건이라는 인식이 팽배하다. 때문에 우리나라 영어교육에 이상한 가보(?)가 생겼다. 어려서 영어유치원을 다녀야 하고, 초등학교는 영어 이머전 사립초등학교나 외국인학교에 다녀야, 이어 국제 중학교와 특목고를 갈 수 있는 기반이 마련된다. 이는 곧 SKY대학으로 가는 지름길이며, 이 길은 곧 좋은 직장을 얻고, 성공할 수 있는 탄탄대로라는 미신(미묘한 믿음?)같은 영어가보가 생겼다. 우리나라에서 영어능력은 개개인의 성공을 향한 징검다리 역할을 하며, 성공의 대열로 합류할 수 있는 지렛대라는 생각이 지배적이다. 이러한 이유로 영어교육 열풍은 열성 부모님들의 도를 넘는 자녀사랑으로 변질되고 있다. 우리나라에서 영어능력은 학생들이 성공하기 위해 한 단계씩 올라야 할 때마다 넘어야 하는 장벽이며 관문이다. 이제 국가 영어교육 정책은 영어교육에 대한 잘못된 해석과 사회적 분위기를 제대로 파악하는 대책이 나와야 한다. 더 이상 영어는 엘리트를 위한 언어가 되어서는 안 된다. 앞으로 우리나라 영어교육은 세계시민으로 살아가는 데 필요한 지식과 소통을 위한 도구로서 접근되어야 한다.

아무리 좋은 영어교육 정책도 학교현장에서 제대로 이루어지지 않고 영어교육 방법이 제대로 운영되지 못한다면 그 실효성은 기대할 수 없다. 그래서 영어교육의 실수요자인 학부모나 학생들은 공교육의 영어교육 방향에 대해 신뢰를 갖지 못하고 사교육을 찾는 것이다. 이렇듯 영어교육 현실은 정부의 부단한 노력에도 불구하고 그 실효성을 얻지 못하고 심각한 사회문제로 야기되고 있다. 학교는 정부에서 제공한 학년별 교육과정에 따른 명확한 교수학습 방법을 제공해주길 요구한다. 반대로 정부는 각 학교나 교사들이 지역의 교육환경에 맞는 교수학습 방법을 개발하기를 기대하고 있다. 하지만 수요자인 학부모나 학생 입장에서는 정책만 있고, 실효성에 대해서는 어느 누구도 책임을 갖지 않고 있는 듯 보인다. 영어교육에 대한 책임부재는 학생들을 학교 방과 후 사교육기관으로 달리게 했다. 이러한 현상은 부모의 경제력에 따라 자녀의 영어능력이 결정되는 사회적 문제로 확대되었다. 올바른 영어교육 정책은 있지만 이를 교육현장에서 올바르게 운영할 수 있도록 도와주는 지침서가 없다. 때문에 학교 교실수업에서 영어교육 운영문제를 야기하면서 공교육의 영어교육은 방향을 잃고 있다.

이렇듯 학교는 사회에서 요구하는 영어능력을 책임져주지 못해왔다. 영어능력이 글로벌시대 국제적 감각과 소통능력을 갖추기 위한 능력이든, 자신의 성공을 향한 지렛대로서 갖추어야 할 능력이든, 영어는 잘해야 할 필요가 있다는 점은 부정할 수 없다. 그런데 고등학교만 나오면 미래 사회가 요구하는 유창한 영어능력을 갖출 수 있는가? 불행히도 많은 사람들은 현형 공교육으로는 불가능하다고 말한다. 사회가 요구하는 유창한 영어능력을 학교에서 길러주지 못한다면 누가 책임질 것인가?

옛날에는 영어와 수학을 잘하는 학생은 다른 과목도 전반적으로 잘하는 학생이었다. 다시 말해 학생들의 영어점수가 그 학생의 지적능력과 학교생활의 성실성을 상당히 반영했었다. 그때는 학교 영어교육이 문법과 독해위주였으므로 우리말 능력에서 갖추고 있던 이해력과 분석력이 영어교육에서도 중요하게 작용했기 때문이다. 이렇듯 영어능력이 바로 학업능력과 연결되므로 대학입학 전형자료로 학교 영어능력을 참고했던 것이 당시에는 의미 있는 평가 자료가 되었다. 그런데 요즘 추세를 보면, 학생들의 영어능력은 부모님의 경제능력과 사회적 지위와 상당한 관련성이 있다는 연구결과들이 있다. 학교 영어수업에서 충실히 공부한 학생보다, 부모 경제력 덕에 해외 체류경험을 가진 학생들이 훨씬 더 많은 특혜를 받는 교육평가 및 사회 환경이 되고 있다. 이는 학생들의 영어 학습동기가 올바른 방향으로 성장하지 못하는 이유가 되기도 한다. 무엇보다 학교 영어 공부에 충실하면 경쟁사회에서 불리한 위치에 있게 된다는 불안심리가 부모들 사이에서 확산되고 있다. 그래서 부모님들은 학교에서 책임져주지 못한 자녀들의 영어교육을 사교육 기관에서 책임져주길 바라고 있는 것이다.

우리나라 영어교육의 문제는 국가 영어교육 정책이 변화하는 시대에 맞는 영어교육 환경과 그에 맞는 구체적인 교수학습 방법에 대한 실제적인 방안을 제시하지 못하는 점에서 시작된다. 또한, 실용영어 중심의 교육정책을 실시한다는 명분하에 읽기와 듣기 같은 이해능력보다는 말하기와 쓰기 같은 의사소통 중심의 영어교육을 강조하고 있다. 하지만 입시시험은 여전히 문법과 독해, 그리고 듣기 중심의 이해능력을 많은 부분 평가하고 있다. 말하기와 쓰기 같은 표현영어 중심의 평가는 아주 적은 영역을 차지하고 있을 뿐이다. 때문에 학교 영어수업은 여전히 읽기와 문법에 익숙한 영어교사들에 의해 이루어지고, 말하기와 쓰기는 일부 원어민 교사에 의해 적은 시간 수의 수업이 진행되고 있는 실정이다. 표현영어의 필요성을 인식하고 있어 실용영어 중심의 영어교육을 실시하고자 하지만 현실 영어수업은 그렇지 못하고 있는 것이다. 이는 국가가 거창한 교육정책 방향만 제시할 뿐, 그에 따른 구체적인 교수학습 방법과 전략에 대한 지원을 해주지 못하고 있는 증거다. 무엇보다 우리나라 영어교육의 문제는 세계 교육정책의 방향에 따른 교실수업을 위한 교수학습 방법에 대한 구체적인 스킬과 전략 및 그에 따른 실행방법, 그리고 이를 실행하는 교사교육이 거의 진행되지 못하고 있기 때문이다. 교사교육 및 연수는 이론적 연수가 주를 이루고 실제 자신의 수업환경과 교과수업에 대한 구체적인 연습과 실습이 거의 이루어지지 못하고 있다는 점이 우리나라 영어교육의 문제점을 가중시킨다.

특히 초등학교 영어교육 환경은 교사들이 학생 주도적인 학습방법으로 이끌고 교과 주제통합수업의 다양성을 이끌만한 환경이 주어지지 못하고 있다. 학교 환경은 과밀학급에서 영어수업이 이루어지고 있어 학생들의 영어연습과 사용기회가 거의 불가능하다. 교사가 20명 이상의 학생들과 의사소통 중심의 영어능력은 사실상 불가능하다. 이러한 영어교육현실은 결국 많은 학생들과 주어진 수업시수에 맞게 교과서 진도를 맞추기 위해서 교과서 중심의 문제풀이로 접근할 수밖에 없다. 현실적으로 교실수업에서는 국가 영어교육정책인 의사소통 중심의 영어수업 운영이 사실상 어렵다. 의사소통 중심의 영어교육 정책은 우리나라 교실수업 환경을 제대로 갖추지 않고, 세계 많은 국가들의 영어교육 정책을 일방적으로 따라가는 정책수립으로 비치고 말았다.

또한, 의사소통 방식으로 영어수업 운영을 할 수 있는 영어교사들을 충분히 양성하지 못한 상태에서 의사소통 중심의 교육정책을 수립하고 시행을 요구하였다. 초등학교 영어교사들의 영어구사력은 의사소통 방식의 영어수업을 이끌기에 역부족하였다. 영어구사력이 부족한 교사들에게 의사소통 중심의 영어교육을 강요하다 보니 어색한 표현이나 옳지 않은 영어문장을 구사하는 영어수업이 되기도 하고, 다시 문법이나 독해 중심의 설명식 영어수업이 되고 말았다. 그 결과 영어 쓰기나 말하기 같은 표현력 향상을 위한 영어 학습을 위해서는 원어민교사가 가르치는 사교육기관으로 학생들을 이끌 수밖에 없었다. 결국, 사교육 방지정책을 취하는 교육부와 어쩔 수 없이 영어표현력을 위해 사교육으로 가야 하는 학부모와 이를 지켜봐야 하는 교사들 간 불협화음이 되고 말았다.

의사소통능력을 갖춘 교사들조차도 1주일에 1~2시간 주어지는 제한된 시수로 학생들의 의사소통 능력을 향상시키는 것은 역부족하다. 따라서 학생들은 교육과정의 목표(의사소통 중심)을 위해 사교육을 찾을 수밖에 없다. 제한된 수업 시수에 많은 학생들을 대상으로 영어구사가 안된 교사가 학생들에게 의사소통능력을 가르치는 영어교육은 구조적 한계일 수밖에 없다. 결국, 의사소통 중심의 영어수업은 어휘, 문법, 표현암기로 주어진 상황연습으로 마칠 수밖에 없다. 의사소통 중심의 영어교육의 목표는 암기학습이나 상황연습을 통한 영어학습을 위함이 아닌데 말이다. 영어표현을 암송하며 의사소통 기회가 거의 주어지지 않은 환경에서 의사소통 중심의 영어교육은 가능성이 없다는 것은 누구나 아는 사실인데도 말이다.

우리나라 영어교육은 공교육보다는 사교육에서 더 많은 진화를 해왔는지도 모른다. 영어교육은 이미 학교교실 밖으로 나왔고 사교육이 영어 공교육의 보완에서 대체로 진화되었다. 영어 수요자(학생과 학부모)들에게 영어교과는 외국어 학습이란 학교 교과목 영역을 넘어, 전 세계를 향한 의사소통의 도구로 다가왔다. 학교 밖을 나온 영어교육을 위한 사교육 기관들은 다양한 방식과 형태로 학생과 학부모를 기다리고 있다. 최근에는 인터넷을 통한 사이버 환경도 영어 학습을 위한 공간으로 확대/발전되고 있다. 사이버 영어학습 환경은 시공을 초월하며 다양한 영어 프로그램을 제공하고 의사소통 중심의 영어교육을 학생들에게 제공해준다. 사이버 영어학습 환경은 영어노출 시간과 양이 영어사용국에서 2언어로 영어를 사용하는 학생들만큼 제공해준다. 이렇듯 영어는 학생들에게 시공을 초월한 의사소통 도구가 되고 있는 것은 사실이다. 하지만 영어가 학교 밖으로 나오게 되면서, 외국어 학습으로서 학교 영어교육에 충실한 학생과 제2언어 수준으로 학교 밖 영어노출 양의 혜택을 받은 학생들 간 영어능력 차이가 점점 심화되고 있다.

각 대학은 외국어로서 학교 영어공부에 치중한 학생들보다 2언어로서 학교 밖 다른 영어 학습 환경에 더 많이 노출된 학생에게 유리한 조건과 가치를 부여하고 있다. 또한, 기업들이 제공하는 많은 일자리에도, 영어능력이 우수한 학생, 즉 더 높은 영어능숙도를 갖춘 학생들을 찾는다. 하지만 영어 능숙도는 학교 영어수업 위주만으로는 사실상 어려운 일이다. 그런데 대학이나 사회에서 2언어 수준의 영어 능숙도를 요구하고 있으니, 부모들은 기꺼이 기러기 아빠가 되길 자처하며 자녀들을 조기유학을 보내거나, 사교육으로 학생들을 몰 수밖에 없다. 결국 국가가 학부모와 학생들을 조기유학으로, 또는 사교육 기관으로 몰아놓고서, 다른 한편으로는 사교육비 절감을 위한 교육정책을 마련하는 아이러니한 영어교육 정책을 펼치고 있다.

대학 · 학교 · 기업 · 학부모는 서로 다른 영어능력을 요구한다.

학생들은 글로벌 시대를 준비하기 위해 영어를 유창하게 듣고 말할 수도 있어야 한다. 게다가 학교 영어 교육과정에서 요구하는 의사소통 중심의 실용영어 능력을 갖추어야 한다. 그럼에도 영어교사들은 의사소통 능력을 제대로 갖추지 못하고 있어 영어교육 목표에 맞는 의사소통 능력평가가 사실상 어려운 실정이다. 그러다 보니 상급학교나 사회성공을 위해 통과 관문인 영어능력을 갖추는 일은 개개인의 몫이 된 셈이다. 상급기관에 적용하기 위해 필요한 영어능력은 공교육기관에서 책임져주는 곳이 없다. 어쩔 수 없이 학생들은 국가 영어교육 정책에 맞는 의사소통중심의 영어교육을 위해 사교육 기관을 찾을 수밖에 없다.

본인은 오래전 유명한 영어학원에서 학원원장을 한 적이 있다. 그 당시 직원들은 공교육의 허점을 잘 파악하고 학생이나 학부모들의 수요에 맞추어 발 빠르게 대처했다. 학부모나 학생들은 영어교육에 대한 기대가 다르고, 사교육기관들은 학부모들의 기대에 부응하는 서로 다른 영어교육 목표와 방법을 제시한다. 그러다 보니 학부모나 학생들은 어느 사교육에서 영어를 배워야 하는지를 몰라 3~6개월씩 영어교육 기관들을 돌아다니며 영어사교육기관을 탐색한다. 결국, 학생들은 얼마 후 떠날 사교육기관에서 최선을 다하지 못하고, 영어 학습동기마저 잃어버리는 경우가 많다. 어쩔 수 없이 자녀의 영어교육을 책임져줄 공교육기관이 없는 상황에서 학부모와 학생들은 실패와 좌절을 거듭하며 스스로 살길을 찾아가고 있다.

최근 우리나라 영어교육 정책은 영어 공교육 강화와 실용영어 교육을 달성하기 위해 다양한 교육정책이 추진되고 있긴한다. 이러한 정부의 영어교육에 대한 노력으로 과거에 비해 초등학생들의 영어에 대한 관심과 영어구사력은 많이 향상되고 있는 편이다. 정부의 영어교육 정책이 잘못된 것인지, 학교 현장에서 영어를 잘못 가르치고 있는 것인지는 명확하지 않다. 하지만, 학부모들은 자녀들의 영어교육에 대한 걱정 때문에 사교육을 찾게 되고, 그 결과 사교육은 여전히 활발히 이루어지고 있다. 하지만 사교육기관이 영어교육을 제대로 하고 있는지에 대한 어떠한 검증도 없다. 그냥 학부모들은 공교육보다 사교육에 더 신뢰를 갖고 있을 뿐이다. 이것은 공교육의 위기임이 틀림없다.

정부의 영어교육 강화정책에도 불구하고 공교육기관에서는 영어교육에 대한 남다른 교수학습 방법도 찾지 못하고 가시적 효과를 내지도 못하고 있다. 그 와중에 학생들은 여전히 사교육기관에서 영어를 배우고 있다.

자본주의와 무한경쟁 사회에서 많은 시간과 비용투자는 경쟁에서 승리하게 되어있다. 부모의 부와 관심은 자녀의 영어능력을 결정하는 경쟁사회가 되고 있다. 학교영어교육이 외국어 교육이라는 틀 속에 갖춰있는데 대학이나 사회에서는 영어능력자를 우대하고 있다. 그러다보니 학부모의 자녀에 대한 바람은 중학교육 기간에 영어를 숙달해야 한다는 조바심을 야기하고 결국 이는 영어 조기교육 열풍으로 이어지고 있다.

■ 영어교육의 목적에 대한 재고와 학교교육의 대안이 필요하다.

현재 영어교육의 문제점은 무엇인가? 글로벌 인재 양성이라는 막연한 말 때문에 학부모들은 자녀 영어교육에 대한 걱정과 욕심이 날로 심해지고 있다. 다른 아이들보다 일찍 영어를 배우게 하려는 학부모들의 열기는 꺼질 줄을 모른다. 글로벌 세상을 대비해주기 위해 부모님들은 자녀들의 영어교육을 위한 대단한 열정을 보인다. 이를 받혀주는 영어에 대한 사회적 요구가 맞물려 공교육기관뿐 아니라 사교육기관에서까지 영어교육에 대한 열기가 더해지고 있다. 영어능력은 미래사회를 대비하기 위한 21세기 역량 중에 으뜸이다. 21세기 역량인 4Cs(Communication, Creation, Collaboration, Critical Thinking) 스킬 중에 가장 으뜸이 되는 글로벌 의사소통 능력의 함양을 요구한다. 이러한 점에서 본다면 정부의 의사소통 중심의 영어교육 정책은 적절한 목표라 할 수 있다.

정부가 영어공교육 정상화를 위해 지금껏 부단한 노력을 해온 것은 부정할 수 없다. 의사소통 능력향상을 위한 정부의 많은 노력에도 불구하고 학생들의 의사소통능력 및 표현능력은 그다지 향상되지 못했다.

그런데 최근에는 기술발달로 인해 자신의 의견을 표현할 공간이 확대되면서, 평가되지도 걸러지지도 않은 잘못된 영어를 접할 기회도 훨씬 많아졌다. 그러다 보니 올바른 영어정보를 찾아, 바른 사고로 올바른 영어로 쓰여진 정보를 읽어낼 수 있는 힘, 즉 뉴 리터러시 영어능력이 더욱 중요해지고 있다. 특히 인터넷 발달로 표현이 자유로워지면서 글을 쓸 수 있는 기회와 공간도 확대되고 있기 때문에 글을 쓴다는 것이 자연스러운 사회문화적 현상이 되고 있다. 컴퓨터의 보급과 인터넷의 확산으로 보통 사람들도 새로운 공간에서 영어로 쓰인 글을 읽고, 자기 생각을 영어 표현방식으로 전달할 수 있는 힘을 갖게 되었다. 리터러시 환경이 변화된 것이다. 메일, 블로그, 게시판, 댓글, 문자메시지, 홈페이지 등으로 글이나 사진을 통해 소통할 수 있는 공간이 다양해졌다. 이제는 동영상, 음악이나 음성으로도 메시지를 자연스럽게 전달할 수 있게 되었다. 누구나 영문으로 자신의 생각을 인터넷 공간에 올리기만 하면 대중과 공유하는 공적인 공간이 생기게 된 것이다.

지금까지 우리는 자신의 의사를 다양한 언어나 글을 표현하는 일은 소수 엘리트의 권한이고 특권이며 힘의 도구로 사용되었다. 특히 학자, 정치가, 산문방송 아나운서나 기자, 작가 등 소수 특권 엘리트에 의해 정보가 독점되고 일방적으로 전달되었고, 보통사람들은 그 내용을 수용하고 이해하면 되는 사회적 구조였다. 권위적 사회체계에 대해 따지고 싶어도 말로 글로 표현할 공간이 없었다. 우리는 그런 지식과 정보내용을 이해하는 데 필요한 읽기 리터러시만 갖추면 살아가는 데 그다지 큰 문제가 없었다. 즉, 보통사람은 자신의 생각을 표현하는 능력을 적극적으로 사용할 필요도 없었다. 그래서 의사소통은 말하는 것, 리터러시 능력은 읽고 쓰는 능력이라는 이분법적으로 이해하게 되었는지도 모른다.

그 결과 학생들은 의사소통 능력으로서 리터러시의 필요성을 더욱 느끼지 못했다. 자신의 생각을 표현할 기회도 적었으며, 자기의 견해, 사고, 판단을 귀담아들어 줄 사회적 글쓰기 공간도 없었다. 사회가 개개인의 표현기회를 필요하다고 느끼지 않았기 때문에 자신의 생각이나 의사를 전달할 리터러시 도구와 능력을 가질 필요도 없었던 것이다. 교육받은 소수들만이 향유할 수 있는 지배의 도구로서 인쇄매체 리터러시 활동이었기 때문에, 공교육에서 리터러시 교육을 따로 시켜야 할 필요를 느끼지도 못했을 것이다.

문제는 이러한 변화된 다양한 언어의 리터러시 상황에서 다양한 언어로 표현할 수 있는 리터러시에 대한 학교교육의 진지한 논의와 교육적 대응이 아직 미비하다는 점이다. 다양한 매체의 다양한 언어(영어와 우리말)정보를 걸러내고, 영어로 쓰인 다양한 매체 정보를 제대로 읽어내는 능력과 자신의 생각을 영문으로 표현하며, 다양한 미디어 공간에서 표현하는 방법을 학교교육에서 어떻게 다룰 것인지에 대한 심오한 고민이 있어야 할 때이다.

■ 미래 사회에 필요한 영어능력을 길러주는 교수학습 기준과 방법이 필요하다.

영어교육에 대한 잘못된 방향과 정책을 바르게 잡기 위해서는 보다 객관적이며 명확한 영어교육 수요파악이 필요하다. 미래에 개인별 영어능력이 그토록 중요하다면 학교 영어교육의 최종 목표는 과연 무엇이어야 하는지를 명확하게 규정해야 할 필요가 있다. 초등학교 영어교육의 목표가 사회가 요구하는 글로벌 세상에 대비할 원어민 정도의 의사소통 수준을 감당해 주는 데 영어교육의 목표를 둘 것인지, 이를 위해 현재 학교 영어교육 수준에서 영어교육 환경과 방법만 바꾸면 되는 것인지 등, 사회가 요구하는 인재상이 학교 영어교육만으로도 성공할 수 있는 사회적 구조와 여건으로 만들어져야 공교육에서 영어교육이 권위를 갖게 될 것이다.

현재 영어교육의 궁극적인 목표가 불분명하다. 예를들어 국가차원의 영어교육 정책이 '영어교육'에 있지 않고, '사교육비 경감'에 있다는 점이 이를 말해주고 있다. 사교육은 사회적 현상에 맞춘 자연발생적 사안인데 말이다. 국가 영어교육 정책수립 책임자들은 우리나라 영어교육이 왜 사교육 중심의 영어교육이 될 수밖에 없는지에 대한 사회현상을 인식하고, 미래 글로벌 시민으로 성장하기 위해 학생들이 어느 정도와 어느 수준의 영어능력이 필요한지, 현재 학교 영어교육의 수준은 어느 수준이며, 그렇다면 어느 수준에서 국가 차원의 영어교육과정이 수정되어야 하는지에 대해 면밀한 방안을 마련해야 할 필요가 있다. 왜냐하면, 사회가 요구하는 영어 능숙도와 그에 따른 학부모의 기대, 수준과 목표, 그리고 그에 따른 학교 영어교육 간에 상당한 차이가 있기 때문이다.

하지만 정부의 영어교육 정책에도 불구하고 초등영어 교육현장은 여전히 큰 변화를 갖지 못하고 있다. 아무리 노력해도 초등학교 영어교육 시수가 제한되고, 교사의 영어 구사력에 한계가 있다. 그리고 20명 이상의 영어수업 환경에서 의사소통을 향상시킬 방법은 그다지 긍정적이지 않아 보인다. 이러한 현실적인 교육환경이나 조건을 고려하여 초등학교 영어능력을 향상시킬 수 있는 실질적이고 현실 가능한 방안은 없을까? 이를 위한 실제적인 방안에 대해 점검이 있어야 한다. 공교육 현실에 맞는 실제적인 초등영어교육의 정책과 방안이 재정립되지 않다면 학생들의 영어능력향상은 불가능하며 사교육시장을 잠재우고 공교육을 정상화하는 교육정책은 있을 수 없을 것이다.

현실적인 교육환경 하에서 초등학교 학생들의 영어능력을 향상시킬 수 있는 방안을 찾기 위해서는 다음과 같은 사항들에 대한 점검이 있어야 한다.

1) 교사주도적 수업에 의존하기보다 학생 주도적 영어 리터러시 학습이 가능한 영어 교육 방법이 도입되어야 한다. 왜냐하면 영어교육 환경의 획기적인 변화가 없는 상황에서 의사소통 중심의 영어교육을 고집하는 것은 현실적으로 불가능한 방법이기 때문이다. 따라서 학교 교과학습의 중심이 되는 영어 리터러시 능력 향상을 위한 영어교육 정책이 현실적인 대안이라 할 수 있다.

2) 영어로 가르치는 영어전용수업이 되기 위해서는 교사의 영어구사력과 영어 리터러시 교수방법에 대한 교사교육이 우선되어야 한다. 하지만 교사들이 영어교수 방법과 스킬을 갖추고 있다 해도 학생들의 영어실력이 어느 정도 갖추어졌을 때 영어전용 의사소통 수업이 가능해진다. 때문에 먼저 학생들의 기초 영어 리터러시 능력을 일정부분 향상시킬 수 있는 방안을 찾는 것이 더욱 현실적인 대안이 될 수 있다.

3) 원어민 교사나 초등영어 교사를 효과적으로 활용하는 방안은 영어수업보다는 학생들의 학교활동에서 영어사용을 다양한 리터러시 활동으로 유도하는 것이 효과적일 수 있다. 다양한 리터러시 활동을 통해 학생들에게 영어 노출 양을 확대할 수

있기 때문이다. 이를 위해 학교자체의 영어 리터러시 교수학습 방안을 마련하는 것이 더욱 시급하다.

4) 학생들이 다양한 매체텍스트를 읽고, 이를 자기 생각으로 표현하는 뉴 리터러시 학습활동을 이끌어야 한다. 다양한 매체의 영어 리터러시 능력을 갖출 수 있고 평가할 수 있는 초등학교 영어 리터러시 능력평가 항목을 만들어야 할 필요가 있다. 특히 뉴 리터러시 학습활동을 통해 학생들은 비판적 사고능력과 창의적 표현능력을 갖추게 된다. 이를 위해 초등학교 학생들의 영어 리터러시 능력을 향상시키기 위한 시대변화에 맞는 인문학 접근의 초등영어 리터러시 교육 프로그램 개발이 절실하다.

5) 학교 내 영어체험 시설을 갖추거나 지역사회와 연계한 학교에서 멀지 않은 곳에 영어체험 시설을 두고서, 학교 영어 리터러시 교육 프로그램과 연계하여 학생들이 영어사용의 기회를 가능한 많이 갖도록 이끌어야 한다.

정부의 영어교육 정책을 바탕으로 학교도 사회적 현상을 고려하고 영어교육 수요자들의 요구에 맞는 실질적인 영어교육 방향과 목표를 설정하고 이를 달성하도록 노력해야 한다. 초등학교 학생들의 영어능력 향상을 위해 학교 영어교육 관련자들이 함께 합의를 이끌어내야 할 사항은 첫째, 사회적 현상에 따른 학부모의 니즈에 맞는 영어교육의 최종목표가 무엇이며, 둘째, 영어교육 목표와 기준에 도달하기 위해 학교 영어교육과정은 어디까지 할 수 있는지를 결정하는 일이다. 만일 학교 영어교육과정이 이 목표를 달성하지 못하면 영어를 향한 사회적 현상을 무시하는 처사가 된다. 때문에 이런 학교의 영어교육은 지역사회에서 설자리를 영영 잃게 될 것이다.

결국 초등학교 영어교육의 궁극적인 문제는 사회적 현상에 맞는 학생들의 영어능력 달성과 효과성에 대해 누가 책임을 질 것인가의 문제이다. 국가차원의 학교 영어교육방향은 우리말 교과학습과 영어교과 학습 간 주제를 중심으로 통합학습이 이루어지는 방향으로 미래 영어교육 정책이 수립되어야 한다. 세계 교육동향도 교과 간 융·복합 교육을 지향한다. 이는 인문학과 자연과학의 융합학습을 추구한다. 하지만 많은 경우 과학 분야의 융·복합 학습이 주를 이루면서 인문학은 설자리를 잃어가고 있다. 사람들의 삶과 직접적인 관련이 있는 인문학 접근의 융·복합 학습은 인문학 분야에서는 오래된 바람이었다. 최근 뉴 리터러시 교육은 인터넷 학습환경과 리터러시 교육을 교과학습과 융합하고, 이를 교과학습과 연결하는 교육으로 인문학 접근의 다양한 교과학습을 주제로 융·복합되는 교육을 실현한다. 초등영어 리터러시 교육의 차세대 모습은 바로 이러한 교과학습을 주제로 융·복합된 뉴 리터러시 교육이 될 것이다. 뉴 리터러시 교육은 21세기에 필요한 역량으로 다양한 언어능력, 교과학습능력과 뉴 리터러시 역량을 길러주는 차세대 초등영어 리터러시 교육이 될 것이다.

1998년 초등학교에 영어가 처음 도입된 이래, 교육시간이나 교육방법론 등에서 많은 변화가 있어왔다. 최근에는 다양한 교과목이 교과주제를 중심으로 통합교과로 변화되었다. 이런 교과 간을 넘나드는 변화의 노력에도 불구하고 영어교육이 달라질 수 있는가의 문제는 여전히 과제로 남아있다. 영어교육은 교과서의 글귀나 문서의 내용이 바뀐다고 교육내용이 달라지는 것이 아니다. 교육현장에 있는 교사의 훈련과 교육을 통해서만이 달라질 수 있다. 기술발달로 인한 사회변화, 교육환경과 교육방법의 변화시도에도 불구하고 영어교육을 둘러싸고 벌어지는 영어 공교육과 영어 사교육의 숨바꼭질은 여전하다. 결국 영어교육 관계자들 간 목표와 대안도 다르고 방법도 각양각색이라서 영어교육 수요자인 학부모와 학생들은 누구 말을 믿어야 할지 갈팡질팡하며 대치동 학원가 여기저길 찾아 헤매고 있다. 영어교육에서 가장 근본적인 문제는 바로 영어교육을 어떻게 가르칠 것인가의 문제이다. 그리고 학부모나 학생들이 영어교육을 어떻게 받아들일 것인 가하는 영어에 대한 사회구조적인 관념문제이기도 하다. 실용적인 면으로는 사회구조적으로 영어를 어떻게 사용할 것인가의 관점에서 영어교육의 방향과 정책이 수립되어야 한다. 영어교육의 방향은 영어교육의 수요자의 니즈를 정확히 파악하고 미래사회에서 필요한 역량으로서 영어교육, 그리고 사회구조적 관점에서 실행가능하고 효율적인 영어교육 목표와 실행이 필요하다.

〈영어교육에서 근본적인 문제〉

| 교육방법의 문제 | 영어교육을 어떻게 가르칠 것인가? |
|---|---|
| 영어에 대한 사회구조적 관념의 문제 | 사람들이 영어교육을 어떻게 받아들일 것인가? |
| 실용적인 문제 | 사회구조적으로 영어를 어떻게 사용할 것인가? |
| 영어교육의 방향과 정책수립의 문제 | 미래사회에서 필요한 역량으로서 영어교육의 방향과 정책인가? |
| 영어교육 수요자의 니즈 파악문제 | 영어교육의 수요자와 영어능력자의 수요자의 니즈가 정확히 파악되었는가? |
| 영어교육 목표와 실행의 문제 | 사회구조적 관점에서 실행 가능하고 효율적인 영어교육 목표가 실행되고 있는가? |

영어교육 환경, 학생들의 수준과 다양한 평가 및 사회의 요구에 부응하기 위해 영어를 가르쳐야 하는 이유는 많다. 영어교육이 학교, 사회, 그리고 학생 자신에게 주는 의미도 크다. 영어교육정책, 그에 맞는 교수학습 방법의 필요성, 교사교육 등 우리나라 영어교육이 가야할 길은 멀다. 하지만 교과학습과 디지털매체읽기를 통한 뉴 리터러시 영문읽기 리터러시 교수학습 방법으로 산재된 우리나라 영어교육 문제를 해결해 볼 수 있다. 인터넷을 항해하며 마주치는 정보들은 영문읽기 능력을 요구한다. 다양한 매체읽기를 쓰기로 연결하고, 이해능력을 표현능력으로 연결해 줄 수 있는 뉴 리터러시 영문읽기 리터러시 교육을 하면 학생들의 영어능력과 미래 역량, 두 마리 토끼를 모두 잡을 수 있을 것이다.

이렇듯 디지털매체 영문읽기 리터러시 학습을 해야 하는 이유는 그 외에도 다양하다.

• 다양한 매체 영문읽기는 정보접근성이 있다. 인터넷 정보의 80% 이상이 영어로 쓰여져 있다. 다양한 매체 영문읽기는 글로벌 세상과 자신의 삶을 연결하고 이해하는 데 도움을 준다. 다양한 매체 영문읽기를 통해 최근 사건, 컴퓨터나 다양한 교과목과 관련된 자료 등에 대해서도 읽어낼 수 있다.

• 다양한 매체 영문읽기는 삶을 즐기게 해준다. 다양한 매체 영문읽기는 즐거운 엔터테인먼트이다. 스포츠 글을 읽을 수도 있고, 유명 가수나 스타들의 인터뷰기사도 읽을 수 있고, 인기 소설도 읽을 수 있고, 관심있는 분야의 잡지도 읽을 수 있다. 이렇듯 다양한

매체 영문읽기는 자신이 좋아하고 관심있는 주제에 대한 글을 읽음으로써 재미를 준다.

• 다양한 매체 영문읽기는 삶에 의미를 부여해준다. 다양한 매체 영문읽기를 함으로 써 의미있는 편지를 나눌 수 있고, 역사적 다큐를 읽을 수도 있으며, 굉장한 아이디어나 새로운 사실들을 가져올 수도 있다. 무엇에 관심을 갖는가에 따라, 다양한 매체 영문읽기는 학생들의 삶에 의미있는 것들을 가져다주고 배우게 해준다.

• 다양한 매체 영문읽기는 깊은 사고를 하게한다. 다양한 매체 영문읽기는 학생들의 사고와 마음을 넓혀준다. 영문읽기는 사고과정과 상상력을 펼치도록 도와준다. 다양한 매체 영문읽기를 통해 학생들은 그동안 믿고 있던 것들에 대한 확인과 궁금한 것들에 답을 찾게 해주고, 삶을 이끄는 최선의 방법이 무엇인지에 답을 찾도록 도와준다.

• 다양한 매체 영문읽기는 아름다움을 창조한다. 잘 쓴 글, 잘 쓴 이야기, 잘 쓴 논문이나 시를 다양한 매체에서 영문읽기로 한다면 기쁘고 행복해 질 수 있다. 아름다운 그림에서 색깔에 감사하듯, 어떤 작가의 글의 스타일을 좋아하게 된다. 작가는 단어유희를 통해 하나의 예술을 창조할 수 있기 때문이다.

• 다양한 매체 영문읽기는 재미와 편안함이다. 다양한 매체 영문읽기는 이야기하듯 편안함을 준다. 다양한 매체 영문읽기는 길을 가다가 신호등이나 간판을 자연스럽게 읽게 해준다. 신문 대 앞을 지나치다 영자신문기사 제목이나 헤드라인을 힐끔 보게 해준다. 광고판에 있는 영화제목이나 음식이름 등도 부담 없이 읽을 수 있게 해준다. 다양한 매체 영문읽기는 공부가 아니라 편안한 삶의 습관이 된다.

# 2 뉴 리터러시 영문읽기는 어휘군 읽기다

드디어 다양한 매체 영문읽기를 시작해보자.

영문단락읽기에 앞서 우선 영어문장(영문)읽기를 위한 방법과 전력을 살펴보자.

의사소통의 가장 기본단위는 바로 의미단위 청크(어휘군)가 나열된 문장이다. 영어교육에서 가장 중요한 것은 의미를 전달하는 기본단위, 청크(Chunks : 둘 이상의 단어가 하나의 의미를 가진 어휘군: 이후 의미단위 또는 청크로 명함)이며, 의미단위 청크가 영어어순에 의해 이어지는 문장학습이다. 학생들은 의미전달의 기본단위인 영어 의미단위 청크나 문장을 통으로 익히게 하는 것이 효과적인 영문읽기 학습방법이 될 수 있다. 하지만 학년이 올라갈수록 영문에 수식어귀가 연결되어 길어지게 되므로, 영문을 통으로 학습하기가 어렵다. 때문에, 영문에 녹아있는 의미단위 청크로 어휘학습을 하는 것이 효과적이다.

영문의 의미단위 청크나 문장단위를 어떻게 학습할 것인가? 전통적인 문법해석 교수법(Grammar Translation Method)에서는 영어문장은 5가지 문형 구조(혼비는 29가지 패턴으로 나누기도 함)에 적정한 단어, 구, 절을 대입하여 영어문장이 구성된다고 가르쳤다. 그래서 문법이라는 틀을 따로 배우고, 단어를 문맥과 상관없이 독립적으로 암기하거나 잘 써진 문장을 단어와 문법으로 따져보는 것이 진정한 영어공부라고 착각하는 오류를 범해왔다. 이는 맛있는 음식을 조리하기 위해 조리법을 적어두고 여러 재료와 양념을 각각 따로 준비해두고 맛있는 음식이라고 말하는 경우와 비슷하다. 그런데 최근 영어문장을 어휘적접근(Lexical Approach)에 근거하여 설명한 신문법은, 영어문장은 다양한 어휘군, 즉 의미단위 청크들이 고유한 영어어순에 의해 이어지는 것이라고 규정하고 있다.

전통문법에서는 영어문장은 일정한 문장구조(문장의 5형식)를 갖추고 그 구조에 적정한 어휘들을 끼워 넣어 문장으로 표현되는 것이라고 믿었다. 때문에 문장에서 사용된 문법 따지기를 강조하였다. 하지만 최근 신문법에서는 영어문장은 하나의 의미를 이루는 단위, 청크(Chunks)들이 고유한 영어어순에 의해 이어지면서 의미를 표현한다는 점을 강조한다. 하지만 전통문법에 익숙한 대부분의 교사들은 구문법과 신문법의 차이점을 잘 감지하지 못한다. 아니면 신문법을 전통문법으로 해석하고 여전히 학생들에게 어휘를 독립적으로 1(영어):1(우리말) 암기하도록 권하고 있다. 또한, 암기된 어휘로 글을 읽거나 쓸 때 문장의 틀에 끼어 맞춰 보도록 요구한다. 하지만 영문읽기를 잘하기 위해서는 무엇보다 먼저 영문의 고유한 어순이 어떻게 이어지는지를 감각적으로 느끼고 자동화되게 훈련시켜주는 것이 매우 중요한데 말이다. 그리고 영문에서 의미단위 청크들이 고유한 어순에 의해 이어진다는 영문지식이 청크 의미에 관한 지식 못지않게 중요하기 때문이다. 그런데 안타깝게도 교사를 잘못 만난 학생들은 여전히 '어휘실력 따로, 영문읽기실력 따로' 라는 인식을 갖고 있다. 그리고 낱개어휘 암기와 문제풀이 읽기가 영문읽기 목표라는 생각을 갖고 있다. 영어를 잘 안다는 교사나 전문가들조차도 말하고 쓰는 영어는 사람들이 고유의 감각, 양식, 취향에 따라 감각적으로 표현하고 역어내는 것이지, 암기된 지식의 나열이 아니라는 애매모호한 설명만 계속하고 구체적인 영문읽기 학습전략과 방법을 제시해주지 못하고 있다.

다시 돌아와, 영문읽기가 잘 안 되는 이유는 단어와 문법을 문장이나 문맥과 상관없이 독립적으로 영어단어와 우리말의미를 1:1로 연결하며 암기하고 해석하며, 이를 영문읽기와 연결시키지 못했기 때문이다. 영어어휘를 어휘 책에서 영어=우리말(1:1)의 의미로 문맥과 상관없이 독립적으로 암기하면, 어휘군의 연결로 이루어진 영문을 감각적으로 받아들이는 데 그다지 도움이 되지 않는다. 어휘와 문법공부는 그 자체가 학습결과라기보다는 듣고, 말하고, 읽고, 쓰기를 잘하기 위한 양념들에 불과하다는 점을 인식해야 한다. 다시 말해 어휘공부는 읽기준비 단계에 하는 학습활동이 되는 것이다. 양념이란 다른 여러 재료와 잘 섞이고 각 재료들에 잘 베어야 음식에 제대로 맛을 내 주듯, 어휘나 문법공부를 잘 해두면 다양한 매체 영문읽기와 쓰기를 할 때, 이들이 영문에서 다른 어휘들과 어떻게 어우러져 독특한 의미를 전달하는지를 감각적으로 느낄 수 있게 해준다. 어휘학습은 낱개 어휘와 의미를 연결하여 암기하기보다 하나의 의미덩어리, 즉 청크로 암기하는 것이 효과적이다. 이들 의미단위 청크가 잘 녹아진 문장을 적절한 상황에서 어떻게 사용되는지를 자연스럽게 받아들여야 한다. 그리고 의미단위 청크들이 자연스럽게 녹아있는 다양한 매체 영문들을 큰 소리로 여러 번 읽거나 입에서 자동화될 수 있도록 청크단위로 암기하는 것이 필요하다(뉴 리터러시 교육, 2014).

영어교육 방법에 관한 강의를 하다 보면 학생이나 학부형들 뿐 아니라 교사들로 부터 어휘지도 방법에 관한 여러 질문들을 자주 받게 된다. 다음의 질문들에 스스로 답을 해 보도록 한다.

1. 어휘를 얼마나 알아야 합니까?
2. 모르는 어휘는 문맥을 통해서 자연스럽게 익혀지는 것이 좋다는데, 어휘를 따로 개별적으로 암기 할 필요가 없다는 말인가요?
3. 어휘를 하나하나 따로 암기하는 것이 과연 필요한 어휘학습 방법일까요?
4. 영문읽기를 하기 전에 지문 속 단어들을 먼저 학습하는 것이 좋은 방법인가요?
5. 영문읽기를 할 때 모르는 단어가 나오면 단어를 찾아가면서 지문을 읽어가는 것이 좋은가요, 아니면 지문을 다 읽고 나서 나중에 모르는 단어를 찾아 학습하는 것이 좋은 방법인가요?
6. 모르는 어휘를 익히는 방법으로 사전을 사용하는 것이 좋은 방법인가요?
7. 전자사전을 이용하는 것이 학생들의 어휘학습에 도움이 되나요?
8. 학생들에게도 원형, 접두사, 접미사를 익히는 것이 어휘학습에 도움이 되나요?

어휘는 학생들이 특정주제에 대한 인쇄매체나 디지털매체의 글을 읽고, 이해하고, 생각을 연결하고, 새로운 아이디어를 창출하고, 자신의 생각이나 감정을 다른 사람들에게 쓰고 말하도록, 즉 표현하도록 도와준다. 이렇듯 어휘들은 다양한 매체읽기에서 의미를 파악하게 도와준다. 그리고 다양한 매체 영문을 이해하고 표현할 때 가장 기본이 되는 단위이기도하다. 어휘가 없다면 어떤 영어표현도 이해도 할 수 없으며, 어떤 상황이나 생각을 표현해 낼 수도 없다. 이렇듯 어휘는 다양한 정보를 읽고, 배우고, 누군가에게 자신의 생각이나 감정을 표현하도록 도와주는 기본단위이다. 어휘가 없으면 어떤 것도 할 수 없다. 영문으로 쓰인 글이 어떤 교과주제이든(과학, 사회, 문화, 수학, 예능 등), 어떤 유형의 글이든(픽션, 논 픽션, 그래픽이나 다른 장르 글), 글의 내용을 이해하기 어려운 이유는 어렵고, 익숙하지 않거나 모르는 어휘를 접하기 때문일 때가 많다.

학생들은 가끔 어휘를 귀중한 물건 소장하듯, 소중히 보관만 해두는 경향이 있다. 새롭고, 어려운 단어들을 소중히 정리하는 것은 매우 중요한 어휘학습 활동이다. 그런데 어휘는 잘 정리하여 어딘가에 보관해두는 소장품이 아니라, 영문을 이해하고 사용하는데 자주 사용되어야하는 영문의 주재료이다. 어휘력은 영어학습의 마중물(priming water) 같은 것이다. 골프나 피켜 스케이트를 잘하기 위해서는 숨쉬기, 근육훈련이나 특별한 기술과 집중력 등 기초 체력훈련과 정신훈련을 튼튼히 다져야 스포츠의 정상수준에 도달할 수 있는 것과 같다. 기초체력 같은 어휘력을 충분히 갖추어야 영문읽기를 잘 읽고, 잘 이해하고 잘 표현할 수 있게 된다. 영문을 읽고 이해하는 데 새로운 어휘나 모르는 어휘들을 만나게 되면 대부분의 학생들은 그냥 넘겨버리고 지나가는 경우가 있다. 하지만 어휘에 대한 정확한 이해가 없으면 문맥을 정확하게 이해하기 어렵다는 점을 명심해야 한다.

우리나라 같은 영어를 외국어로 학습하는 환경에서 영어학습은 많은 암기를 필요로 한다. 어휘를 안다는 의미는 그 어휘를 영문에서 자연스럽게 사용할 수 있을 때, 진정으로 그 어휘를 안다고 말할 수 있는 것이다. 어휘를 안다는 것은 의미를 설명하는 것도 우리말로 뜻을 아는 것이 아니라, 영문을 쓸 때나 다른 사람들과 대화를 할 때 자연스럽게 표현의 도구로 사용할 수 있다는 것을 의미한다. 어휘학습은 어휘나 의미를 말하는 것뿐 아니라 구체적으로 사용을 아는 것이어야 한다. 그래서 어휘학습을 했다고 말하기를 잘하기는 쉽지 않다. 그런데 어휘에 따라서는 바로 암기되는 것이 있는가하면, 아무리 반복하고 노력해도 암기가 안 되고, 금방 잊어버리는 어휘들이 있다. 그래서 어휘학습은 문맥에서 사용되는 상황이나 쓰임을 통해 배워지는 것이 효과적이다. 또는 어휘를 독립적인 의미로 암기하기보다는 서로 관련성을 가진 어휘들을 한꺼번에 익히는 것이 더 효과적인 어휘학습이 될 수 있고, 더 깊은 의미를 익힐 수 있다.

그렇다면 어휘학습은 어떻게 해야 할까? 많은 학자들은 어휘학습은 수준이나 용도에 따라 나누어 학습하는 것이 효과적이라고 말한다(Gunning, 2005).

1단계로 가르치는 어휘들은 일상생활에서 자주 반복적으로 사용될 수 있는 대화문에서 사용되는 어휘들이나, 교과학습에서 자주 접하게 되는 영문에서 흔히 사용되는 어휘들을 정리하여 지도하는 것이 효과적이라고 제안한다. 1단계에서 가르쳐지는 대부분의 어휘들은 학생들이 생활회화 구문들에서 자주 접했던 바로 그 단어들(Conversational vocabulary)이다. 주로 아침부터 저녁까지 일상적인 의사소통에 필요한 어휘들로 외국어로서 영어를 학교환경에서 처음 배울 때, 교과서 회화문에서 반복해서 등장하게 되는 어휘들이다. 하지만 1단계 어휘학습만으로는 더 심오한 영문을 익히는 데 한계가 있다.

2단계 어휘학습은 교과관련 인쇄매체나 디지털매체읽기를 통해 접하게 되는 어휘들이다. 이러한 어휘들은 교과학습에 필요한 어휘들로서 학문적 어휘(Academic Vocabulary/Instructional Vocabulary)라고 분류할 수 있다. 교과내용 수업에서 필요하고, 학교 교과수업을 따라가기 위해 교과주제 관련 디지털매체읽기 과제를 하면서 접하게 되는 어휘들로서 학생들에게는 꼭 필요한 어휘들이다.

3단계 어휘학습은 특별한 전문분야와 관련된 어휘들로서 기술적인 어휘들이나 숙어나 은어 등이 모두 3단계 어휘들에 속한다. 예를 들어 '계산(calculation)'같은 단어는 학생들의 사용목적이나 교과학습 확장으로 디지털매체읽기를 하는 경우에 따라서는 기술적이고 전문분야의 어휘들이긴 하지만, 때에 따라서는 1단계 어휘, 2단계 어휘, 또는 3단계 어휘군으로 학습될 수도 있다.

　4단계 어휘학습은 흥미있고 궁금한 어휘이긴 하지만 거의 상용되지 않는 어휘군들이다. 교과학습이나 전문분야와도 상관이 없고, 교과학습 관련 다양한 디지털매체 영문읽기의 경우에는 거의 사용되지 않는 어휘들이다. 예를 들어, 야간 사건기록(noctuary)이란 어휘 같은 것들이다. 이런 어휘들이 학교 언어수업에서 영어형태소를 설명하는 경우에 사용될 수도 있다. 4단계 어휘학습은 학생들의 흥미와 관심을 유발시켜 학생들의 어휘지도에 동기를 부여하는데 사용될 수 있는 어휘들이다.

　학교 교과학습에서는 2~3단계 어휘를 책임지고 가르쳐야 한다. 교과 내용중심 학습을 이끌고 있는 교사들은 3단계 어휘지도에도 특별히 관심을 가져야 할 필요가 있다. 이와 관련하여 www.wordsorting.org는 어휘학습 범위를 학년별 분류하여 지도하도록 예시하고 있다.

〈학년별 어휘지도 상관표〉

|  | K | G1 | G2 | G3 | G4 | G5 | G6 | G7 | G8 | G9 | G10 | G11 | G12 |
|---|---|---|---|---|---|---|---|---|---|---|---|---|---|
| 알파벳 음이름 | ■ | ■ | ■ | ■ | ■ |  |  |  |  |  |  |  |  |
| 어휘 |  | ■ | ■ | ■ | ■ | ■ | ■ | ■ |  |  |  |  |  |
| 음절연결 |  | ■ | ■ | ■ | ■ | ■ | ■ | ■ | ■ | ■ | ■ | ■ | ■ |
| 파생관계 |  |  |  | ■ | ■ | ■ | ■ | ■ | ■ | ■ | ■ | ■ | ■ |
| 반대어휘 |  |  |  | ■ | ■ | ■ | ■ | ■ | ■ | ■ | ■ |  |  |
| 뉘앙스 |  |  |  |  | ■ | ■ | ■ | ■ | ■ | ■ | ■ |  |  |

• 어휘학습에서는 학생들을 어휘수집가가 되도록 이끄는 것이 필요하다.

　알아야 할 새로운 어휘를 다양한 매체 영문에서 읽을 때, 노트나 어휘수첩에 적어두는 것이 중요하다. 언제 어디서 그 어휘가 사용되었는지, 다시 그 어휘를 찾을 수 있도록 책제목, 어떤 과목이나 주제에서 사용된 어휘인지 그리고 그 어휘가 쓰인 어휘와 페이지를 적어두면 어휘사용을 다시 복습하거나 반복할 때 도움이 된다.

<다양한 매체 영문읽기에서 마주치는 새로운 어휘수집 작성법>

| Date | 3월 14일 | | Subject | Social Study : people & place |
|---|---|---|---|---|
| Words | | Page | Meaning | |
| suburbs | | p.44 | | |
| grassy | | p.44 | | |
| valley | | p.46 | | |

| Date | 3월 24일 | | Subject | Science : describing matters |
|---|---|---|---|---|
| Words | | Page | Meaning | |
| solid | | p.218 | | |
| liquid | | p.220 | | |
| dissolve | | p.225 | | |

　다양한 매체 영문읽기를 할 때 정리해 둔 어휘들의 정의나 의미를 적어보도록 한다. 인쇄매체인 영어책이나 인터넷에서 찾은 디지털매체 영문읽기를 할 때 찾은 새롭고 익숙하지 않은 어휘들이 사용된 방식과 관련된 의미들을 적어보도록 한다.

| Date | 3월 14일 | | Subject | Social Study : people & place |
|---|---|---|---|---|
| Words | | Page | Meaning | |
| urban | | p.44 | [형용사] (주로 명사 앞에 씀) 도시의, 도회지의 ≠*rural* *urban renewal/regeneration* 도시 재개발 | |
| suburbs | | p.46 | 교외 邊—*suburb*(s), *outskirts*, (Am, inf) *the burbs* *live in a suburb* 교외에 살다 | |
| grassy | | p.44 | grassy 미국식 [ |ɡrǽsi] 영국식 [ |ɡrɑːsi] [형용사] 풀로 덮인 | |
| valley | | p.46 | valley 미국·영국 [ |vǽli] [명사] 계곡, 골짜기 *a small town set in a valley* 계곡에 자리잡은 작은 마을 | |

• 교사는 각 어휘들에 대해 사전이나 용어집을 사용하면서 의미를 파악하도록 학생들을 이끌어야 한다. 어휘의미를 파악하고 그 어휘가 문장에서 어떻게 사용되고 있는지를 찾아 적어두도록 하는 것이 중요하다. 그리고 그 어휘와 관련된 어휘들의 사용도 함께 적어두는 것이 후에 도움이 된다.

> urban 미국식 [l3:rbən]  영국식 [l3:bən]
> In some **urban areas**, tall buildings rise into the sky. **Urban area** is another name for city. Building are close together in cities. There may be little space for grassy yards. Children play in city parks.
> Some people live in **suburbs**. A **suburb** is a community near a city. Spring Valley is a suburb of San Diego.

• 어휘능력을 갖추기 위해서는 어휘카드(3x5 인덱스카드) 앞면에는 새로운 어휘를 적고, 뒷면에는 어휘의 의미나 사용된 문장이나 문맥을 적어 수시로 암기할 수 있도록 하면 어휘력 향상에 도움이 된다.

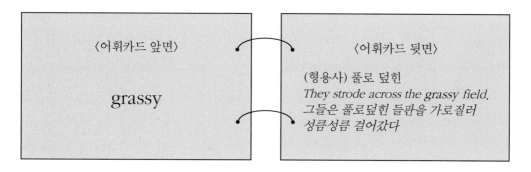

영어어휘들은 다양한 형식과 다양한 의미를 가지기 때문에 정확한 의미를 찾기가 쉽지 않다. 그래서 영어어휘들의 의미를 암기하는 데 도움이 되는 방법을 제안한다.

• 어휘가 쓰인 상황을 돌이켜보는 것이 도움이 된다. 그 새로운 어휘를 어디서 찾았는지, 책과 페이지를 적어둔 곳을 다시 찾아보면 의미파악이 쉬워진다. 영문을 쓴 사람이 그 단어를 사용했던 방식이나 표현에 대한 아이디어를 얻기 위해 그 어휘가 쓰인 문장이나 표현들을 다시 읽어보면 이해가 쉬워진다. 새로운 어휘나 표현들에 대해 자기자신의 어휘나 문장으로 그 어휘의 의미와 사용을 작성해보는 것이 어휘학습으로서 가장 좋은 방법이다. 새로운 어휘를 자신의 문장으로 다시 써보면 그 어휘에 대해 보다 정확한 의미를 이해할 수 있게 된다. 미국 초등학교 교과수업에서는 그날 배운 새로운 어휘들을 사용하여 자신의 문장(make your own sentence)을 만들어 보는 과제가 매일 주어진다. 이는 그 날 교과수업에서 배웠던 새로운 어휘들이 사용된 방식과 관련된 의미를 자신의 의미로 다시 작성해보는 어휘 활동으로서 매우 효과적인 어휘학습 방법이 된

다. 그래서 미국 초등학교에서 어휘학습은 모든 교과학습에서 그날 배운 새로운 어휘 5개를 학생 자신의 문장으로 다시 써보도록 하는 과제가 매일 주어지는 것이다.

• 어휘학습으로 또 하나의 방법은 새로운 어휘에 대해 스스로 암기하기에 도움이 되는 한두 가지 다른 정의를 써보도록 하는 것이 추후 영문읽기를 할 때 도움이 되고, 더 폭넓은 의미를 이해할 수 있게 해준다.

우리나라 같은 영어를 외국어로서 교실에서 교과목으로 배우는 경우, 영어어휘 학습의 최종 목표는 자동화하거나 영구적으로 기억되도록 암기하는 것이다. 하나의 어휘를 자동화될 정도로 암기하기 위해서는 7~8차례 반복이 되어야 암기된다. 하지만 어휘를 자동화되고 영구적으로 암기하는 최선의 방법은 바로 자신의 글에서 그 어휘를 여러 번 사용하는 것이다. 새로운 어휘가 영구적인 자신의 어휘가 되도록 하기 위한 어휘학습 방법을 소개한다.

• 매일 하루에 10분~15분 정도 어휘집을 옆에 두고 챙겨보도록 한다.

• 어휘집을 복습할 때마다 어휘집에 정리된 모든 어휘를 매번 복습하기보다는 다양한 어휘들 중 한 번에 복습할 어휘들을 골라서 복습하는 전략이 필요하다. 어휘들 중에는 잘 암기되는 어휘가 있고, 여러 번 봐도 매번 잘 기억되지 않은 어휘들도 있다. 그래서 쉽게 암기되는, 또는 이미 암기된 어휘들을 표시해두고, 자주나 가끔 놓치게 되는 어휘들을 중심으로 반복하도록 한다.

• 어휘를 큰 소리로 읽으면서, 어휘의 의미와 예문들을 다시 읽고 암기해 보도록 한다. 어휘를 다시 큰 소리로 읽고, 의미와 예문을 2~3번 정도 다시 읽는다. 특히 어휘의 의미를 정확하게 기억하지 못하면 몇 번 더 반복하도록 한다.

• 어휘를 암기하고자 한다면 먼저 어휘의미를 점검하고, 이미 아는 어휘는 v표시를

해두고 다음으로 넘어가도록 한다. 자동화되도록 다시 점검해야 할 어휘들이나, 공부가 더 필요한 어휘들을 중점적으로 반복한다. 이미 의미를 아는 어휘들은 옆에 챙겨두고 암기되지 않은 어휘를 중심으로 암기한다.

• 어휘들을 문장에서 사용해보도록 하는 것이 중요하다. 그 어휘를 자신의 문장으로 다시 사용해보는 것이 어휘학습의 최종목표이다.

이미 암기된 어휘와 암기가 잘되지 않은 어휘 리스트를 점검할 때, 오른 쪽 1, 2, 3차 점검표를 만들어 1차 때 이미 암기된 어휘인 경우는 V표시를 해두고, 2차 때는 V표시가 되어있지 않은 어휘들을 중심으로 먼저 점검한다. 마지막에 V된 어휘들을 다시 한번 확인하는 것이 효과적인 어휘 방법이다.

| Words | Page | Meaning | Checking | | |
|---|---|---|---|---|---|
| | | | 1 | 2 | 3 |
| urban | p.44 | [형용사] (주로 명사 앞에 씀) 도시의, 도회지의 ≠*rural*<br>*urban renewal/regeneration* 도시 재개발 | V | O | |
| suburbs | p.46 | 교외 邊−*suburb*(s), *outskirts*, (Am, inf) *the burbs*<br>*live in a suburb* 교외에 살다 | V | V | O |
| grassy | p.44 | grassy 미국식 [ⅼgræsi] 영국식 [ⅼgrɑːsi]<br>[형용사] 풀로 덮인, grassy plain 초원지대 | V | V | O |
| valley | p.46 | valley 미국 · 영국 [ⅼvæli] [명사] 계곡, 골짜기<br>*a small town set in a valley* 계곡에 자리잡은 작은 마을 | O | | |

새로운 어휘집을 만들어 습관적으로 지하철에서나 화장실에서나 수시로 점검하면 새로운 어휘를 쉽게 자주 익히게 되어 어휘학습의 습관이 될 수 있다. 어휘를 많이 알면 영문읽기 능력도 향상될 수 있다. 그리고 새로운 어휘가 자신의 어휘력이 되도록 하고자 한다면 대화나 글쓰기에서 새로운 어휘를 사용하는 습관을 가져야 한다. 사고하면서, 말하면서, 글을 쓰면서 새로운 어휘들을 많이 사용하게 되면 새로운 어휘가 학생자신의 일상용어가 되는 일은 머지않다.

무엇보다, 교과수업에서 교사는 학생들이 어휘를 사용하여 영문을 만들어보는 어휘활동을 해보도록 한다. 이는 학생들의 어휘학습 동기가 될 수 있다. 연구자가 초등학교 교과수업을 영어로 실시하는 영어 이머전 교육 디렉터를 할 때, 모든 교과영어 수업에서 이러한 핑퐁(연구자가 지은 어휘학습활동의 이름) 어휘학습활동을 하도록 했다. 그 효과는 학생들의 어휘학습에 놀랄만한 동기부여가 되었고, 3개월 정도 지나서 어려운 교과학습의 어휘들은 척척 사용하며 문장을 만드는 학생들이 많아졌다. 또한, 교과학습에서 교사가 하는 질문에 답을 할 때 학생들이 이러한 어휘들을 사용하도록 시도해보면, 처음에는 어려움을 느끼겠지만, 3개월이 지나면 학생들의 어휘력이 놀랄 만큼 성장해있다는 것을 알게 된다. 친구들이나 부모님들과 이야기할 때, 때론 혼자 길을 걸을 때나, 화장실에 있는 경우, 차를 타고 다닐 때도 모든 상황을 상상하며 이러한 단어를 사용하면서 자신의 말로 표현해보는 시간을 갖는 것이 어휘학습에 매우 효과적이다.

어휘학습은 습관이 매우 중요하다. 학교에서 교사의 질문에 답을 할 때 이러한 어휘를 사용하고, 과제를 할 때나 문장이나 단락 쓰기를 할 때도 새로운 어휘를 사용하려는 노력이 필요하다. 교과주제 관련 다양한 매체읽기를 하는 뉴 리터러시 학습에서도, 이러한 새로운 어휘들을 자주 접하게 된다. 학생들은 교과학습에서 배웠던 어휘들을 정리해 두면, 다양한 매체읽기에서 이러한 어휘들을 다시 만나고 그 의미를 생각해낼 수 있다. 무엇보다 학생 스스로가 이러한 어휘들에 대한 새로운 뭔가를 배울 수 있다는 태도가 필요하다.

새로운 어휘거나 모르는 어휘들을 소개하는 어휘지도 방법이나 기술들은 다양하다. 수업 절차상 다양한 어휘학습 활동들을 통해 학생들에게 효과적인 어휘지도를 할 수 있다. Gunning(2005)은 어휘학습으로 단계별로 필요한 어휘들을 지도하는 방법보다는, 어휘지도 원칙에 따라 7가지 어휘지도 기술들을 정리해준다. 교사들은 Gunning이 제안하는 어휘지도 절차에 따라 적절한 어휘지도 방법을 선택하여 어휘지도 시 사용하길 바란다. 그리고 학생들이 영문읽기를 하거나 일상생활에서 우연적으로 만나는 어휘들을 스스로 익힐 수 있도록 어휘학습 전략사용을 위해서도 체계적인 어휘지도가 이루어질 필요가 있다.

Gunning이 제안하는 7가지 어휘지도 원칙은 다음과 같다.

1. 경험을 통해 배경지식을 쌓도록 한다. (Building Experiential Background)

2. 어휘와 배경지식을 연관지어 가르친다. (Relating Vocabulary to Background)

3. 어휘들 간 관련성을 만들어 지도한다. (Building Relationship)

4. 어휘에 대한 또 다른 깊은 의미를 쌓도록 지도한다.

   (Developing Depth of Meaning)

5. 어휘들을 여러번 노출시켜야 한다. (Presenting Several Exposures)

6. 어휘들에 대한 흥미를 창출하도록 한다.(Creating an Interest in Words)

7. 새로운 어휘들을 스스로 익히는 방법과 전략을 가르쳐야 한다.

   (Teaching Students How to Learn New Words)


어휘력을 쌓기 위해서는 특별한 능력, 전략 및 스킬이 필요하다. 영문단락 읽기를 할 때, 영어문맥 안에는 어휘의미를 알려주는 실마리가 있다. 학생들은 이 실마리를 이용한 영문읽기 전문가가 되어야 한다. 대부분의 영문읽기 학습자는 읽기를 하는 동안 잘 알지 못하는 어휘가 있으면 읽지 않고 그 다음으로 넘어가는 경우가 많다. 영문읽기를 하는 동안 모르는 어휘가 있을 때마다 사전에서 그 의미를 찾아보기는 가능하진 않다. 특히 탐정소설이나 모험의 글을 읽을 때는 중간에 사전에서 어휘의 의미를 찾아보게 되면 긴장감이 끊어질 수 있다. 이렇듯 영문읽기를 하는 동안 사전을 찾는 것은 읽기흐름에 방해가 된다. 그러므로 영문 읽기를 할 때는 문맥 속에 작가가 남긴 어휘의 실마리를 찾아보는 습관을 가져야 한다.


영문에 나오는 새로운 어휘에 대한 문맥에서의 실마리는 새로운 어휘주위에 있는 단어, 구, 문장들일 수 있다. 영문읽기를 할 때 일부 문장과 단락들은 새로운 어휘들의 의미에 대한 이해 가능한 많은 정보를 포함하고 있다. 다음 예문에서도 중심 어휘의 의미를 다른 어휘들에서 찾을 볼 수 있다.

The pilot can only control the altitude of the  balloon. He can raise and lower the ballon to find the right wind direction. That is how a good pilot controls where the balloon goes.

* 출처 : Reading Power

비행기 조정사는 풍선(기구)의 (altitude)를 조절할 수 있다. 바람의 옳은 방향을 찾기 위해 풍선(기구)을 높고 낮게 할 수 있다. 그리고 풍선(기구)이 어디로 가는지 조정한다고 한다. 이어지는 줄친 표현들을 볼 때, 뒤에 이어지는 구문이나 문장들을 이해한다면 [altitude]는 '고도' '높낮음'을 의미한다는 것을 바로 알 수 있다.

After about an hour, their balloon began to descend towards the water. They threw out some equipment and food to make the balloon lighter. The ballon continued to fall. So they threw out almost everything in the easier-even some of their clothes. Finally, after about three hours, they landed in France, cold but safe.

* 출처 : Reading Power

이 지문에서 [descend]의 비슷한 단어는 뒷 문장의 [fall]의 의미와 비슷하다는 것을 추측할 수 있다. 또한, 마지막으로 착륙을 한다는 [landed]의미에서 [descend]는 '하강하다'는 의미라는 것을 문맥의 단어를 통해 예측할 수 있다.

영문의 문맥에서 주어지는 단서는 몇 가지 방법으로 표현된다.

1. 모르는 어휘와 비슷한 말이나 그 어휘를 재 정의한다.
2. 모르는 어휘에 대한 구체적인 예를 보여준다.
3. 모르는 어휘와 반대되는 실마리를 제공하기도 한다.
4. 모르는 어휘에 대한 추가적 설명과 실마리를 제공한다.
5. 모르는 어휘를 수정하는 단어나 구문으로 표기해준다.
6. 모르는 어휘와의 관련성과 연결을 보여주는 연결어가 제공된다.
7. 모르는 어휘가 어떤 상황에서 반복적으로 사용되는 경우가 있다. 이 경우는 이미 아

는 어휘를 사용하면서 모르는 어휘의 의미에 대한 실마리를 줄 수 있다. 모르는 어
휘를 반복해서 사용하면서 작가는 독자가 그 어휘의 의미를 이해한다고 확신한다.
8. 모르는 어휘를 설명하지 않고 함의된 의미를 제공한다.

그밖에도 영문단락 읽기에서 접하게 되는 모르는 어휘가 문맥의 실마리에서 벗어난
경우도 있다. 또는 문맥의 실마리가 거의 없는 경우가 있다. 이 경우는 학생들이 모르는
어휘의 의미를 파악하기가 어렵다. 이 경우는 사전을 찾거나 친구나 주위사람들에게 물
어서 의미를 파악할 수밖에 없다. 그리고 모르는 어휘, 그 어휘가 쓰인 페이지나 텍스트
제목 등을 적어두고 영문읽기를 한 후에, 이를 사전에서 찾아보고, 읽기를 한 후에 다시
점검하면 된다. 그 외 문맥에서 실마리를 찾지 못하는 경우는 어휘의 원형, 접두사나 접
미사를 이해함으로써 친숙하지 않은 새로운 단어에 대한 의미를 유추할 수 있다.

# 3 뉴 리터러시 영문읽기는 이렇게 한다

교실 가장 앞자리에 앉아 교사가 모델로 보여준 영문읽기를 아무리 들어도 혼자 영문읽기를 할 때는 다시 어려움을 느낀다. 영문읽기는 열심히 들어도 실력이 일정한 정도 이상은 향상되지 않는 것 같다. 영어교육에 수십 년간 시간과 비용을 투자했는데도 그 이전보다 더 나아졌다는 증거는 아무데도 없다. 인터넷의 발달로 다양한 매체 영문읽기를 해야 하므로 영어노출이 많아져서 영문읽기에 익숙해졌을 뿐이다.

인터넷을 통해 디지털매체 영문읽기를 자주하는데도 영문읽기 능력이 이전보다 나아지지 않은 이유는 영어를 지식으로 배워 영어사용 감각을 훈련하지 않아서일 것이다. 교사가 아무리 영문읽기 모델을 보여줘도 혼자 디지털매체 영문읽기를 할 때는 잘 안 되는 것이 사실이다. 교사가 모델로 보여주는 영문읽기 수업은 보통 한 줄 한 줄 읽으면서 중간 중간에 해석하면서 문법도 설명을 하기 때문에 영문읽기를 하면서 이해를 위해 두뇌에서 일어나는 사고작용을 막아버린다.

A woman was sitting by herself in a movie theater. The movie she was about to see was a musical version of a very successful book that had sold a million copies that year. As the woman was waiting for the movie to begin, she noticed that the theater was very crowed but the two seats next to her were empty. Suddenly, a large man carrying a big fur coat walked down the aisle and sat down, placing the fur on the seat next to her. When the lights went out, the fur coat began to move, and the woman realized it was not a coat but a large furry dog.

*해석을 시작해봅시다. 한 여자가 앉아 있었습니다. 현재 진행형 문장이죠. be 동사에 동사의 ing형이지요. 여기 재귀대명사가 나왔네요. 혼자서, for oneself는 스스로, 혼자 힘으로지요. 전명구, 극장에서, 전치사+명사, 전치사 in은 안에서 의미고….*

이렇듯 해석과 문법 설명으로 영문읽기를 할 때, 학생들의 머릿속에서 일어나는 사고를 연결하지 못하도록 막아버린다. 외국어로서 다양한 매체 영문읽기를 할 때, 학생들은 2단계 사고과정을 거친다. 먼저, 영어문장을 영어어순에 맞도록 읽어내는 문장읽기 능력과 다른 하나는 영문 단락을 글의 장르나 전개방식에 맞게 잘 읽어내는 영문단락읽기 능력이 필요하다.

■ 영문(영어문장)은 영어어순에 맞도록 읽어야 한다.

다양한 매체 영문읽기를 영어어순에 맞게 읽어내는 방식을 훈련해야 하는 이유는 우리말과 영어의 어순이 다르기 때문이다. 다양한 매체 영문을 읽을 때는 먼저, 의미단위 (Lexical Chunks)로 영어를 끊어가며 읽어가는 훈련이 필요하다. 특히 한눈에 2~3개의 어휘가 모인 의미단위청크로 문장을 끊어 읽는 훈련이 필요하다. 의미단위란 여러 개의 어휘가 모여 하나의 의미를 가지는 어휘묶음을 말한다. 학생이 영문을 읽을 때 한 번에 하나의 어휘를 읽을 때와 한번에 2~3어휘를 의미단위로 읽을 수 있다면 빠른 읽기와 바른 이해에 큰 도움이 된다.

한 문장이 7(일곱)자 내외가 한 줄로 쓰여진 짧은 문장을 읽는 경우는 의미단위로 끊어 읽지 않아도 큰 문제가 없다. 하지만 한 문장이 4-5줄 정도가 되는 긴 문장의 경우는 기본 문장이 구(전명구나 준동사구)나 절(등위절, 명사절, 관계사절, 부사절 등)로 연결된 문장이다. 이 경우 우리말 어순대로 앞뒤를 오가면 읽다보면 해석은 되지만, 해석을 하고난 후에도 무슨 말인지 의미를 잘 모르는 경우가 있다. 이 경우는 영어문장이 영어어순에 맞게 쓰여 졌다는 사실을 잘 모르고 있기 때문에 생긴 일이다. 영문은 영어어순에 맞게 쓰여 졌으니 영어어순대로 읽는 방법을 터득하면 이런 일은 더 이상 일어나지 않을 것이다.

먼저 위의 영문을 우리말 어순대로 읽고 해석하는 경우의 예를 보자.

> A woman was sitting by herself in a movie theater. The movie she was about
> 한 여자가 극장에서 혼자 앉아 있었다. 그녀가 막 보려고 했던 영화는 그 해에,
> to see was a musical version of a very successful book that had sold a million
> 백만부나 팔렸던 매우 성공적인 책의 음악 버전이었다.
> copies that year. As the woman was waiting for the movie to begin, she
> 그녀는 영화가 시작하도록 기다리고 있을 때, 그녀 옆 두 자리가 비었고
> noticed that the theater was very crowed but the two seats next to her were
> 극장이 매우 꽉찼다는 것을 알게 되었다. 하지만 그녀 옆에 두자리가 비어있다는 것을
> empty. 알게 되었다.

위의 영문단락은 짧은 영어문장으로 쓰여 우리말 어순으로 이해해도 의미 전달에는 큰 문제가 없다. 하지만 한 문장이 4~5줄 정도가 되면, 이 문장을 앞뒤를 오가며 우리말 어순으로 다 바꿔 해석을 해도 무슨 말인지 이해가 안 되는 경우가 있다. 이 경우 우리말로 해석은 했지만, 학생 자신도 무슨 의미인지 이해가 안 된다. 이는 영문읽기를 했는 데도 내용이해가 불가능한 경우다. 왜냐하면 영문의 어순을 우리말 어순으로 재배열하고, 어휘들의 의미를 우리말 뜻으로 옮기고, 관계대명사, 접속사 등이 이끄는 절을 문법에 맞춰서 분석하고 그것도 우리말 순서로 다시 바꾼 다음에야 해석을 했기 때문이다. 이렇게 영문읽기를 하면 이전 글의 내용이나 의미와 연결하면서 앞에서 말한 내용을 결합하고 예측하며 여러 가지 복합적이고 다양한 정보처리 작업들이 사실상 어렵다. 읽기는 그나마 좀 나은 상황이지만 만약에 듣기를 하는 경우는 더욱 힘들다. 끊임없이 들려오는 것을 우리말 순서로 재배열할 시간도 없기 때문에 귀로 알아듣는다는 것은 거의 기적 같은 일이다. 영어 사용국의 고등학교 학생들은 평균적으로 분당 220~240어휘를

읽는다. 이는 1초당 3~4단어를 한꺼번에 읽어낸다. 그렇다면 학생들이 빠르고 바르게 영문읽기를 할 수 있도록 어떻게 가르쳐야 할까?

■ 영문읽기는 이렇게 가르쳐야 한다.

영문은 작가가 표현하고자 하는 내용에 대해 어휘 군이 **궁금한 순서대로** 연결된다. 그러니 굳이 우리말 작문을 하듯 해석을 하면서, 앞뒤를 오가며 영문을 우리말 어순으로 바꾸어 해석할 필요가 없다. 영문의 영어어순 배열에 대한 이해가 있으면 쉽게 이해할 수 있다. 영문은 궁금한 내용이 순서대로 전개된다는 영어어순을 익히지 않으면 영어로 읽고 쓰고 말하고 듣고 생각하고 이해하기가 매우 어려워진다. 그렇다고 학생이 알아서 감각적으로 영어어순대로 읽으라고 한다면 이는 무책임한 교사라는 말을 들을 수 있다.

영문을 빠르고 바르게 읽는 스킬은 뉴 리터러시 영문읽기과정에서 가장 중요한 스킬이다. 영문을 빠르고 바르게 읽어내기 위해서는 한 번에 읽어낼 수 있는 단위(eyespan)를 늘여가야 한다. 한 번에 한 개의 어휘를 읽을 때와 한번에 2~3개의 의미단위를 읽을 때는 읽는 시간과 의미파악에 차이가 있다. 영문읽기의 목적은 빠르고 바르게 읽기를 하는 것이다. 영문은 주어가 행하는 것에 대해 궁금한 순서대로 의미단위 어휘군이 이어지며 연결된다. 영문에서 의미단위로 끊어 읽으면 빠르고 바른 읽기를 할 수 있다. 영문을 의미단위로 정확히 끊을 수 있다는 것은 영어문장을 문법적으로 볼 수 있다는 말이다. 즉 영어문장의 문법을 안다는 말이다. 그렇다면 영문을 의미단위로 끊어보도록 하자.

A woman was sitting / by herself / in a movie theater. The movie / she was
한 여자가 앉아있었다 / 어떻게? 혼자서 / 어디서? 극장안에서. 그 극장은 / 그녀가
about to see / was a musical version / of a very successful book / that had
막 보려고하는 / 뮤지컬 버전이었다 / 무엇의? 매우 성공적인 책의 / 그 책은 어떤 책?
sold a million copies / that year. As the woman was waiting / for the movie to
백만부나 팔린책 / 언제? 그해에. 그녀가 기다리고 있을 때 / 뭘? 영화가 시작하기를,
begin, she noticed / that the theater was very crowed / but the two seats /
그녀는 알아차렸다 / 뭘? 영화관이 꽉 차있지만 . 두자리가 / 어디에 있는? 그녀
next to her / were empty. Suddenly, a large man / carrying a big fur coat /
옆자리가 / 비어있었다. 갑자기, 큰 남자가 / 어떤 남자? 큰 털코트를 들고있는 그 남자
walked down the aisle / and sat down, placing the fur / on the seat / next to
복도를 내려왔다 / 그리고 앉았다, 뭐하면서? 털코트를 놓으면서 / 어디에? 자리에 /
her. When the lights went out, the fur coat began to move, and the woman
그녀 옆자리에 / 불이 커졌을 때, 털 코트가 움직이기 시작했다, 그리고 여자는 알아차
realized / it was not a coat / but a large furry dog.
렸다 / 뭘? 그것이 코트가 아니라 / 큰 털보 개라는 것을.

위의 영문이해는 의미단위로 읽으면서 다음에 이어질 궁금한 사항은 추임새를 통해 예측을 하면서 마치 이야기를 설명하듯 영문을 이해해간다. 이렇게 영문을 궁금한 순서대로 예측하며 읽어 가면 빠르고 바르게 영문을 읽을 수 있게 된다.

영어는 영어로 배워야 하지만, 가르치는 교사나 배우는 학생이 영어에 익숙하지 않은데 영어로 가르치고 배우라고 하는 경우 도리어 부정적인 효과가 날 수 있다. 영어가 유창하지 못한 교사가 문법적 오류나 문맥상 어색한 표현을 사용하여 학생들에게 올바르지 못한 영문 예시를 제공하는 예가 되기도 한다. 또한, 영어로 수업을 하는 경우 정확하게 이해하기도 어렵고 궁금한 점이 있어도 영어사용이 힘들어 학생들이 질문을 하지 못하고 넘어가는 경우가 생긴다. 이러한 점을 고려한다면 학생들에게 영문의 어순을 이해시키고, 영어어순에 맞추어 영문을 이해하도록 가르치는 것이 효과적이다. 영문은 의미단위 어휘군이 궁금한 순서에 맞추어 궁금한 점에 답을 찾는 게임을 하듯, 의미단위 어휘군들이 이어진다는 점을 이해시키고 영문읽기 훈련을 시켜야 한다.

- 영문은 문장구조에 단어가 대입되어 만들어진 것이 아니다. 영문은 의미단위 어휘군들이 궁금한 순서대로 이어져 연결되어 만들어진다. 이를 이해시키기 위해 먼저 궁금한 순서대로 이어지는 영문을 의미단위 어휘군으로 끊어, 의미가 연결되는지를 확인해 보도록 한다. 그리고 나서 영문읽기 훈련을 하는 것이 좋을 것 같다. 빠르고 바른 영문 읽기를 하기 위해서는 한 번에 읽어낼 수 있는 eyespan으로 의미단위 어휘군을 끊어 영어로 읽고-의미를 파악하고-다음을 예측하고-다음의 의미단위 어휘군을 끊어 읽고-의미를 파악하고-다음 궁금한 점을 예측하고-다음의 의미단위 어휘군 끊어가는 영문 읽기 훈련을 해야 한다. 처음에는 자신이 할 수 있는 범위에서 할 수 있는 속도에서 읽기를 하다가 점차 빠르게 읽어가면 된다. 처음에는 영문 읽기를 할 때 한 두 단어 단위로 읽다가, 점차 훈련이 되면 한눈에 읽을 eyespan의 범위를 넓혀가며 의미단위로 빠르고 바르게 영문읽기 훈련을 하면 된다.

학생이 다양한 매체 영문읽기를 할 때, 만약 다음과 같은 방식으로 영문읽기를 한다면, 학생자신의 영문읽기 방법을 하루 빨리 고치려는 노력을 해야 한다.

- 다양한 매체 영문을 읽을 때 하나하나의 어휘를 독립적으로 읽고, 어휘마다 우리 말 해석을 떠 올리며 영문읽기를 한다.
- 다양한 매체 영문을 읽을 때 문법사항이 떠오르면서 그 순간 잠시 머뭇거린 경험이 있다. 특히 수동태 영어문장이 나오면 교사가 칠판에서 설명해주었던 주어를 목적으로 바꾸던 X자 문법 설명을 떠올리고 머뭇거린다.
- 다양한 매체 영문을 읽을 때 긴 문장의 경우 앞뒤를 두리번거리면서 뒤에서부터 거꾸로 우리말 순으로 해석을 하고, 시간이 걸려 해석을 하고나도 무슨 말인지 학생자신도 이해가 안 되는 경험이 있다.
- 다양한 매체 영문을 읽을 때 영문 속 힌트나 실마리에서 어휘의 의미를 파악하려 하는 것이 아니라 독립적으로 언젠가 암기했던 어휘의 의미가 떠오른다.

위의 사항 중 'yes'라는 답이 많으면 많을수록 자신의 영문읽기에 어려움의 강도가 높다는 점을 알아야 한다.

• 다양한 매체 영문읽기 지도는 영문에서 의미단위 어휘 군을 궁금한 순서대로 읽고, 순서대로 이해하고, 순서대로 생각하도록 지도해야 한다. 그리고 다음의 의미단위 어휘 군을 궁금한 순서대로 묻고 예측하고, 또 다시 이를 반복하는 영어 어순대로 순리적 읽기를 가르쳐야 한다. 읽기는 심리언어학적 추측게임이란 말이 있다. 영문을 읽을 때는 우리말 문장을 읽을 때처럼 읽고—이해하고—생각하고—통합하고—예측하는 순으로 읽어내는 훈련을 해야 영문읽기 능력이 향상된다. 영문읽기는 원어민들이 영문을 읽듯이 궁금한 순서대로 읽어 가면 된다. 이때 학생들의 두뇌는 궁금한 순서대로 이어지는 영어어순을 자연스럽게 받아들인다. 이렇듯 궁금한 순서대로 읽고 이해하고 생각하고 통합하고 예측하는 영문읽기 훈련이 되지 않으면, 영문이해뿐 아니라 후에 영작문 능력도 사회가 요구하는 경지까지 도달하기가 늦어질 수밖에 없다.

■ 영문읽기는 지식이 아니라 스킬이다.

영문읽기는 수영이나 운전하는 것과 같은 스킬이다. 영문읽기는 암기되는 지식이 아니라 연습에 의해 익혀지는 스킬이다. 스킬은 훈련을 통해서만 감각적으로 자동화된다. 스킬은 태어날 때부터 갖고 태어난 능력이 아니다. 훈련을 통해서만이 얻어지는 능력이다. 수영 스킬을 갖게 되면, 바다에 빠져도 물에 뜰 수 있고, 헤엄을 쳐서 살아날 수 있게 된다. 영문읽기 연습을 많이 하면 할수록 더 잘 읽을 수 있게 되는 스킬이다. 영문읽기 스킬을 잘 갖추고 나면 영어에 자신감, 열정과 재미가 생겨 다른 것들도 잘 읽을 수 있게 된다.

■ 영어는 언어며 감각이다.

언어에는 그 민족의 문화, 역사, 희노애락이 녹아있다. 언어가 말과 글로 표현될 때는 그 모든 속성들이 통합되어 감각적 감정이 녹아 다른 사람들과 소통하는 수단이 된다. 때문에 영문읽기 스킬을 갖추기 위해 많은 양의 영문읽기를 하는 것도 필요하지만, 원어민들이 쓴 완전한 문장이나, 단락, 글 전체를 입으로 눈으로 귀로 반복해서 큰 소리로 읽어 자동화되도록 훈련하여 하나의 스킬이 되도록 읽어야한다. 언어는 자연스러운 소통도구가 되어야 한다. 그래서 언어는 말하는 정도의 빠른 속도로 반복해서 읽어야 한다. 단, 외국어로서 영어를 배우는 학생들은 영어노출 기회가 많지 않기 때문에 가능한 많은 영문표현을 암송하여 자동화시켜두는 것이 최선이다. 많은 글을 자동화되도록 암기하면 영어어순이 자연스럽게 습득되고 몸에 베게 된다.

■ 영문읽기는 많은 일을 수행하도록 도와주는 도구이다.

영어읽기와 영문읽기에 대해 명확한 이해를 가질 필요가 있다. '우리 아이는 영어를 읽을 줄 알아요'라고 할 때는 아마도 영어읽기를 의미할 것이다. 하지만 '아빠가 이 글은 읽기가 어려울걸'라고 말씀하실 때는 영문읽기를 의미하는 것이다. 영어공부를 하기 위해서나 과제를 해결하기 위해서는 영문읽기를 해야 한다. 하지만 이 경우를 제외하고 어떤 경우에 영문읽기를 할까? 우리는 영문읽기를 통해 여행 중 쉴 곳과 맛 집을 찾을 수도 있다. 영문읽기를 통해 컴퓨터나 전자제품을 조립하는 사용설명서를 이해할 수도 있다. 그리고 조리법에 대해 설명된 영문읽기를 하여 맛있는 빵과 피자를 구어 가족과 야외 피크닉을 가서 맛있는 음식을 먹을 수도 있다. 이렇듯 영문읽기는 많은 다른 일을 할 수 있게 도움을 주는 도구와 같다.

■ 영문읽기는 '사고력'을 길러준다.

영문읽기는 소통하는 능력, 학습능력, 재미있게 읽는 능력, 그리고 상상력도 길러준다. 영문읽기를 하면 인터넷 여행을 부담없이 자유자재로 할 수 있다. 그래서 학생들의 삶을 더 풍요롭고 더 재미있게 해준다. 인터넷 정보의 80%이상을 차지하는 영문읽기를 통해 학생들은 세상에 대해 더 많은 호기심을 갖고 세상을 이해하게 된다. 이렇듯 세상을 살면서 영문읽기를 하지 않고는 아무것도 할 수 없다 해도 과언이 아니다. 게임 프로그램을 사기 전에 이것을 살 건지 말건지를 결정하기 위해 게임 프로그램에 대한 평가를 읽어볼 수 있다. 다양한 국제시험에도 대비할 수 있고, 해외여행에 대한 지도나 여행 정보를 이해할 수도 있다. 무엇보다 세상에서 일어나는 다양한 일들에 대한 뉴스를 빨리 접할 수 있게 해준다. 이렇듯 영문읽기를 해야 되는 이유는 다양하다. 영문읽기 스킬을 갖추면 학교에서나 삶에서 많은 도움을 받게 되고 다양한 생각을 하게 해준다. 그래서 영문읽기는 삶에 활력을 준다.

■ 다양한 매체 영문읽기목적은 교수학습 목표에 따라 결정된다.

다양한 매체 영문읽기의 목적은 언어학습 목표와 내용학습 목표로 나눌 수 있다.

• **언어학습을 목표로 하는 다양한 매체의 영문읽기**는 교과주제관련 어휘군에 대한 많은 지식이 자동화되어 있어야 한다. 다시 말해 교과주제관련 다양한 어휘군을 자동화될 만큼 암기되어 있어야 한다는 말이다. 교과주제관련 의미단위 어휘군이 영어어순에 맞게 궁금한 순서대로 연결된 영문을 원어민처럼 읽을 수 있어야 한다. 어휘군이 궁금한 순서로 이어지는 영문을 감각적으로 의미를 예측하며, 확인하며, 통합하고, 새로운 의미로 창조해내는 창의적 사고활동을 하면서 읽어야 한다.

이러한 언어학습을 목표로 다양한 매체 영문읽기 능력을 갖추기 위해서는,
- 어휘군 단위로 끊어 읽을 수 있는 능력
- 이들을 영어어순에 맞게 예측하고, 확인하며, 관계를 분석하고 통합하며, 정보를 연결하고, 통합하고, 또 추측하고, 확인하는 전략적 읽기 훈련이 필요하다.

특히 언어학습을 목표로 하는 다양한 매체 영문읽기를 위해서는 귀와 눈으로 듣고 째려보는 읽기보다는, 내 귀로 들을 수 있도록 입을 통해 큰 소리로 읽음으로서 입 근육에 기억되도록 여러번 반복적으로 자동화하는 훈련과정이 있어야 한다. 주요 영문을 암기하는 것도 필요하지만, 더 효과적인 영문읽기는 교과주제관련 좋은 글을 통으로 큰 소리 읽기를 하고, 통으로 암기하는 것이 영어 언어학습 목표에 더 효과적이다.

• **내용학습을 목표로 하는 다양한 매체 영문읽기**는 주제관련 배경지식, 영문을 통해 배운 내용과 작가가 전하고자 하는 내용을 이해하여 요약하는 것이 중요하다. 그리고 학생 자신의 읽기목적이나 교과주제와 관련이 있는지를 분석하여 변인간의 관계를 통합하고, 이를 자신의 삶과 경험에 연결하며, 읽기목적에 맞는 자료인지를 평가하고, 작가의 생각을 자신의 의견으로 표현하는 능력도 필요하다. 이렇듯 다양한 매체 영문읽기 평가에서는 내용학습 목표에 대한 학생들의 비판적 사고력, 융합적 사고력, 창의적 표현능력이 평가되어야 한다.

## ■ 뉴 리터러시 학습으로서 영문읽기

더 나은 읽기를 위한 전략과 과정을 습관화하는 것은 매우 중요한 일이다. 읽기활동은 단순한 활동이 아니라 단순한 뭔가를 하는 것 이상을 하는 것이다. 영문 글쓰기를 하는 것처럼 영문읽기도 이에 맞는 스킬, 도구와 능력을 발휘하는 과정이 있어야 한다.

20여년 전 영어교육연구소에서 영어교재를 만들고 있을 때였다. 당시 원어민들이 영문을 읽을 때 무슨 생각을 하면서 읽는지, 원어민이 영문을 읽을 때 머릿속에서는 어떤 일이 일어나는지? 가 몹시 궁금했다. 그래서 원어민에게 '영문을 읽을 때 머릿속에서는 무슨 일이 일어나고 있는지를 설명 좀 해주세요'라고 물어보곤 했다. 열정이 많던 한 연구원은 영문을 읽을 때 원어민의 머릿속에서 어떤 일이 일어나는지를 이해하고 그 과정을 학생들에게 그대로 전달해주고 싶어서였다. 영문을 읽을 때 원어민의 머릿속에서 일어나는 과정을, 원어민 자신에게 그대로 적어보도록 했다.

원어민들이 영문을 읽을 때, 우리처럼 앞뒤를 오가면 의미를 파악하지 않는다는 점이 분명하다. 그들은 그냥 우리가 우리말 읽듯이 앞에서부터 쭉 읽어가고 있었다. 그래서 연구원은 원어민들에게 영문을 앞에서 쭈욱 읽어가는 과정과 전략들을 정리해보도록 했다. 그리고 영문 단락을 읽을 때 어떤 과정과 어떤 생각을 하는지 정리해보도록 했다. 역시 원어민들이 영어 문장을 읽을 때는 거의 비슷한 과정을 거쳤다. 하지만 영문단락을 읽을 때는 사람에 따라 조금씩 달랐다.

원어민들에게 영문을 읽을 때 머릿속에서 일어나는 생각과정을 적어보도록 하기 위해 다음과 같은 절차를 요구했다.

1. 영문을 읽도록 했다. 읽고 난 직후,

2. 눈을 감고,

3. 읽을 때 머릿속에서 일어나는 것에 대해 생각해봐라.

4. 읽을 때 어떤 과정을 거치는지 단계를 찾아봐라,

5. 읽을 때 머릿속에서 일어나는 과정을 그려보거나 적어봐라.

6. 끝나면 읽기를 하는 방법에 대해 적은 것에 대해 2-3분 다시 생각해봐라.

다음으로 영문 단락읽기를 효율적으로 하기 위해서는 어떤 질문을 갖고 읽어야 하는지에 대한 답을 찾도록 했다.

1. 무엇에 대해 읽는가?
2. 왜 그것을 읽는가?
3. 읽기를 통해 얻고자 하는 것이 무엇인가?
4. 어떤 유형의 영문 읽기인가?
5. 천천히 읽어야 하는가 아니면 빨리 읽어야 하는가?
6. 이해했는지 아닌지를 어떻게 아는가?
7. 읽은 것을 어떻게 이해할 수 있는가?
8. 뭔가를 이해할 수 없다면, 무엇을 할 수 있는가?
9. 다시 읽어야 하는가?

영문 단락읽기는 다음과 같은 질문을 통해 더 쉽게 읽을 수 있다는 점을 알게 되었다. 영문 단락의 글을 잘 쓰는 사람들에게 하는 질문을 되짚어 보면 영문 단락읽기를 더 잘 하는 학생이 될 수 있겠다는 생각을 하게 되었다. 그래서 복잡한 쓰기 과정을 정리하고 이를 조금씩 되짚어 보면서 영문 단락읽기가 더 쉬워지는 방법을 찾아보고자 했다.

영문단락 글을 잘 쓰는 사람이 되기 위한 질문은 다음과 같다
1. 영문단락 쓰기의 목적과 그 목적에 맞는 주제인가?
2. 영문단락 쓰기는 얼마나 길어야 할까?
3. 영문단락의 주제가 충분히 좁혀져 있는가?
4. 영문단락에서 중요한 점이 무엇인가?
5. 영문단락에는 어떤 자세한 사항들이 포함되어있는가?
6. 영문단락에서 글의 전개를 어떻게 해야 하는가?
7. 영문단락에서 글을 어떻게 더 명확하게 할 수 있는가?
8. 영문단락에서 글이 정확하고 옳은가?
9. 영문단락에서 뭔가를 표현하는 데 최선의 방법이 뭔가?

영문단락 글을 단순화하는 글쓰기활동은 다음의 5가지 단계 글쓰기 과정을 거쳐야 했다.

1. 사전쓰기 (Prewriting)
2. 대략쓰기 (Drafting)
3, 재수정하기 (Revising))
4. 편집하고 교정하기 (Editing and Proofreading)
5. 출판하고 발표하기 (Publishing and Presenting)

이렇듯 영문단락 읽기과정은 누군가의 영문단락 쓰기과정의 결과물이다. 영문단락 읽기를 잘하기 위해서는 먼저 영어 언어읽기, 영어 문장읽기, 그리고 영문 단락읽기를 잘하는 능력이 필요하다. 영어읽기와 영문읽기는 영문단락 읽기를 잘하기 위한 기본 스킬이기 때문이다. 이러한 능력은 운전이나 수영 연습을 하듯 가능한 많이 연습을 할 필요가 있다. 이 말은 읽기를 많이 하라는 의미와는 다르다. 많이 읽으면 영어 및 영문읽기 연습은 될 수 있다. 하지만, 이 보다 영문단락을 잘 읽는 훈련이 더 중요하다. 영문단락을 잘 읽는 것은 누군가의 영문단락 쓰기과정을 이해하는 연습이 우선 필요하다. 읽기는 누군가의 쓰기 과정에 의한 산물이기 때문이다. 먼저, 영문단락 읽기에서는 묻는 읽기를 통한 비판적 사고과정을 가져야 한다. 이를 위해서는 질문을 통한 읽기연습을 할 필요가 있다. 영문단락 읽기연습을 위한 질문은 작가가 쓰기과정에서 가졌던 질문들을 하는 것이 효과적이다. 그리고 이러한 질문에 답을 하듯 여러 유형의 영문단락 읽기를 하는 것이 좋다. 쓰기과정은 작자가 다양한 질문을 통해 얻은 답을 글로 표현된 작문이고, 비판적 사고과정을 통한 창조물이기 때문이다.

# 4  뉴 리터러시 영문단락읽기는 순서읽기다

영문읽기를 하다보면 자연스럽게 영문단락읽기를 하게 된다. 영문단락은 글쓰기의 기본 단위이기 때문이다. 영문에는 하나의 생각이 담겨있지만, 영문단락에는 하나의 큰 아이디어가 담겨있다. 그래서 다양한 매체텍스트를 읽을 때는 각 문장이 무엇을 말하고 있으며, 각 단락은 무엇에 대한 이야기를 하고 있는가를 찾아내고자 한다. 다양한 매체 영문단락을 효과적으로 읽기 위해 학생들이 갖추어야 할 읽기전략들이 있다. 다양한 매체 영문단락을 이해하기 위해서는 기본적으로 주제찾기와 중심생각찾기를 해야 한다.

- 주제찾기는 단락이 무엇에 대해 말하는지를 알아내는 것이다. 그리고
- 중심생각찾기는 작가가 주제에 대해 무엇을 말하고자 하는지 즉, 작가가 독자에게 주제에 대해 무엇을 이해하도록 기대하는지를 찾아내는 것이다.

다양한 매체 영문단락 읽기를 통해 의미를 이해하는 방법을 정리하면,
1) 작가가 무엇에 대해 말하고 있는지, 즉, 주제를 찾는 일이다.
2) 작가가 주제에 대해 무엇을 말하고자 하는지, 즉, 중심생각을 찾는 일이다.

■ 다양한 매체 영문단락 읽기에서 주제찾기

다양한 매체 영문읽기 수업에서 원어민처럼 영문읽기 훈련을 하기위해 학생들에게 영문단락 읽기를 시켜보면 80%이상의 학생들은 제목은 읽지 않고, 바로 지문을 읽고 해석을 한다. 그 이유는 학생들은 아마도 의미파악보다는 영어해석에 훈련되어 영어문장을 어떻게 정확하게 해석해낼 수 있을까에 초점이 맞춰져 있기 때문인 것 같다. 하지만 영문 텍스트든 우리말 텍스트든 읽기를 하는 학생이 해야 할 가장 우선적인 일은 바로 각 단락의 주제를 찾는 일이다.

교과주제통합수업에서 과제를 할 때, 인터넷에서 교과주제관련 디지털매체 글을 찾아 읽게 된다. 이때 인터넷에서 찾은 영문 텍스트가 적절한 주제인지를 가려내기 위해 영문단락 읽기를 해야 한다. 영문단락 읽기를 할 때 주제찾기 활동에 필요한 3단계 읽기전략이 있다.

먼저, 영문단락 읽기에서 주제찾기 활동을 예문을 통해 연습하도록 하자.

출처 : http://animalstime.com/how-long-do-ants-live-in-the-same-place/

How Long Do Ants Live

Depending entirely on species, ants lifespan ranging from few months to the several years. Queens are the largest members of the ant's community and their task is to lay eggs. Many colonies have only one queen but there are some which have thousands of queens. Honey bees have typically one queen while the red ants have 5,000 queens. The lifespan of queens is greater than any other member in a community. These queens can live up to 20−25 years which is one of the longest lifespans in insects.
The male ants have wings and their lifespan is shorter. They are hatched in spring, while in summer they are able to mate; male ants die soon after mating.
Nearly all laboring ants or workers are females and they live up to 5−6 years. Their job is to defend, repair, and build the nest. Besides, the worker ants guard the queen and look after the brood consisting of larvae, pupae, and eggs. They will gather all the necessary food and feed all other ants.

〈개미 둥지 : Ants' Nest〉

위의 영문단락에서 글의 주제나 작가의 중심생각을 찾기 위한 단계별 활동을 점검해 보도록 하자.

• 1단계 전략 : 제목 읽기

다양한 매체 영문단락 읽기에서 주제를 찾을 수 있는 첫 번째 실마리는 바로 제목이다. 주제를 찾기 위해서는 가장 먼저 제목을 읽어보도록 한다. 제목은 주제를 찾기 위한 가장 강력한 실마리이기 때문이다. 그리고 작가가 글의 제목을 정할 때, 대부분의 경우 글의 주제에 해당하는 제목을 붙이기 때문이다. 글의 제목인 'How long do Ants live?'라는 질문에 답은 바로 첫 문장에 있으며, 이 문장이 주제문이 되는 경우가 대부분이다.

• 2단계 전략 : 첫 문장 읽기

첫 문장에서 '개미들이 얼마나 오래 사는가'라는 제목의 질문에 답이 설명되고 있다. "Depending entirely on species, ants lifespan ranging from few months to the several years."(전적으로 개미 유형에 따라, 개미수명은 몇 개월에서 몇 년까지 살기도 한다). 이렇게 시작하며 첫 문장에서는 개미의 lifespan(수명)에 대해 이야기 하고 있지만, 뒤에 가서는 여왕개미, 수개미와 암개미의 역할과 수명 등에 대한 이야기로 풀어간다.

• 3단계 전략 : 반복된 주요 어휘나 이름 등을 확인하며 읽기

다양한 매체 영문단락을 읽다보면 중요하게 강조되는 어휘들이 있다. 특히 이들 어휘

들은 문장의 주어와 동사로 쓰이곤 한다. 그리고 각 문장이 무엇에 대해 말하고자 하는 지를 이해하도록 도와주기도 한다. Queen(여왕개미)은 무엇이고, 개미 공동체에서 어떤 역할을 하며, 꿀벌과 비교해서 어떠한 차이가 있으며, 얼마나 오래 사는지 등을 설명하고 있다. 또한, 수개미와 암개미의 역할과 수명 등에 대해서도 설명한다.

다양한 매체 영문읽기를 통해 영문단락읽기가 자동화되면, 각 영문을 읽으면서 영문단락이 전하고자 하는 메시지의 결론을 그려내는 데 도움이 된다. 영문단락 읽기를 할 때 이해가 안 되는 경우에는 언제든지 주제찾기 읽기활동을 하면 이해하는 데 도움이 된다.

### ■ 다양한 매체 영문단락 읽기에서 중심생각찾기

교과주제 관련 디지털매체읽기를 하는 경우, 가장 중요한 것은 교과학습에서 더 깊이 알고자 하는 주제에 대한 정확한 정보위치를 찾는 일이다. 이 경우 다양한 매체텍스트 읽기를 하고서야 원하는 문제해결의 정보가 있는 텍스트를 찾게 된다. 다양한 매체읽기를 통해 주제에 맞는 적당한 텍스트를 찾게 되었다면 정보위치를 지정한다. 그 다음에는 찾은 텍스트의 '중심생각이 무엇인지?'를 찾아야 한다. 왜냐하면 작가가 주제에 대해 무엇을 말하고 있는지를 파악할 수 있어야 자신이 알고자하는 문제의 답을 얻어낼 수 있기 때문이다. 디지털매체 텍스트의 중심생각을 알기 위해서는 작가가 글을 읽는 학생들이 반드시 알았으면 하고 바라는 중요한 사항이 무엇인지를 알아내야 한다.

디지털매체 텍스트의 중심생각을 찾는 3가지 방식에 주목할 필요가 있다.
1) 첫 문장에서 중심생각을 찾아보기
2) 마지막 문장에서 중심생각을 찾아보기
3) 숨겨진 중심생각을 찾아보기

### • 첫 문장에서 중심생각을 찾아보기

'How long do Ants live?'란 제목의 글에서 작가가 무엇을 생각하는지를 바로 알 수 있다. 이 글에서 중심생각은 바로 첫 문장에서 보여주듯 '개미의 유형에 따라, 개미의 수명은 몇 달에서 몇 년을 살기도 한다'는 것이다. 단락의 나머지 문장들은 개미의 종류에 따라 다른 수명의 예를 구체적으로 설명할 것이다.

| 주제 : 개미의 수명<br>How Long Do Ants Live | | | |
| --- | --- | --- | --- |
| 중심생각 : 개미의 수명은 유형에 따라 다르다.<br>Depending entirely on species, ants lifespan ranging from few months to the several years. | | | |
| 여왕개미의 위치와 역할 : 다른 종류 개미와 비교 | 여왕개미의 수명 | 수개미의 특징과 수명 | 암개미의 역할과 수명 |
| -Queens are the largest members of the ant's community and their task is to lay eggs.<br>-Many colonies have only one queen but there are some which have thousands of queens.<br>Honey bees have typically one queen while the red ants have 5,000 queens.<br>-The lifespan of queens is greater than any other member in a community. | -These queens can live up to 20–25 years which is one of the longest lifespans in insects. | -The male ants have wings and their lifespan is shorter.<br>-They are hatched in spring, while in summer they are able to mate; male ants die soon after mating. | -Nearly all laboring ants or workers are females and they live up to 5–6 years.<br>-Their job is to defend, repair, and build the nest.<br>-The worker ants guard the queen and look after the brood consisting of larvae, pupae, and eggs.<br>-They will gather all the necessary food and feed all other ants. |

위의 디지털매체 텍스트에서는 일반적인 사실에 대해 구체적인 사실을 제시하면서 자신의 생각을 전달하는 연역적 전개방식을 취하고 있다. 작가는 개미의 수명을 바로 설명하지 않고, 수명에 대해 객관적이고 일반적인 설명을 하고 난 후, 점차 개미의 유형에 따른 구체적인 특징과 역할, 그리고 분명하고 구체적인 개미의 수명에 대해 설명하고 있다. 하지만 모든 영문단락의 첫 문장에서 중심생각을 알려주고 있지는 않다. 어떤 글에서는 작가의 중심생각이 많은 곳에서 나타나는 경우도 있다.

• 마지막 문장에서 중심생각을 찾아보기

작가들은 때때로 영문단락에서 여러 예시로 보여주고 나서 중심생각을 마지막에 제시하는 귀납적 방식으로 글을 전개하기도 한다. 디지털매체 텍스트를 읽어야 하는 경우, 어렵게 찾은 텍스트에서 가장 먼저 해야 할 일은 주제에 대해 작가의 중심생각이 무엇인지를 빠르고 바르게 읽어내야 한다. 그런데 작가의 중심생각이 첫 문장이 아닌 마지막 문장에 있는 경우가 있다.

> American television seems very interesting in cleaning. It shows soap for washing clothes. It also shows soap specially for washing dishes. Some ads in it show soap only for washing floors. Other washing people too. Often the ads in it tell about special soap for washing your hair. Other soap is just for taking care of little babies. On American television there are many ads about kinds of soap.

\* 출처 : Reading Power, p. 83

이 글의 중심생각은 영문단락의 마지막에 분명하게 'ads for soap on American TV'를 제시한다. 이 중심생각은 영문단락의 모든 것들과 상호 연결된다. 영문단락은 미국 TV 광고에 대한 구체적인 내용을 말해주고 있다.

| 주제 : 미국 TV에서 비누광고<br>Ads for soap on American television | | | | | |
|---|---|---|---|---|---|
| 중심생각 : 미국 TV에는 다양한 종류의 비누 광고가 많다.<br>On American television there are many ads about kinds of soap. | | | | | |
| 옷 씻는<br>비누<br>for<br>washing<br>clothes. | 그릇 씻는<br>비누<br>for<br>washing<br>dishes | 바닥 씻는<br>비누<br>for<br>washing<br>floors | 사람 씻는<br>비누<br>for washing<br>people | 머리 감는<br>비누<br>for washing<br>your hair | 아이들 씻는<br>비누<br>for taking<br>care of little<br>babies |

• 전체 문장에서 중심생각을 찾아보기

> ### Ocelots' Difference
>
> Ocelots don't eat regular cat food from a tin can either. ①They like to hunt for tiny mammals, birds, even lizards! ②Another way ocelots are different from a pet cat is that they like to swim! ③Most domestic cats don't even like to take a bath! ④Although ocelots are small cats, they are very different from your typical house cat!

* ocelot  미국식 [ˈɑːsələːtˌloʊs-] 영국식 [ˈɒsəlɒt] [명사] 오셀롯(표범 비슷하게 생긴 야생 동물).
* 출처 : Total Reading 3, p.79

작가가 글을 쓸 때 자신의 중심생각을 항상 첫 문장이나 마지막 문장에 두지는 않는다. 중심생각을 직접적으로 어떤 한 문장으로 표현하지 않은 경우도 있다. 다시 말해, 영문단락 전체 문장을 읽어야 중심생각이 드러나는 경우도 있다. 윗글의 중심생각은 'How ocelots are different from domestic cats?'로서 어떤 한 영문으로 표현하지는 않지만 글 전체를 읽음으로서 알 수 있게 해준다. 윗글은 ocelots에 대한 다른 특징들이 영문단락의 각 문장에서 나열되고 있어 영문단락 전체를 읽어야 ocelots와 domestic cats의 다른 점을 알 수 있게 된다.

■ 다양한 매체텍스트의 제목은 주제에 대한 중요한 실마리를 제공한다.

다양한 매체텍스트의 영문단락은 ocelots가 고양이와 어떻게 다른지에 대한 많은 정보를 알게 해준다. 영문단락의 첫 문장에서는 음식에서의 차이만을 언급한다. 두 번째 문장에서 작가는 수영을 좋아하지 않은 점에 대해서 설명한다. 그래서 Ocelots가 고양이와 어떻게 다른지는 계속 더 읽어야 알 수 있게 된다. 작가는 영문단락 전체에서 어떻게 다른지를 한 문장으로 설명하지 않고 구체적인 예들을 제시하며 학생들로 하여금 영문단락 글의 전체를 읽으면서 Ocelots가 고양이와 어떻게 다른지를 인지하도록 이끈다. 이러한 구조를 이해하면 단락을 이해하는 데 도움이 된다.

다양한 매체 영문단락을 읽을 때, 중심생각을 파악하기 어렵다면 다음과 같은 단계를 따라 해보는 것이 효과적이다.

• 주제를 찾아라 : 제목 읽기, 첫 문장 읽기, 주요 어휘(군) 읽기를 통해 주제를 찾아보아라.
• 주제에 관해 무슨 말을 하고 있는 지를 생각하라.
  • 첫 문장과 마지막 문장을 자세히 읽어봐라.
  • 첫 문장과 마지막 문장이 구체적인 내용을 제시하고 있는지, 객관적이고 일반적인 생각을 전하는지를 생각하라.

- 작가가 주제에 관해 말하고 있는 것을 모두 함께 끌어내보아라.
- 자신의 말로 중심생각을 표현해보아라.

- 영문단락을 도식화해보면 글의 내용에서 중심생각을 분류하고 정리할 수 있다.
  - 맨 윗칸에 주제를 적어라.
  - 나누어진 칸들에 작가가 주제에 대해 말하는 것을 분류해 보아라.
  - 교과주제 관련 다양한 매체 영문텍스트를 이해하기 위해서는 작가가 말하고자 하는 것을 우선 찾아보는 것이 중요하다. 그러기 위해서는 구체적인 글의 내용들을 통합하고, 마지막 칸에 중심생각을 적어보아라.

〈작가의 중심생각을 찾기 위한 도식화〉

| 주제 : 오셀롯의 고양이와 차이점 (ocelots' difference from cats) | | | |
|---|---|---|---|
| 구체적 차이점 1<br>먹는 음식 (food) | 구체적 차이점 2<br>수영(swim) | 구체적 차이점 3<br>목욕(take a bath) | 구체적 차이점 4<br>집(house) |
| 중심생각 : 오셀롯은 고양이와 어떻게 다른가?<br>How ocelots are different from domestic cats | | | |

### ■ 영문단락의 전개 방식

다양한 매체 영문텍스트 읽기를 할 때, 어렵다는 느낌이 드는 것은 영문단락이 전개되는 방식 때문일 때가 있다. 영문단락 유형이나 영문단락 패턴을 이해하면 다양한 매체텍스트 읽기를 효과적으로 할 수 있다. 그 이유는 다양한 매체 영문단락에 쓰여 진 각 문장은 하나의 주제에 대한 핵심생각에 근거하여 나열되기 때문이다. 또는 주제에 대한 핵심생각을 지원하기 위해 구체적인 내용을 설명하기도 한다. 이렇듯 다양한 매체 영문단락에 쓰인 문장들은 다양한 방식에서 전개된다. 다양한 매체 영문단락의 내용이 전개되는 방식을 알면 중요한 것과 중요하지 않은 것을 가릴 수 있고, 작가의 의도를 이해하는 데 도움이 된다. 또한, 읽은 내용을 기억하는 데 도움이 되기도 한다.

교과주제통합학습에서 교과주제 문제에 대한 적절한 정보를 찾기 위해 인터넷을 뒤져 다양한 매체 영문단락을 읽고 이해해야 한다. 다양한 매체텍스트를 접할 때, 가장 자주 접하게 되는 영문단락은 다음과 같은 4가지 방식으로 전개된다.

- 이야기로 꾸며진 담화적 단락(Narrative Paragraph)
- 의견이나 확신을 표현하는 설득적 단락(Persuasive Paragraph)
- 특별한 사항이나 감각적 이미지를 표현하는 묘사적 단락(Descriptive Paragraph)
- 사실, 의견, 용어정의나 특정 주제에 대한 설명적 단락(Expository Paragraph)

〈자주 접하게 되는 영문단락 종류〉

| 담화글(Narrative paragraphs) | 이야기 글 |
|---|---|
| 묘사글(Descriptive paragraphs) | 구체적 내용과 그림을 주는 민감한 이미지 글 |
| 설득글(Persuasive paragraphs) | 의견을 표현하고 독자에게 확신을 주는 글 |
| 설명글(Expository paragraphs) | 특정 주제에 관한 사실, 의견, 용어 정의와 예 제시글 |

디지털매체 영문텍스트는 익숙하지 않은 구조를 가진 글들이 많다. 영문단락에 쓰인 각 문장은 중심생각에 따라 정리된다. 하지만 구체적인 내용을 제시하는 영문단락은 다양한 방식으로 전개되기도 한다. 디지털매체 영문텍스트를 읽을 때 구체적 내용이 전개되는 방식을 알면, 영문단락에서 중요한 것이 무엇이고, 중요하지 않은 것은 무엇인지, 작가의 의도를 이해하고 기억하는 데 도움이 된다.

디지털매체 텍스트를 이해하기 위해서는 영문단락이 어떻게 전개되는지를 이해하여 영문단락의 전개방식을 확인하는 것이 중요하다. 어떤 영문단락은 한 문장으로 쓰여지기도 하고, 어떤 영문단락은 상당히 긴 경우도 있다. 작가가 영문단락을 쓸 때, 사건이나 역사적 사실을 설명할 때는 시간의 순서에 따라 글을 쓰기도 하지만, 다른 정보를 설명할 때는 다른 방식으로 글을 전개하기도 한다. 이렇듯 영문단락 전개방식에는 정해진 원칙이 있는 것은 아니다. 하지만 영문단락을 쓸 때 순서에 따라 내용을 전개해야 하는 경우 대체로 다음과 같은 6가지 방식 중 하나의 방식을 택한다.

〈영문단락의 순서 전개방식〉

| 1. 시간의 순서 | 여러 사건이 발생된 순서별, 연대별 순서로 전개 |
|---|---|
| 2. 중요도의 순서 | 가장 중요한 것부터. 또는 가장 덜 중요한 것의 순서로 전개 |
| 3. 분류 순서 | 범주, 등급, 종류별로 전개 |
| 4. 위치 순서 | 지리적이거나 공간적 순서로 전개 |

| 5. 원인과 결과 순서 | 문제점과 해결점 순서로 전개 |
|---|---|
| 6. 비교와 대조 순서 | 비슷한 점과 다른점 순서로 전개 |

순서에 따라 전개되는 영문단락에서 작가의 중심생각이 무엇이고, 그 생각이 어디
(처음, 중간, 마지막, 전체)에 있는지를 살펴보고자 한다.

• 시간적 순서에 따라 전개되는 영문단락

디지털매체 영문텍스트가 시간 순서에 따라 내용이나 사건이 전개된 영문단락인 경
우, 작가는 그 사건이 발생한 순서(더 오래된 순 또는 가장 최근의 순)에 따라 사건들을
전개하며 표현한다.

Albert Einstein was born in 1879 in Ulm, Germany. He graduated from the University
of Zurich in Switzerland in 1905. In 1905 he also did some of his most famous work in
physics. In 1919 he won the Nobel Prize for physics. Between 1919 and 1933 he lived
in Germany and traveled a lot to talk to other scientists. Then in 1933 he had to leave
Germany because of Hitler and the Nazi Party. He moved to the United States. from
1933 until his death he lived in Princeton, New Jersey. He died on April 18, 1955.

* 출처 : http://books.google.co.kr/books?id=nTwbBAAAQBAJ&pg=PA91&dq

윗 영문단락의 주제는 The life story of Albert Einstein이다. 특히 그의 출생부터 죽음
까지 사건의 순서를 년도 별로 정리하고 있다.

〈Albert Einstein 일생 중 사건의 순서〉

| 년도 | 사건들 |
|---|---|
| 1879 | • Abert Einstein was born in 1879 in Ulm, Germany. |
| 1905 | • He graduated from the University of Zurich in Switzerland in 1905.<br>• He also did some of his most famous work in physics. |
| 1919 | • He won the Nobel Prize for Physics. |
| 1919~1929 | • He lived in Germany and travelled a lot to talk to other scientists. |
| 1933 | • He had to leave Germany because of Hitler and the mazi party. |
| 1933~1955 | • He moved to the United States |
| April 19, 1955 | • He died. |

■ 지리적/공간적 위치 순서에 따라 전개되는 영문단락

디지털매체 영문 텍스트가 한 곳에서 다른 곳으로, 즉, 장소의 이동에 따른 영문단락의 전개를 보여주기도 한다. 장소나 공간의 이동에 따라 전개되는 영문단락에서 중심생각은 각 장소에서 무슨 일이 일어나는지를 알아내는 것이 중요하다.

---

My New Kitchen

My new kitchen is a special place. Last summer my son and I went on vacation to Lithuania. When we came back home, we were surprised. We entered the door, and we saw a different kitchen from the one we had before. First of all, the new kitchen is a beautiful dark red color. In the middle of the wall there is a big sink with a dishwasher on the left side. The refrigerator is on the left next to the dishwasher.

The most beautiful things in my kitchen are the two cabinets above the sink. They have lights in them, and I turn on these lights in the early morning and the evening. On the right of the sink are the stove and the microwave. Near the stove is an open space with a large round table. There are four chairs at the table where we sit when we eat or drink coffee. My new kitchen is a special place where I like to cook and enjoy time. I am thankful to my husband for this surprise.

---

* 출처 : https://pjgalien.wordpress.com/tag/spatial-order-paragraph/
http://pjgalien.wordpress.com by Patricia Galien

장소가 옮겨짐에 따라 작가가 묘사하고자 하는 것에 대한 지도를 그려보는 읽기활동을 하면 영문단락 이해에 도움이 된다. 장소의 순서에 따라 전개된 영문단락은 이동 장소를 정리해 보면 쉽게 이해된다.

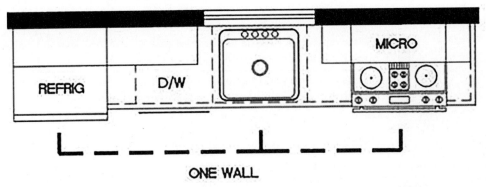

* 출처 : http://www.durasupreme.com/sites/aaidura.victor.aaidev.net/files/One_wall.jpg

■ 원인과 결과 순서에 따라 전개되는 영문단락

원인과 결과에 의해 전개된 디지털매체 영문단락에서는, 원인으로 시작되고 결과로 이어지는 경우(원인→ 결과)가 대부분이다. 하지만 반대로 결과로 시작하고 원인을 설명하는 텍스트(결과→ 원인)도 디지털매체 영문텍스트에서 자주 나타난다.

In recent decades, cities have grown so large that now about 50% of the Earth's population lives in urban areas. There are several reasons for this occurrence.
First, the increasing industrialization of the nineteenth century resulted in the creation of many factory jobs, which tended to be located in cities. These jobs, with their promise of a better material life, attracted many people from rural areas.
Second, there were many schools established to educate the children of the new factory laborers. The promise of a better education persuaded many families to leave farming communities and move to the cities.
Finally, as the cities grew, people established places of leisure, entertainment, and culture, such as sports stadiums, theaters, and museums. For many people, these facilities made city life appear more interesting than life on the farm, and therefore drew them away from rural communities.

* 출처 : http://lrs.ed.uiuc.edu/students/fwalters/cause.html

일반적으로 원인과 결과로 전개되는 다양한 매체 영문단락은 주제문이 있고, 이를 설명하는 구체적인 지원 문장들이 따르게 된다. 만약 주제문이 결과를 소개하는 문장이라면, 구체적으로 지원하는 문장들은 원인을 설명한다.

| 결과<br>(주제 문장) | 원인<br>(지원 문장들) |
|---|---|
| Cities have grown very large.<br>[There are several reasons for this.]<br>(도시들은 매우 크게 성장해왔다. 이에 대한 몇 가지 이유들이 있다.) | Factory jobs attracted people.<br>(공장 일은 사람들을 유혹했다.) |
| | Better schools attracted families to move to the city.<br>(더 나은 학교들은 가족들을 도시로 이동하게 유혹했다.) |
| | Places of leisure, entertainment, and culture made city life appear more interesting.<br>(여가, 오락, 문화 등의 장소들은 도시의 삶을 더욱 흥미롭게 보이도록 했다.) |

윗글에서 'There are several reasons for this.'라는 주제문을 지원하는 문장들이 어떻게 이어지는지를 볼 수 있다. 일반적으로 원인과 결과 순으로 전개하는 디지털매체 영문단락에서는 다음과 같은 접속사들이 사용되면서 영문들이 전개된다.

| | | |
|---|---|---|
| since | as a result | because of + noun phrase |
| because | therefore | due to + noun phrase |
| consequently | for this reason | so |

이 경우 접속사 사용에 주의가 필요하다. 먼저, 원인과 결과에 대한 순서를 명확하게 확인해야 한다.


- 중요도의 순서에 따라 전개되는 영문단락
• 가장 중요한 것에서 덜 중요한 것으로 전개되는 영문단락

디지털매체 영문단락이 중요도에 의해 전개될 때, 가장 중요한 것에서 덜 중요한 것으로 전개되거나, 또는 예나 구체적 설명으로 시작해서 점차 포괄적인 생각으로 전개되기도 한다. 이 때 중심생각은 지원 문장들에 의해 설명된다. 디지털매체 영문단락이 가장 중요한 것에서 덜 중요한 것으로 드라마 구조와는 반대인 연역적 방식으로 전개되는 경우가 많다.

Religions have become the most essential thing of human rights. However, there are five major religions that spread around the globe since ancient to modern times. First, the religion with the most numerous believers is Christianity. It has 954,766,700 believers which are globally spread from east to west. The base of Christianity is the teachings of Jesus Christ which was called The New Testament. The second religion with 538,213,900 believers is Islam. It was spread from Morocco, Middle East countries to Asian countries like Indonesia, Malaysia and Pakistan. The base of Islamic belief is the teachings of Prophet Muhammad and Holy Quran. Another religion with 524,273,050 believers is Hinduism. It was introduced in India about 3000 years ago based on The Vedas, the holy book of Hindu followers. The next is Buddhism which was introduced by Sidharta Gautama through his teachings in The Eightfold Way. It is held by 249,877,300 and spread in the east to Europe and United States. The last religion with its 14,353,790 believers is Judaism. It is spread widely and it was descended from Israel's tradition.

* 출처 : http://thequantum-class.blogspot.kr/2011/12/writing-paragraph-using-order-of.html
　　　 by : Indah Rahmawati

• 덜 중요한 것에서 가장 중요한 것으로 전개되는 영문단락

덜 중요한 것에서 중요한 것 순으로 전개되는 디지털매체 영문단락은 귀납적 글이다. 이러한 영문단락은 하나, 둘, 셋 등의 예를 드는 문장으로 시작하여 영문단락의 마지막에 중심생각을 전하는 글이다. 이 경우에 처음에는 약한 점들을 나열하고 가장 중요한 것은 마지막에 나열하는 전개방식이다. 이는 영문단락의 글이 점점 절정으로 이끄는 '드라마 형식의 구조'를 갖는다.

There are many box office movies made by movie industries in Hollywood every year. But only great motion pictures are nominated to win the prestigious awards such as Emmy Award, Golden Globe even Academy Award. Among those award winning movies, there are three genres of movies I like. The first genre is musical. It was represented by a beautiful classical movie The Sound of Music which was produced in 1964 and it was based on a real story about The Von Trapp family. The next genre is action which is a good recommendation for those who like to pump up their adrenaline. Action movies like Saving Private Ryan and The Pacific could be the best choices for spending the weekend. And last but definitely not least, my most favorite movie genre is drama and the best movie goes to Tootsie, a 1980s movie which was played by a famous actor Dustin Hoffman.

* 출처 : https://quizlet.com/31637275/organizational-patterns-flash-cards/

• 동등한 순서에 따라 전개되는 영문단락

그 외에도 동등하게 중요한 문장들이 나열되는 경우도 있다. 디지털매체 영문단락들도 있다. 특히 다음과 같은 전개 신호를 사용하면서 동등한 순서에 따라 나열되는 디지털매체 영문단락도 있다.

There are several things you can do to protect yourself when it gets very hot outside. First of all you should avoid strenuous activity or wait until the sun goes down. In addition, it is a good idea to wear light-colored clothing. And it is also important to eat less food and drink more liquids. Finally, try to stay in air-conditioned buildings or go to the beach or the mountains.

* 출처 : http://thequantum-class.blogspot.kr/2011/12/writing-paragraph-using-order-of.html

동등한 순서로 전개되는 디지털매체 영문단락에서는 다음과 같은 연결어를 사용하며 전개된다.

| ⟨Listing Signals / Signal Words⟩ | | |
|---|---|---|
| First | second | moreover |
| First of all | third | most importantly |
| For one thing | also | for example |
| One reason that | in addition | finally |
| The next + noun | another + noun | the most important + noun |

■ 비교와 대조 순서에 따라 전개되는 영문단락

사람들은 2개 이상의 것이 어떻게 비슷한지, 또는 어떻게 다른지를 실험하곤 한다. 다른 말로 비교(comparison)는 비슷한 점에 초점을 둘 때 사용하고, 대조는 다른 점 (contrast)에 초점을 둘 때 사용한다.

다음 글은 소녀와 소년의 잠재력을 대조하는 디지털매체 텍스트이다.

> Differences between the potential of girls' and boys' could be observed since their childhood. Female infants speak sooner, have larger vocabularies, and rarely demonstrate speech defects. (Stuttering, for instance, occurs almost exclusively among boys.) Girls exceed boys in language abilities, and this early linguistic bias often prevails throughout life. Girls read sooner, learn foreign languages more easily, and, as a result, are more likely to enter occupations involving language mastery. Boys, in contrast, show an early visual superiority. They are also clumsier, performing poorly at something like arranging a row of beads, but excel at other activities calling on total body coordination. Their attentional mechanisms are also different. A boy will react to an inanimate object as quickly as he will to a person. A male baby will often ignore the mother and babble to a blinking light, fixate on a geometric figure, and at a later point, manipulate it and attempt to take it apart. (From: Scarry & Scarry, 2011: 433)

\* 출처 : http://myreadwritebooster.wordpress.com/writing-3/2-paragraph-writing/10-paragraph-of-comparison-and-contrast/

위의 디지털매체 영문단락은 비교와 대조 순서에 의해 전개되면서 소녀와 소년이 어떻게 같고 다른가를 보여준다. 비교와 대조 순서에 의해 전개되는 디지털매체 영문단락을 읽을 때는 두 가지 이상의 비교 대상이 어떻게 같고 다른지를 보여주는 항목들을 작성해보는 것이 효과적이다.

| 소녀 (girls) | 소년 (boys) |
|---|---|
| • speak sooner<br>• have larger vocabularies<br>• rarely demonstrate speech defects<br>• exceed boys in language abilities<br>• prevails throughout life<br>• more likely to enter occupations involving language mastery | • visual superiority<br>• performing poorly at something like arranging a row of beads,<br>• excel at other activities calling on total body coordination.<br>• react to an inanimate object quickly<br>• ignore the mother<br>• babble to a blinking light<br>• fixate on a geometric figure<br>• manipulate it<br>• attempt to take it apart. |

비교와 대조로 전개되는 디지털매체 단락의 글에서 사용되는 연결어는 다음과 같다.

| 비교에 사용된 연결어 | 대조에 사용된 연결어 |
|---|---|
| • (in the same way)같은 방식에서<br>• (in a similar way)비슷한 방식에서<br>• (and, also, in addition) 그리고, 역시, 게다가<br>• (as well as)뿐만 아니라<br>• (both, neither)둘 다, 어느것도 아닌<br>• (each of)―의 각각<br>• (just as…so)단지 ―처럼 그렇게<br>• (similar to)―에 비슷한<br>• (similarly)비슷하게<br>• (like)―처럼<br>• (moreover)게다가<br>• (too)역시, ―도<br>• (the same)같은 | • (although)비록―할지라도<br>• (whereas)반면에<br>• (but)그러나<br>• (however)하지만<br>• (conversely)반대로<br>• (on the other hand)다른 한편으로<br>• (on the contrary)반대로<br>• (in contrast)대조적으로<br>• (while)반면에<br>• (yet)아직, 하지만<br>• (unlike)―같지 않게, ―않다면<br>• (different from)―과 다른<br>• (in contrast with)대조적으로<br>• (as opposed to)반대로 |

■ 분류 순서에 따라 전개되는 영문단락

　분류를 하며 전개되는 디지털매체 영문단락은 중심생각으로 시작하고 서로를 비교하고 대조하면서 주제에 대한 부수적인 분류에 대해 논의하며 전개된다. 분류를 하는 디지털매체 영문단락에서 분류의 예를 보여주면서 중심생각으로 시작하고, 차선의 생각을 설명하기 위해 디지털매체 영문단락의 나머지 내용을 사용하게 된다는 점을 명심하고 다음의 글을 살펴보자.

Dogs are domesticated animals that have been living with humans for generations. Dogs can be classified in a number of different ways. For example, they can be classified by breed. Examples of different breeds include beagles, basset hounds, poodles and countless others as defined by the American Kennel Club (AKC). They can also be classified by their role in the lives of their masters and the work they do. For example, a dog might be a family pet, a working dog, a show dog, or a hunting dog. In many cases, dogs are defined both by their breed and their roll. For example, a dog could be a beagle that is a family pet.

* 출처 : http://examples.yourdictionary.com/what-are-examples-classification-paragraphs.html

분류의 순서에 따라 전개되는 디지털매체 영문단락은 특정한 것들에 대해 보다 폭넓은 유사성들을 보여준다. 때론 분류한 것들이 비슷한 것인지, 아니면 어떻게 다른 것인지를 명확하게 분류하고 이름을 붙이기도 한다.

| 피에 의한 분류<br>(classified by breed) | 역할에 의한 분류<br>(classified by their role) |
|---|---|
| beagles, basset hounds, poodles and countless others | a family pet, a working dog, a show dog, or a hunting dog |

여러 가지 방식으로 전개되는 디지털매체 영문단락을 이해하기 위해서는, 그 영문단락이 전개되는 방식을 알고, 영문단락 읽기를 하면 훨씬 더 쉽게 이해할 수 있다.

뉴 리터러시 학습은
인문학 접근의 STEAM교육이다

# 1 뉴 리터러시 학습은 인문학 접근의 STEAM교육을 한다

스템(STEAM : Science, Technology, Engineering, Arts and Mathematics의 통합)교육은 인문·사회·과학 같은 다양한 교과영역을 연결하거나 통합하는 교육의 형태이다. 하지만 스템교육은 인문·사회·과학교과가 균형적으로 통합되기 보다는 자연과학을 중심으로 통합되는 교육이 되고 있다. 하지만 최근 인문학 접근의 스템교육을 추구하자는 움직임이 있다. 이는 인문·사회·과학 같은 다양한 교과영역을 교과주제로 통합하는 교과주제통합교육에서 다양한 매체텍스트의 이해능력(듣기와 읽기)을 표현능력(말하기능력과 쓰기능력)으로 연결하는 뉴 리터러시 능력향상을 목적으로 한 인문학 접근의 스템교육을 이끌고자 한다. 이는 교과학습과 리터러시 능력향상을 통합하는 초등학교 뉴 리터러시 교육을 가능하게 한다. 이렇듯 인문학 접근의 스템교육은 다양한 교과들의 통합학습을 운영하고, 학생들의 비판적 사고와 창의·융합적 역량을 기르는 뉴 리터러시 학습을 추구한다. 초등학교 교과주제통합 교실수업에서 인문학 접근의 뉴 리터러시 교육의 실현은 바로 인문학 접근의 스템교육을 이끈다. 그 이유는 뉴 리터러시 교육은 교과주제통합학습에서 다양한 매체읽기와 교과학습을 연결하는 인문학 접근의 스템교육을 실천하기 때문이다. 또한, 초등학교 뉴 리터러시 교육은 다양한 매체읽기를 통해 교과주제통합학습이 이루어지기 때문이다.

그럼에도 초등학교 교과주제통합 수업에서 인문학 접근의 스템교육을 실천하는 뉴 리터러시 학습에 대한 긍정적인 면과 보완할 면을 살펴볼 필요가 있다. 초등학교 뉴 리터러시 교육이 다양한 매체읽기를 통해 인문학 접근의 교과주제통합학습이 이루어질 때 먼저 긍정적인 측면을 살펴보면, 초등학교 교과목을 주제로 통합하는 교과주제통합학습에서 뉴 리터러시 수업이 이루어짐으로 인해 교과수업 시수만큼 교과주제통합 수업시수가 확대될 수 있다. 또한, 각 교과목은 표준화된 교과서와 CD-ROM이 있으므로, 각 교과주제별 수업안 작성이 용이하다. 수업차시를 교과주제별로 구체화하고 체계화할 수 있으므로 초등학교 교과주제통합수업과 리터러시 수업의 질을 보장할 수 있다. 무엇보다 교과수업에서 학생들의 흥미도에 따른 학생 주도적 다양한 매체읽기를 하는 뉴 리터러시 학습이 이루어진다. 마지막으로 교과별 표준화된 교과서가 있어 수업안을 작성하는 시간도 단축될 수 있다.

초등학교 뉴 리터러시 수업이 교과주제통합학습으로 이루어지는 경우, 언어교사와 교과교사 간 협업이 매우 중요한 요인이 될 수 있다. 이로 인해 특히 초등영어교사의 역량이 강화될 수도 있다. 교과주제통합수업이 뉴 리터러시 학습방법으로 이루어지므로 초등교사의 교과연구 역량도 다양한 매체 활용을 통해 강화될 수 있다. 뿐만 아니라, 초등학교에서 리터러시 교육이 강화되어 교사들의 뉴 리터러시 교수 의지가 강해질 수 있다.

이러한 장점에도 초등학교에서 교과주제통합학습으로 뉴 리터러시 교육이 이루어지는 경우 보완할 점도 상당히 있다. 교과주제통합학습을 기반으로 뉴 리터러시 교육이 이루어지는 경우, 초등학교 학생들의 교과내용에 대한 학습능력의 격차가 극대화될 수 있다. 이에 학생들은 이를 만회하기 위한 사교육이 심해질 수도 있다. 교과주제통합학습으로 이루어지는 뉴 리터러시 교육은 학생 개인별, 수준별, 지역 간 학습격차가 심해질 수도 있다. 또한, 뉴 리터러시 학습 우수자들의 기득권이 고착화될 수도 있다. 특히 뉴 리터러시 교육은 다양한 매체읽기와 쓰기학습이 이루어지므로 학생들의 듣기, 말하기와 읽기 쓰기 간 불균형적 능력을 갖게 될 수 있다. 특히 교사들의 쓰기지도 역량과 경험부족으로 교과주제기반 뉴 리터러시 수업운영에 어려움이 있을 수도 있다. 그 결과 교과주제통합학습을 다양한 매체 리터러시 학습으로 확장하지 못하고, 다시 교과서기반 CD-ROM에 의존하는 전통적인 리터러시 교육으로 고착될 수 있다.

초등학교 교과주제통합학습을 통해 뉴 리터러시 교육이 이루어지는 경우, 많은 장점에도 불구하고 뉴 리터러시 교육의 기본이 되는 학생들의 학습능력과 언어능력의 불균형이 심화되고 개별학생의 수준 차이를 가중시키는 뉴 리터러시 수업이 이루어질 가능성이 높다. 그렇다고 교육의 비전을 제시해야 하는 교육자가 전통적인 리터러시 교육으로 다시 역행할 수는 없는 일이다.

때문에 기술발달로 인해 변화하는 사회에 적응하는 인재양성을 위해 세계 많은 국가들의 교육정책에 발맞춘 초등학교 교과주제통합학습에서 뉴 리터러시 수업이 운영될 필요가 있다. 이를 위해 효과적인 뉴 리터러시 수업이 이루어질 수 있는 구체적인 교수학습방법이 제시되어야 한다. 그 결과 초등학교 뉴 리터러시 학습은 미래사회가 요구하는 인재양성을 목표로 한 교과주제통합수업이 되어야 한다. 이것이 초등학교 뉴 리터러시 학습의 방향이며 초등학교 교과주제통합학습의 대안이다. 초등학교 교과주제통합수업은 뉴 리터러시 학습을 통한 학생 개개인의 성공적인 삶과 사회가 요구하는 미래 핵심역량을 길러주는 장이 되어야 한다. 이 경우 미래 사회가 요구하는 핵심역량을 길러주는 공교육의 비전을 제시하게 될 것이다.

초등학교 교과주제통합학습이 다음과 같은 방향으로 이루어질 때 보다 효과적인 뉴 리터러시 수업이 될 수 있다.

• 20세기 전통적인 리터러시 수업은 교사가 학생에게, 또는 학생이 교과서로 향하는 한 방향 수업이 이루어졌다. 즉 한 장 한 장 일직선처럼 한방향으로 일관되게 전개되는 책읽기 같은 리터러시 수업이 이루어졌다. 이와 달리 21세기 뉴 리터러시 수업은 전통적인 인쇄매체읽기 뿐 아니라 다양한 방향에서 다양한 전개로 등장하는 디지털매체읽기에 대비하고; 양방향적으로 상호작용이 가능한 학습도구를 활용한 수업이 이루어진다. 무엇보다 다양한 매체텍스트의 지식과 정보기술을 양방향으로 활용하는 인터넷을 뉴 리터러시 학습도구로서 사용하는 수업을 이끌 것이다.

• 다양한 구성원들과 상호작용하는 뉴 리터러시 학습이 이루어질 수 있다. 이는 교과주제통합수업에서 그룹이나 팀웍으로 협업적 학습활동이 이루어지고 그룹멤버들과 상호작용하는 뉴 리터러시 학습이 이루어진다. 협업적 상호작용이 이루어지는 뉴 리터러시 학습활동에서는 팀원들이나 구성원들과 협업활동을 하며 소통할 뿐 아니라 함께 상호작용하며 문제해결을 위한 탐구활동이 이루어진다.

• 초등학교 교과주제통합학습을 뉴 리터러시 학습으로 운영하는 경우, 교과주제와 관련해서 탐색하고 싶은 구체적인 사항에 대해 학생 스스로 문제를 만든다. 뉴 리터러시 학습과정은 인터넷을 네비게이팅하면서 학생이 스스로 만든 문제를 해결하기 위해 적정한 정보를 탐색한다. 탐구읽기과정에서 비판적으로 정보에 대해 평가를 하고, 평가된 정보들을 종합한다. 그리고 자신의 의견을 창의적으로 표현하며 타인들과 공유하고 소통한다. 이러한 뉴 리터러시 학습과정은 자신의 인생을 계획하고, 개인적인 과제를 설정하고 수행하는 과정에서 문제를 해결한다. 문제해결 과정에서 학생들은 자신의 관심사항이나 필요한 것을 얻게 된다. 이렇듯 학생들의 삶과 세상에 대한 관심을 보호하는 뉴 리터러시 학습이 이루어진다.

초등학교 교과내용과 교수학습방법이 학생들의 미래역량을 위해 기여하고 있는지는 궁금하다. 현재 초등학교 교과내용과 교수학습 방법이 학생들의 미래 역량을 구축하는 교육인지를 점검해야 한다. 초등학교 학생들을 가르치는 교사나 배우는 학생들에게 새로운 교육의 쓰나미가 밀려오고 있다. 초등학교 교과주제통합수업에서 이루어지는 뉴 리터러시 교육은 앞으로 밀려오는 쓰나미에 대비하는 교육이다.

최근 기술발달로 인해 전 세계 각 나라의 교육동향은 주로 다음 세가지 교육을 강조하고 있다.

• 학생 주도적 학습, 학생들의 학습동기, 풍부한 자원, 교과학습을 위해 탑재된 기술과 그것들에 적응력을 강조하는 스마트(SMART: Self-directed, Motivated, Adaptive,

Resource Enriched, Technology Embedded)교육을 강조한다.

- '세상에 새로운 것은 없다, 오로지 융합만이 있을 뿐이다'라고 스티브잡스가 주장 했듯이 전 세계 교육동향은 과학, 기술, 공학, 예술, 수학 과목을 융합하는 스템(STEAM: Science, Technology, Engineering, Arts, Mathematics의 융합)교육을 강조한다.

- 학생들이 직접 참여하면서 경험하는 경험학습과 프로젝 기반의 문제해결식 학습을 강조한다. 21세기 교실수업은 교사가 정보를 제공하고 학생들은 그 정보를 암기하는 수동적 학습이 이루어져서는 안 된다. 학생들이 궁금한 것에 대한 문제를 직접 제기하고, 그 문제를 직접 해결해가는 문제해결식 학습이 이루어져야 한다.

교육환경이 인터넷 환경으로 바뀌면서, 학생들이 사회에 직접 참여하여 다른 사람들과 소통을 위해 SNS를 활용한다. 이렇듯 소통도구를 사용하면서 학생들은 사회의 구성원으로서 자신의 의견에 대한 목소리를 내고 있다. 뉴 리터러시 교육은 초등학교 교과주제통합학습을 통한 인문학 접근의 스템교육으로 시대를 반영한 차세대 리터러시를 이끈다. 초등학교 교과주제통합학습을 뉴 리터러시 학습으로 접근한 이유는 기술발달로 교육환경이 변화했기 때문이다. 뉴 리터러시 학습은 인터넷 세상에 넘쳐나는 디지털 매체정보를 활용하며 학생들이 직접 디지털 세상에 참여하여 교과학습에서 주어진 주제나 문제해결을 찾아 나선다. 또한, 학생들이 교과주제 관련 문제를 스스로 제기함으로써 학생주도적 탐구학습에 대한 학습동기를 이끈다. 학생들은 문제해결을 위해 인터넷에 넘쳐나는 정보를 사용하며 원하는 문제를 해결해가는 스마트교육을 한다.

초등학교 교과주제통합학습에서 뉴 리터러시 교육은 스마트교육을 기반으로 스템교육을 지향한다. 학생들이 직접 찾은 문제를 해결하기 위해 인터넷 정보를 찾아 탐구하는 문제해결식 학습이다. 그리고 학생들은 자신의 탐구학습 결과보고서를 SNS에서 다른 사람들과 공유하고 피드백을 주고받으며 소통을 한다. 이렇듯 초등학교 교과주제통합학습에서 뉴 리터러시 교육은 학생들에게 꼭 필요한 미래 핵심역량을 강화시킨다. 무엇보다 학생주도적으로 문제해결을 위해 자신만의 학습방법과 전략을 사용하는 스마트

학습이 이루어진다. 또한, 소통을 하기위해 다양한 매체와 기술을 사용하며 교과주제통합학습에서 스템교육을 실현한다.

미래 핵심 역량강화를 위해 스마트학습과 스템교육을 지향하는 초등학교 교과주제통합학습에서 뉴 리터러시 교육은 교과내용과 언어학습을 위해 통합적 교수학습방법을 사용한다. 통합적 학습방법은 교과주제통합학습에서 뉴 리터러시 학습을 통해 산출된 결과물을 Paper Motion 웹에 올리기와 Wiki-Web 포트폴리오 만들기 활동 등을 하면서 뉴 리터러시 활동을 통한 통합적 접근이 이루어진다. 포트폴리오 만들기 활동을 위해서는 기존 친근한 스토리를 활용할 수도 있다. 친근한 스토리를 사용하는 경우는 대본을 다시 써야 하는 부담이 적다. 그리고 친숙한 등장인물들과 사건전개로 대사 암기가 용이하다. 또한, 아는 동화스토리는 이미 검증된 언어재료를 사용할 수 있다. Paper Motion을 웹에 올리기 활동은 학생들이 주도적으로 문제해결 방식의 학습을 가능하게한다. 웹 올리기 활동과정이나 결과는 뉴 리터러시 학습활동의 창조물이 된다. 이러한뉴 리터러시 학습활동은 소극적인 학생도 적극적으로 참여할 수 있다는 장점이 있다. 그리고 짧은 대본을 사용하기 때문에 수정도 용이하다. 무엇보다 역할 분담으로 다양한수준의 학생들 사이에서 협업이 가능하다. 웹에 탑재된 학생들의 결과물은 포트폴리오로 활용될 수 있고, 듣기와 쓰기 교정활동 등 다양한 연계학습이 가능할 수 있다. 그리고 학교나 국내외 사람들과 공유 및 교류도 가능하다.

WIKI를 활용한 Web 포트폴리오는 초등학교 교과주제통합학습의 학습목표, 학습내용, 학습방법에 대한 원칙을 가지고 설계할 수 있다. 특히 학생들에게 필요한 미래핵심역량 요소와 스마트러닝 요소를 고려한 Paper Motion 올리기는 시대변화를 반영한 초등학교 교과주제통합학습에서 창의적 뉴 리터러시 학습활동을 이끈다. Paper Motion을 Web에 올리기를 하는 학습활동으로 이루어지는 예가 있다. 이 자료는 초등영어 말하기 · 쓰기 교육의 방향(한국중등영어교육 학술대회 10.12)에 대한 프리젤 자료에서 Paper Motion 제작과정을 예시한다.

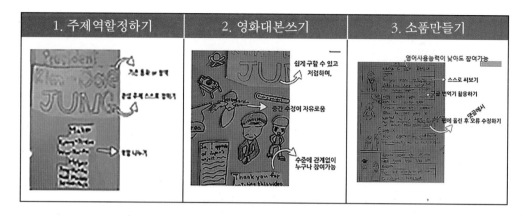

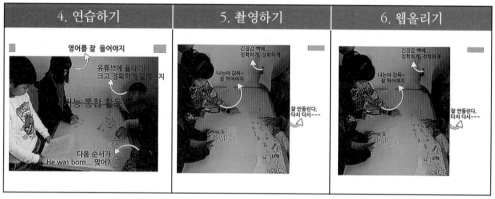

\* 출처 : https://prezi.com/o5qyvra15olw/1012/ - 말하기 쓰기능력 신장을 위한 초등영어교육의 방향

# 2 뉴 리터러시 쓰기학습도 전략이 있다

　뉴 리터러시 학습의 마지막 단계인 창의적 표현과 소통을 위한 쓰기단계는 뉴 리터러시 학습활동의 꽃이라 할 수 있다. 뉴 리터러시 학습은 교과주제 관련 질문을 통한 묻는 읽기와 탐구읽기에서 얻은 자신의 생각을 표현하여 세상의 다른 사람들과 소통하는 학습과정을 거친다. 뉴 리터러시 학습에서 쓰기를 잘하는 것은 자신의 생각을 표현하여 다른 사람들과 공유하고 소통하는 미래 역량을 갖추는 일이다. 이렇듯 쓰기를 잘하는 일은 학생들에게는 단순한 선택이 아니라, 미래 리터러시 역량인 뉴 리터러시 학습을 위해 필수적인 능력이기도 하다. 다양한 매체읽기에서 정보내용에 대한 이해 스킬과 자신의 생각을 올바르게 표현하는 스킬은 교과학습을 성공으로 이끄는 지표이다. 그리고 글로벌 경쟁사회에서 시민들의 사회참여를 위해서도 필수적인 스킬이기도 하다. 그럼에도 초등학교 리터러시 교육에서는 미래사회를 살아가야 할 학생들에게 중요한 역량인 읽고 쓰는 스킬을 체계적으로 가르쳐주지 못하고 있다.

　미국에서도 정규교육과정을 졸업한 학생들이 사회에서 요구한 쓰기 스킬의 기본수준에도 못 미치고 있다는 보고들이 있다. 고등학교 7000명의 학생들은 글쓰기 교과목을 통과하지 못해 고등학교를 졸업하지 못한다는 연구도 있다(Kamil, et.al. 2000). 이러한 현상은 초등학교부터 고등학교까지의 교육과정에서 가장 중요하게 다루어져야 하는 기본적인 리터러시 스킬이 부족하기 때문이라고 주장한다. 리터러시 능력은 중요한 정보나 스토리를 읽고 쓰는 스킬을 포함하기 때문에, 학생들의 부족한 쓰기 스킬은 국가의 리터러시 교육에 대한 위기를 말해준다. ACT의 최근 연구에서도 고등학교 학생들의 3분의 1은 대학 수준의 영어 작문코스를 위한 리터러시 교육을 접하지 못한다고 했다. 그리고 대학에 들어가서도 효과적인 쓰기 리터러시 스킬을 배울 수 있는 것 같지 않다고 밝혔다. 이젠 초등학생부터 고등학교까지 전 학년 교육과정에서 단계별 특별한 쓰기지도가 제공되어야 할 것 같다.

최근 세계 많은 국가들에서 쓰기 리터러시 교육에 관심을 갖고 있다. 그 이유는 인터넷의 발달로 세계 여러 나라의 사람들과 자신의 생각을 주고받는 소통 능력이 미래역량의 핵심이기 때문이다. 무엇보다 뉴 리터러시 교육이 전통적 리터러시 교육과 다른 점은 바로 소통에 있다. 때문에 학교에서 이루어지는 쓰기 리터러시 교육에서 교사는 쓰기성취가 낮은 능숙도를 보이는 학생들에게도 특별히 관심을 가져야 한다. 하지만 쓰기 스킬이 낮은 학생들이 쓰기 스킬을 향상시키기 위해 리터러시 수업을 받는 것은 올바르지 않을 수 있다. 그 이유는 쓰기학습에서 낮은 성취를 보인 학생들은 학습의 무능력자로 인식되는 경향이 있다. 그리고 쓰기학습에서 낮은 능숙도를 보이는 학생들은 수업 중 말이 없거나 조용한 편이라 쓰기수업에서 추가적인 도움을 받으려 하지도 않으려고 한다. 그러므로 쓰기학습에서 낮은 능숙도를 보이는 학생들에게 쓰기지도를 하는 것보다 그룹 활동에서 쓰기지도활동이 자연스럽게 이루어지는 것이 더 효과적일 수 있다.

〈쓰기능력향상과 쓰기수업에 관한 연구들〉

| Persky et al. (2003) | 4~12학년에서 학생들의 70%는 글쓰기에서 낮은 성취를 보인다. |
|---|---|
| Greene & Winters, (2005) | 고등학교 학생들의 70%만이 규칙적인 수료증을 가지고 정시에 졸업한다. 아프리칸과 아메리칸의 60% 학생과 라틴 학생들의 60%만이 정시에 졸업한다. |
| National center for Education Statistics, (2005) | 낮은 수준의 리터러시 점수를 가진 어른의 반은 낙오되었고 이 사람들의 거의 4분의 1은 고등학교 졸업자들이다. |
| Achieve, Inc. (2005a,b) | 고등학교 졸업자의 50%가 대학수업에서 대학 수준의 쓰기를 준비해주지 않는다고 평가한다. |

쓰기 리터러시 학습에 관한 많은 연구는 쓰기성취를 위해서는 읽기성취가 매우 중요하다는 점을 강조한다. 일부 연구는 읽기에 어려움을 가진 학생들에 초점을 두고 쓰기수업을 개선하는 방법을 제공한다. 또한, 읽기역량을 강조한 Reading Next도 4~12학년의 학생들의 읽기수업을 개선하는 것이 학생들의 쓰기역량을 갖추는 데 중요한 요인이라는 점을 강조한다. Reading Next는 미국의 리터러시 전문가들이 학생들의 읽기수업을 개선하기 위해 필요한 요인들과 일반적인 읽기방법을 제공한다. 반면에 Writing Next는 학생들의 쓰기수업을 개선하기 위한 가이드라인을 제공한다. 특히 Writing Next는 학교 교과수업에서 쓰기 리터러시 학습을 위해 사용가능한 특별한 쓰기 리터러시 스킬을 강조한다. 그리고 학생들의 쓰기능력을 향상하기 위해 쓰기수업에서의 학습활동들을 효과적으로 정리해주고 있다. 무엇보다 쓰기 리터러시 능력 향상과 쓰기 리터러시 수업에 관한 연구들은 쓰기 리터러시 수업에서 사용할 수 있는 다양한 요인들을 정리해준다. 교과주제통합학습을 위한 도구로서 읽기를 쓰기로 연결하는 뉴 리터러시 쓰기 학습활동을 효과적으로 운영하기 위해 초등학교 쓰기수업에서 필요요인들을 정리하도록 한다.

Writing Next는 효과적인 4~12학년 학생들의 쓰기수업에서 사용할 수 있는 11가지 요인들을 설명한다.

| 4~12학년 학생들의 쓰기 성취를 개선하기 위한 효과적인 요인들 ||
|---|---|
| 1. 쓰기전략 사용 | 7. 사전쓰기 |
| 2. 요약하기 | 8. 질문하기 |
| 3. 협업적 쓰기 | 9. 과정쓰기 |
| 4. 특별한 쓰기 목적 | 10. 모델쓰기 |
| 5. 워드 프로세스 사용하기 | 11. 내용학습에서 쓰기 |
| 6. 문장 결합하기 | |

뉴 리터러시 쓰기학습에 관한 어떤 접근이나 방법도 모든 학생들의 요구를 만족시키지는 못한다. 때문에 교사들은 뉴 리터러시 쓰기수업을 위해 그룹 활동이나 개인 활동에 맞는 적절한 쓰기전략을 선택할 수 있어야 한다. 교사들은 특히 뉴 리터러시 쓰기학습 과정에서 위의 11가지의 요인들을 사용할 수 있어야 한다. 하지만 각 항목들 중 특별한 학생의 니즈에는 특정한 요인들이 사용될 필요가 있다. 위의 각 요인들은 쓰기과정에서 독립적으로 사용될 듯 보이지만, 각 요인들은 상호 연결되며 사용된다. 이는 학생들이 협업적 쓰기활동을 하지 않고는 과정쓰기활동이 이루어지지 않다는 점을 말해준다. 위의 11가지 요인들이 서로 상호 연결되어 사용될 때 효과적인 과정쓰기 학습이 가능해진다. 무엇보다 11개의 쓰기요인들은 학생들의 니즈에 따라 선택적으로 혼합되어 사용된다. 뉴 리터러시 쓰기학습에서 사용되는 각 요인들에 따른 구체적인 활동들을 알아야 한다.

〈뉴 리터러시 쓰기학습에서 사용할 수 있는 활동들〉

| 요인 | 내용 |
|---|---|
| 1. 쓰기 전략 | 학생들이 교과주제관련 읽기를 한 후, 자신의 의견을 자신의 용어로 쓰기를 한다. 이때 쓰기를 계획하고, 수정하고, 편집하기 위해 학생들에게 전략을 가르친다. |
| 2. 요약하기 | 다양한 매체텍스트를 읽고 이를 어떻게 요약할지를 학생들에게 명확하게 체계적으로 가르친다. |
| 3. 협업적 쓰기 | 학생들이 교과주제관련 다양한 매체읽기를 한 후, 자신의 주장이나 의견에 대한 글쓰기를 계획하고, 초안을 쓰고, 수정하고, 편집하기 위해 글쓰기를 협업활동으로 이끄는 수업 안을 사용한다. |

| | |
|---|---|
| 4. 특별한 쓰기 목적 | 학생들이 완성하고 싶은 글쓰기를 이끌기 위해, 학생들이 도달 가능한 쓰기목표를 제공한다. |
| 5. 워드프로세스 사용하기 | 뉴 리터러시 마지막 단계에서 블로깅을 하거나 학교 위키 등에 포스팅할 쓰기과제를 위해 쓰기활동을 지원할 수 있는 컴퓨터나 웨드프로세서를 사용한다. |
| 6. 문장 결합하기 | 학생들이 단문이 아니라 보다 복잡하고, 좀더 우아한 문장을 만들도록 문장결합을 통한 쓰기 스킬을 가르치도록 한다. |
| 7. 사전쓰기 | 학생들이 자신의 의견으로 글쓰기를 위해 아이디어를 생성하도록 학생들을 도와 쓰기활동에 적극적으로 참여하도록 이끈다. |
| 8. 질문하기 | 뉴 리터러시 학습에서 가장 중요한 활동은 바로 질문만들기와 질문하기 활동이다. 질문하기 활동은 학생들이 자신의 의견에 대한 특별한 글쓰기 과제를 하기 위해 아이디어나 내용을 만들도록 도와준다. 또한, 학생들이 구체적인 데이터를 분석하는 데 참여하게 해준다. |
| 9. 과정쓰기 | 뉴 리터러시 학습의 마지막 단계에서 교과주제에 관해 비판적 읽기를 한 후, 자신의 의견에 대해 쓰기 기회를 갖게 된다. 이때 실제 청중을 위한 과정쓰기를 하도록 한다. 과정쓰기 기회를 갖도록 이끄는 워크샵을 통한 쓰기지도를 한다. |
| 10. 모델쓰기 | 뉴 리터러시 탐구읽기과정에서 찾은 정보들을 통합하고 평가하여 얻은 자신의 생각을 표현하기 위해 쓰기를 할 때, 학생 스스로 주도적으로 쓰기를 하지 못하는 경우, 교사가 모델쓰기를 보여주거나, 그룹학생들 중 한명의 글을 보고 모델쓰기를 하도록 한다. 모델쓰기는 다른 잘 써진 글을 보고 자신의 생각을 글로 표현하는 글쓰기를 한다. |
| 11. 내용학습에서 쓰기 | 교과목 주제관련 내용학습을 통해 교과내용에 관한 다양한 매체 자료를 읽고, 교과내용 학습을 위한 도구로서 쓰기활동을 사용한다. |

Writing Next의 수업요인들은 학생들의 쓰기를 개선하기 위한 명백한 방식을 보여준다. 특히 학생들의 뉴 리터러시 쓰기능력이 향상되기 위해 교실수업에서 사용가능한 쓰기방식을 제시한다. 최근 많은 연구들은 학생들의 뉴 리터러시 쓰기학습의 필요성에 대한 관심이 뜨겁다. 특히 뉴 리터러시 읽기학습을 뉴 리터러시 쓰기학습으로 연결하는 뉴 리터러시 스킬에 많은 관심을 보인다.

뉴 리터러시 쓰기능력은 때론 뉴 리터러시 읽기능력의 다른 면으로 보이기도 한다.

하지만 우리는 뉴 리터러시 읽기활동에 능숙한 학생들은 뉴 리터러시 쓰기활동에도 능숙할 거라고 생각한다. 이는 뉴 리터러시 읽기활동을 잘하는 학생들은 당연히 쓰기활동도 잘하도록 이끌 수 있어야 한다는 말이다. 하지만 뉴 리터러시 읽기활동을 잘하면 뉴 리터러시 쓰기활동을 잘할 수 있을까? 읽기활동과 쓰기활동은 상보적인 스킬이긴 하지만, 두 스킬은 평행선을 달리는 서로 섞일 수 없는 능력들이기도 하다. 예를 들어, 뉴 리터러시 읽기활동은 평균이상인데 뉴 리터러시 쓰기활동에서는 많은 어려움을 느끼는 학생들이 많다. 이는 뉴 리터러시 읽기 스킬과 뉴 리터러시 쓰기 스킬 간 관련된 특성들이 변화되었다는 의미이다. 다양한 매체텍스트 읽기를 하는 학생들은 작가의 생각을 자신의 배경지식이나 경험으로 이해한다. 또한, 글을 쓴 작가는 자신의 생각을 글로 표현하기 위해 구조를 조직하고 문법규칙에 맞게 문자를 사용하며 텍스트를 쓴다. 이런 점 때문에 뉴 리터러시 읽기와 뉴 리터러시 쓰기는 배경이 같다고 생각한다. 하지만 뉴 리터러시 읽기활동과 뉴 리터러시 쓰기활동은 학생 자신들의 생각에 의해 다른 그림이 그려질 수 있다. 그러므로 뉴 리터러시 읽기능력을 향상시킨다고 반드시 뉴 리터러시 쓰기능력이 향상되지는 않는다. 학생들이 뉴 리터러시 쓰기에 어려움을 느낀다는 점에 기인하여 초등학교 교과주제통합학습에서 이루어지는 뉴 리터러시 쓰기수업은 학생들의 쓰기 리터러시 능력을 향상시키기 위한 노력이 절실히 필요하다.

그런데 뉴 리터러시 쓰기가 왜 중요한 건가? 삶의 대부분은 읽기와 쓰기 스킬을 요구한다. 소통이 중시되는 미래에는 그 중에서도 읽기보다는 쓰기활동을 더 많이 하게 될 것이다. 쓰기를 잘하는 학생은 쓰기활동이 일어나는 환경에서 융통성 있게 쓰기를 한다. 초등학교 교과주제통합학습 환경에서 쓰기활동은 여러가지 특징들이 서로 상보적인 역할을 한다.

| 첫 번째 특징 | • 쓰기활동을 하는 다양한 목표(계획하기, 평가하기, 텍스트를 수정하기)를 성취하기 위해 쓰기전략을 사용한다.<br>• 이를 기반으로 자신의 의견을 표현하고 보도하는 쓰기를 한다. |
|---|---|
| 두 번째 특징 | • 쓰기활동은 학생들의 지식을 확장하고 지식을 깊이 있게 사용하는 수단이 된다.<br>• 교과주제통합학습 내용을 배우기 위한 도구로써 쓰기활동을 하기도 한다. |

위의 두 가지 특징들이 상호 연결되며 쓰기활동을 지원한다. 때문에 Reading Next 는 교사들이 읽기 스킬과 쓰기 스킬을 가르치기 위해 교과주제통합학습 내용으로서 다양한 매체텍스트 읽기와 이를 통한 학생자신의 생각을 표현하는 쓰기활동의 통합이 나 연결을 강조한다. 이러한 점에서 교과주제통합학습에서 내용교사들은 교과주제 관련 다양한 매체읽기와 쓰기 리터러시 수업에서 뉴 리터러시 스킬연습을 해야한다.

일터에서도 쓰기활동은 요구된다. 일터에서는 문서를 작성하기도 하고, 비주얼이나 텍스트 발표문, 기술적 보고문과 전자적 메시지를 작성하도록 요구된다. 무선통신의 발달로 일터에서도 쓰기 스킬이 끊임없이 요구된다. 국제 쓰기 위원회(The National Commission on Writing(2005)에서 발표한 최근 보고는 일터에서 고용주들 대다수가 쓰기 능숙도를 가지고 있는지가 고용인들의 임용과 승진에 지대한 영향을 미친다고 강조했다. 이렇듯 일상에서도, 일터에서도 쓰기 능숙도는 학교나 사회에서 필요한 인 재가 되는데 중요한 요인이 된다. 일터뿐 아니라 대학입시를 위해서도 쓰기능력을 평 가하고 있으므로 뉴 리터러시 쓰기능력이 부족한 학생들은 대학이 요구하는 역량을 갖추고 있지 못한 것이다.

〈학교 쓰기교육이 일터에서 요구하는 쓰기능력에 미치는 영향〉

| Achieve, Inc. (2005) | 대학에서 고등학교 졸업자의 35%와 일터에서 고등학교 졸업자의 38%는 쓰기스킬에 대한 기대에 부응하지 못한다. |
| --- | --- |
| National Commission on Writing (2005, p.4) | 개인 고용인의 반 정도와 주 정부 고용인들의 60%이상은 쓰기 스킬들이 승진결정에 영향을 미친다. |
| National Commision on Writing (2005, p.4) | 부족한 스킬로 쓰기를 한 지원서는 일자리를 찾고자 하는 후보자들의 일자리 기회에 죽음을 부르는 것과 같다. |

학생들은 대학에 들어가서 쓰기학습을 다시 시작하고 싶어 한다. 이에 대학은 읽기와 쓰기에 어려움을 가진 학생들이 쓰기를 배우고 싶어 하는 욕구에 부응하고자 노력한다. 특히 대학은 뉴 리터러시 쓰기과정을 학생들에게 제공하는 것이 학생들의 사회진출에 도움이 될 거라고 여기고 쓰기 리터러시 과정을 제공하고자 애쓴다. 하지만, 노력하고 있

는 대학들조차도 학생들에게 사회가 요구하는 뉴 리터러시 쓰기 스킬을 가르치기 위한 적절한 교수학습방법과 전략을 갖추질 못하고 있다. 무엇보다 대학은 학생들이 뉴 리터러시 쓰기능력을 갖추는 것이 대학의 학문적 교육과정 질의 문제가 아니라, 학생들의 학문적 쓰기 리터러시 능력의 문제라는 것을 간과해서는 안 될것이다.

뉴 리터러시 쓰기활동에서 계획하고, 수정하고, 편집하기 위한 쓰기전략을 가르치게 되면 학생들이 글쓰기의 질에 놀랄만한 영향을 미친다. 뉴 리터러시 쓰기수업에서 쓰기전략을 지도하면 학생들은 다양한 매체읽기 텍스트를 비판적으로 읽고, 자신의 의견으로 재창조하기위해 글쓰기를 계획하고, 수정하고, 편집하며 뉴 리터러시 쓰기학습단계를 자연스럽게 따른다. 뉴 리터러시 쓰기 교수학습 목표는 학생들이 뉴 리터러시 쓰기전략을 자신들의 글쓰기활동에 적절하게 사용하도록 가르치는 것이다.

### ■ 학생주도적 뉴 리터러시 쓰기전략

뉴 리터러시 쓰기수업에서 학생들은 주도적으로 뉴 리터러시 쓰기 스킬을 배우게 된다. 뉴 리터러시 쓰기 스킬은 쓰기목표를 정하고, 쓰기과정을 스스로 모니터링하고, 학생주도적 쓰기학습을 강화하는 것이다. 학생주도적 쓰기학습은 쓰기전략, 쓰기과정과 학생들의 행동을 스스로 조정하는 것을 배우는 것이다. 쓰기활동을 학생 주도적으로 수행하기 위해서는 학생들 스스로가 쓰기전략을 기억해야 한다. 이런 점에서 뉴 리터러시 쓰기수업은 쓰기전략을 학생이 주도적으로 배운다. 즉, 쓰기수업은 학생들이 협업적으로 브레인스토밍을 하면서 쓰기과정을 시작한다. 뉴 리터러시 쓰기수업에서도 이야기 같은 픽션 쓰기나 설득적인 에세이 같은 넌픽션 쓰기과정을 지도하기 위한 교수전략이 따로 필요하다. 뉴 리터러시 쓰기과정에서 명시적으로 쓰기 유형을 계획하고, 다시 쓰고, 편집하는 쓰기 교수학습 전략은 학생들의 쓰기의 질을 높이는 데 영향을 미친다. 쓰기전략을 가르치는 뉴 리터러시 쓰기수업은 쓰기에 어려움을 가진 학생들에게 특히 효과적이다. 평균수준의 쓰기능력을 가진 학생들을 위해서는 아주 강력한 쓰기 스킬이 필요하다. 쓰기활동에서 낮은 성취보이는 학생과 11개 쓰기전략 수업을 하게 되면 평균적으로 뉴 리터러시 쓰기를 성취할 수 있게 될 것이다.

뉴 리터러시 수업에서 이루어지는 학생주도적 쓰기활동은 학생들이 쓰기를 기획하고, 초고쓰기를 하고, 다시쓰기를 위한 특별한 쓰기전략을 배우도록 돕는다. 학생주도적 쓰기수업은 명확하게 쓰기 스킬을 가르치는 수업과 쓰기 스킬을 배우는 학습이 이루어진다. 이러한 점에서 학생주도적 쓰기수업은 뉴 리터러시 쓰기학습과정의 꽃이다. 쓰기전략을 가르치고 배우는 뉴 리터러시 쓰기수업에서 교사는 학생들이 쓰기전략을 적극적으로 사용하도록 도와주는 협업자가 된다. 뉴 리터러시 쓰기수업과정을 이해하기 위해서는 학생주도적 쓰기수업에서 학생들이 사용하는 6단계 쓰기학습 활동들을 확인할 필요가 있다.

| 쓰기전략 | 쓰기전략 사용 |
|---|---|
| 배경지식 끌어내기 | • 뉴 리터러시 쓰기전략을 사용하기 위해 학생들은 수업 전에 교실 밖에서 가져온 학생들의 배경지식을 끌어내어 쓰기수업 활동과 연결하도록 한다. |
| 묘사하기 | • 학생들의 배경지식을 학습목적과 연결하고 학생들이 배울 교과학습 전략과 뉴 리터러시 쓰기전략을 설명하고 논의한다. |
| 모델하기 | • 교사는 뉴 리터러시 쓰기전략의 사용방법을 모델링한다. |
| 암기하기 | • 학생들이 뉴 리터러시 쓰기전략을 기억하도록 하기 위해 연상기법을 사용한다. |
| 지원하기 | • 교사는 학생들이 뉴 리터러시 쓰기전략을 사용하도록 단계적 지원을 한다. |
| 독립적으로 전략사용하기 | • 학생들은 교사의 지원이 없이도 뉴 리터러시 쓰기전략을 학생 자신의 쓰기 활동에 적용한다. |

■ 뉴 리터러시 쓰기수업에서 계획하기

뉴 리터러시 쓰기수업에서 쓰기를 계획하기는 다음과 같은 쓰기전략 사용을 계획한다.

| 쓰기 전략사용 활동 |
|---|
| 추임새에 주의하기 |
| 중심생각을 리스트하기 |
| 지원적 아이디어를 추가하기 |
| 아이디어에 번호를 붙이기 |

■ 뉴 리터러시 쓰기수업에서 쓰기전략 사용하기

쓰기활동에서 전략사용을 하면서 쓰기를 한다.

| 쓰기전략사용 활동 |
| --- |
| 쓰기활동 계획에 따라 쓰기 |
| 쓰기 학습목표를 기억하기 |
| 각 단락의 연결어를 포함하기 |
| 다른 유형의 문장을 사용하기 |
| 흥미있는 10,000 단어 즐기기 |

• 뉴 리터러시 쓰기수업에서 협업적 쓰기전략

협업적 쓰기전략은 학생들이 팀으로 나뉘어 뉴 리터러시 쓰기학습활동을 한다.

• 뉴 리터러시 쓰기학습에서 높은 성취를 보이는 학생은 도우미가 되고, 낮은 성취를 보이는 학생은 작가가 되어 역할활동을 하며 협업적 뉴 리터러시 쓰기활동을 한다.

• 학생들은 쓰기과제를 팀원과 협의하면서 수행한다. 도우미 학생(높은 성취를 보이는 학생)들은 작가 학생(높은 성취를 보이는 학생)들의 의미 파악하기, 글을 조직하기, 스펠링하기, 구두점을 찍기, 아이디어 생성하기, 초고 쓰기, 에세이를 다시 읽기, 에세이를 편집하기 등의 쓰기전략 활동을 돕는다.

• 학생들은 이러한 쓰기전략사용을 평가받는다. 교사는 중간 중간 확인활동을 통해 학생들을 모니터링하고, 뉴 리터러시 쓰기활동을 적극적으로 지원하고, 학생들을 칭찬하거나 격려와 관심을 표현해준다.

• 뉴 리터러시 쓰기수업에서 쓰기목표를 정하는 쓰기전략

뉴 리터러시 쓰기활동에서 특별한 점에 중점을 두고 쓰기목표를 정하는 전략이다.

• 학생들은 하나의 특정한 점에 대해 쓰기를 하기 위해 쓰기전략을 사용한다. 쓰기목표가 같은 학생들은 특정 독자를 위해 계획된 설득적 글을 쓴다. 교사들은 신뢰있는 설명을 해주고, 그 설명이 신뢰 있다는 점을 지원하는 2~3개 이유를 댄다. 각각

의 이유들을 지원하는 정보나 예를 제시한다. 다른 사람들이 동의하지 않을 것 같은 2~3개 이유를 더 대고, 왜 그 이유들이 잘못된 것인지에 대해 학생들끼리 논쟁적 담화를 하도록 명확한 쓰기목표를 제시한다.

• 뉴 리터러시 쓰기수업에서 문장결합을 통한 쓰기전략

문장결합을 통한 쓰기전략은 전통적인 문법수업에서 부가적으로 사용되는 쓰기접근 방식이다. 문장결합 쓰기수업은 학생들에게 2~3개의 기본문장들이 다른 문장과 결합된 예문을 보여주고, 더 복잡한 문장을 만들도록 가르친다. 쓰기활동에 높고 낮은 수준을 보이는 학생들에게 다음과 같은 문장결합 쓰기수업을 수준에 맞게 가르치면 도움이 될 것이다.

〈문장결합을 통한 쓰기활동〉

---

• and, but, however, because 등의 연결어를 사용하여 서로 관련된 문장을 연결하여 복합 문장으로 결합하기

---

• 한 문장의 부사나 형용사를 다른 문장에 삽입하기

---

• 한 문장의 부사나 형용사절을 다른 문장에 삽입하여 복합문 만들기

---

• 형용사, 부사, 부사절, 형용사절을 포함한 삽입절 만들기

---

문장결합을 통한 쓰기수업에서 교사는 학생들이 문장결합을 통한 쓰기활동을 하는 동안 학생들을 지원하고, 문장결합의 모델을 보여주기도 한다. 학생들은 교사들이 가르쳐준 문장결합 스킬을 쓰기활동에 적용하기 위해 협업활동을 한다.

• 뉴 리터러시 학습과정에서 탐구활동을 통한 쓰기전략

탐구활동을 통한 쓰기전략은 뉴 리터러시 쓰기전략과 비슷하다. 학생들이 다양한 매체읽기를 통해 교과주제통합학습에서 흥미있는 교과주제내용을 탐구한다. 탐구읽기를 통한 쓰기활동에서는 학생들의 탐구활동의 전 과정을 묘사한다. 학생들은 탐구활동에서 보여주었던 더 정교한 각각의 활동을 리스트 한다. 이때 학생들은 그룹활동을 통해

협업적으로 탐구활동을 묘사한다. 그리고 학생들은 뉴 리터러시 탐구학습 과정이나 탐구내용에 대해 몇 개의 문장으로 작문을 하고 수정한다. 교사들은 학생들의 탐구활동에서 특별한 것에 의도를 가지고 작문을 하도록 지원한다.

### • 뉴 리터러시 쓰기수업에서 모델쓰기 전략

모델쓰기활동에서는 전혀 그럴 리가 없다고 생각하는 것을 주장하며 쓴 설득적 에세이와 그럴 것 같다는 점을 독자에게 설득하기 위해 쓴 설득적 에세이 같은 잘 쓰인 설득적 에세이 쓰기모델 2개를 학생들에게 보여준다. 교사는 학생들과 두 에세이에 대해 논의한다. 다음날 학생들은 그것이 그럴 리가 없다고 주장했던 에세이에 대해 자신의 입장을 쓴다. 학생들에게는 '겨울보다 여름에 감기가 더 잘 걸린다'는 점에 찬성과 반대에 대해 논의하는 설득적 에세이 쓰기과제가 주어진다.

### • 교과주제통합수업에서 쓰기전략

교과주제통합학습에서 쓰기는 과학이나 수학수업에서 교과내용에 대해 쓰기활동을 하는 것이다. 학생들은 과학수업에서 사람들의 혈액순환체제에 대해 공부를 한다. 교사의 교수목표는 학생들이 사람들의 심장, 혈액, 순환이 역할에 대한 개념을 알도록 도와주는 것이다. 과학교사는 학생들에게 사람들의 혈액순환에 관한 정보를 설명한다. 과학수업에서 학생들은 사람들의 혈액순환체제라는 주제에 대해 더 깊이 이해하도록 다양한 매체 과학 텍스트 읽기를 통해 정보를 해석하고 이해되지 않은 정보에 대해 질문하고, 소통하고 경험한다. 교사는 학생들에게 과학교과 내용에 대한 쓰기활동으로 질문에 답을 하도록 하고 이를 요약하도록 요구한다.

과학교과주제통합 내용학습을 위한 뉴 리터러시 쓰기활동에서 교사가 학생들에게 제시하는 쓰기과제가 학생들에게는 쓰기 스킬을 익히는 활동을 하는 것이 된다. 그래서 과학교과내용에 대한 뉴 리터러시 쓰기과제는 쓰기활동 자체라기보다는 교과내용학습을 위한 도구가 된다.

Writing Next에서 제시한 쓰기전략 사용을 위한 11개의 쓰기전략 요인 중 쓰기학습 효과가 큰 요인부터 작은 요인까지 효과크기에 따라 쓰기전략 요인들을 다음에 정리하고자 한다. 참고하여 뉴 리터러시 쓰기수업에 적용하도록 한다.

| 쓰기전략 요인 | 효과 크기 | 쓰기효과 내용 |
|---|---|---|
| 협업적 쓰기 | 0.75 | 글쓰기를 계획하고, 개정하고 편집하기 등을 동료들과 함께 한다. 이를 혼자 글쓰기하는 사람과 비교하여 그 효과를 확인한다. 효과는 긍정적이고 매우 큰 편이다. 협업적으로 글쓰기를 하는 경우 학생들의 쓰기 질에 대해 서로 긍정적인 면을 보인다. |
| 특별한 결과 | 0.70 | 학생들이 완성한 쓰기를 위해 특별하고 접근 가능한 목표를 설정한다. 그리고 쓰기과제의 목표와 마지막 쓰기결과물의 특징을 확인한다. 연구1)로 쓰기를 위한 목표를 설정하거나 다시 쓰기를 할 때 학생들이 많은 아이디어를 더하는지, 연구2) 글쓰기에서 특별히 구조적 요인들을 위한 쓰기목표를 추가하는지를 점검한다.<br>학생들의 글쓰기 예를 비교해 볼 때, 비교적 단순한 쓰기과정이 더 긍정적 효과가 있다. 쓰기 결과물 완성을 위해 교사가 학생들에게 쓰기목표를 제시하는 것은 쓰기 질에 지대한 악영향을 미친다는 결과를 보여준다. |
| 워드프로세스 | 0.55 | 워드프로세스 사용은 특히 낮은 성취 학생들을 위해 도움이 된다. 쓰기수업에서 학생들은 개개인의 랩탑을 사용하면서 쓰기과제를 위해 협업적으로 쓰기작업을 한다. 혹은 학생들은 교사 지도하에 워드프로세스로 작문하는 법을 배운다. 워드프로세스로 텍스트를 타이핑하는 것은 깔끔한 스크립을 작성하게 해준다. 학생들이 쉽게 텍스트를 추가하고 삭제하고 움직이게 도와준다. 워드프로세스는 스펠링점검 같은 기능도 있다.<br>손으로 쓴 글과 비교하면, 워드프로세스를 사용하는 글쓰기가 더 긍정적이다, 워드프로세스는 글의 질에 긍정적인 영향을 미친다. 워드프로세스는 4~12학년 학생들을 위해서 효과적인 지원인 듯 보이고, 낮은 수행자에 의해 작성된 텍스트 질을 향상시키는 데도 효과적이라는 점을 보여준다. |
| 문장 결합하기 | 0.50 | 학생들이 보다 복잡한 문장을 구축하도록 가르친다. 2개이상의 기본 문장들이 결합하는 방식으로 보다 복잡한 문장을 쓰는 방법을 가르치는 것은 글쓰기 질을 향상하는 데 도움이 된다. 문장결합을 통한 쓰기수업을 전통적인 문법 수업효과와 비교하면 전자가 훨씬 효과적이다. |

| | | |
|---|---|---|
| 탐구쓰기 | 0.32 | 즉각적이고 구체적으로 데이터 분석을(비교하고 분석하거나 증거를 모으고 평가)함으로써 특별한 쓰기 과제를 하는 경우, 아이디어와 내용을 더 발전할 수 있도록 쓰기활동에 참여하는 것을 의미한다. 탐구 스킬 향상을 위해 잘 디자인 된 쓰기활동은 학생들의 쓰기 질을 향상시킨다. 쓰기수업에서 효과적인 탐구활동은 특별한 목표에 따라 사람들의 행동을 묘사하기, 구체적이고 직접적인 데이터의 분석(특별한 활동동안 더 많은 동료들을 묘사하기), 분석을 하기 위한 특별한 전략사용과 배운 것을 적용하는 탐구활동을 한다. 이 탐구과정에서 얻은 영감에 대한 쓰기는 탐구쓰기가 된다. |
| 과정쓰기 접근 | 0.32 | 과정쓰기는 쓰기를 위한 확장된 기회를 만들고, 청중들을 염두한 쓰기를 강조하며, 학생들의 상호작용에 대한 높은 수준의 쓰기활동을 수행한다. 무엇보다 학생 개개인의 책임과 교사의 지원 하에 쓰기환경을 만들어 가는 것을 포함한다. 쓰기과정의 효과는 굉장히 크다. 연구는 특별히 낮은 수준의 쓰기에서 쓰기과정이 어떤 영향을 미치는지에 대해 실험한다. 하지만 다양한 수준의 학생들을 대상으로 한 쓰기활동으로서 쓰기과정이 낮은 수준의 학생들의 쓰기에 미치는 효과성에 대한 결론을 내리기는 쉽지않다. |
| 모델 연구 | 0.25 | 쓰기에 대한 좋은 모델은 학생이 글쓰기를 할 때 분석적이며 비판적 요인이나 패턴을 모방하도록 격려한다. 때문에 낮은 성취학생들을 쉽게 결론 내리는 것은 바람직하지 않다. |
| 내용학습 쓰기 | 0.23 | 쓰기는 교과주제내용에 대한 학생들의 학습을 증진하기 위해 효과적인 도구이다. 내용학습에서 쓰기활동을 통한 학생들의 학습증진에 영향이 많지않다고 하더라도, 쓰기 학습활동의 결과로서 약간의 학습증진은 기대가 된다. 쓰기학습 연구의 75%는 학습증진에 긍정적인 효과가 있다고 보고한다. |

# 3

## 뉴 리터러시 읽기와 쓰기학습은 도구가 있다

뉴 리터러시 교육은 다양한 매체읽기활동에서 탐구읽기과정을 거쳐 쓰기활동으로 연결한다. 다양한 매체읽기 텍스트는 많은 경우 우리말 문장으로 쓰여 있지만, 때론 영어문장으로 쓰인 텍스트를 읽어야 하는 경우도 있다. 이 경우 우리말로 쓰인 텍스트에서 문장읽기는 문장해독이나 문장이해에 그다지 어려움이 없다. 반면에 영어로 쓰인 텍스트에서 문장읽기는 문장해독에도 어려움이 있고, 문장이해는 더욱 어렵다. 때문에 뉴 리터러시 교육에서 우리말이나 영어로 쓰인 다양한 매체읽기를 쓰기로 이끄는데 도와주는 뉴 리터러시 읽기와 쓰기 학습전략과 도구들에 대해 알아볼 필요가 있다.

■ 뉴 리터러시 학습에서 문장읽기와 단락읽기는 이렇게 한다.

| 문장읽기 | 우리말 문장읽기(sentence reading)는 문장해독이나 이해에 그다지 어려움이 없다. 하지만 영어 문장읽기는 문장해독이나 이해를 위해서는 영어문장 구조에 대한 이해가 우선되어야 한다. 영어 문장구조는 의미단위 어휘군들이 궁금한 순서대로 쓰여 진다. 영어문장 읽기는 원어민이 영어를 읽을 때처럼, 한 번에 읽어지는 eye span의 chunks단위의 어휘군들이 '주어가 ~뭐했다'에 이어 '언제+왜+어디서+누구랑...' 등으로 궁금한 점을 찾아가듯 읽어 가면 된다. 영어문장 읽기는 심리언어학적 추측게임을 하듯 어휘군 단위를 궁금한 순서에 따라 읽으면 된다. |
| --- | --- |

| | |
|---|---|
| | 다양한 매체읽기를 하는 경우, 우리말이나 영어 문장읽기에서 문장해독과 이해에 어려움이 없다면 단락읽기에 도전하도록 한다. |
| 단락읽기 | 단락읽기(paragraph reading)는 단락의 전개형식을 이해하고 읽어야 한다. 단락읽기는 작가가 학생들에게 전하고자 하는 중심생각을 어떻게 전개하고 있는지에 대한 전개형식을 알고 읽어야 한다. 또한, 문장과 문장사이의 연결어에도 관심을 가지고 작가의 생각을 이어가며 다양한 매체텍스트를 읽어 가면 된다.<br><br>단락읽기에서 자세한 읽기(Close Reading)는 단어와 단어, 문장과 문장이나 한 줄과 한 줄을 읽는 것을 말한다. 만원경으로 읽기를 하는 듯, 각 단어가 어떻게 보이는지를 공부하는 읽기이다. 자세한 읽기는 시나 연설문, 또는 긴 글의 일부를 읽는 경우, 특별히 중요한 단락을 읽을 때 사용하는 읽기전략이다. 자세한 읽기전략은 천천히 조심스럽고 자세하게 선택된 부분을 읽을 때 사용하는 전략이다. 또한, 자세한 읽기는 왜 작가가 특별한 어휘를 사용하는지, 이것이 뭘 의미하는지, 왜 이것이 중요한지, 사용된 어휘들에 대해 뭐가 중요한지, 그 어휘의미가 뭔지, 그 어휘들이 뭘 제안하는지와 같은 질문에 답을 하면서 단락이 의미하는 것을 이해하며 읽기를 하게 된다. 결국 읽은 것에 연결을 하거나, 어휘나 구문들에 대한 개인적인 생각으로 작가의 메시지를 이해하게 된다.<br><br>저널에 쓰인 개별적인 어휘, 구문이나 한 줄에 대해 학생의 생각을 적어보며 읽기를 한다. 이때 다음의 도식을 사용하면 좋다. |

| 인용문 | 생각이나 느낌 |
|---|---|
| | |

단락읽기에서 대충읽기(Skimming)는 지문을 빨리 대충 보는 것을 의미한다. 대충읽기를 할 때 중요한 아이디어와 주제에 대한 감을 얻기 위해서는 일부 지문을 훑어볼 필요가 있다. 필요한 주제를 찾으면 그때야 문장단위로 자세하게 읽기를 시작하면 된다. 대충읽기는 읽기에 대한 대략적인 감을 갖고 정보에 대한 특별한 것을 찾고자 읽을 때 좋은 읽기 방법이다. 많은 이유로 대충읽기를 한다. 하지만 대충읽기는 각 어휘나 문장을 자세하게 읽지는 않는다.
- 주제나 중요한 아이디어에 친근하게 해준다.
- 도전적인 단어나 개념에 대해 읽게 해준다.

- 텍스트에서 중요한 정보의 위치를 알려준다.
- 시험이나 발표준비를 하기위해 자료들을 빠르게 검토하게 해준다.

• 일반적인 아이디어를 위해 대충읽기를 할 때는 글 제목, 목차 제목, 선택 지문의 길이나 난이도, 캡션, 그림, 사진이나 다른 비주얼 자료, 제목들, 볼드체로 된 용어나 개념, 반복된 단어들, 첫 단락이나 마지막 단락 등에 주의하며 읽어야 한다.

• 특별한 정보를 찾기 위한 대충읽기는 기사에 있는 사실이나 시험, 스케줄에 대한 시간 등을 봐야 할 때 읽는 경우이다. 무엇보다 정보에 대해 아주 사소한 항목을 찾고자 할 때 사용하는 읽기전략이다. 교과주제에 대한 위치를 지정하고 찾기 위해, 또는 교과주제에 대해 다양한 매체읽기를 할 때도 사용되는 읽기방법이기도 하다.

• 단락을 대충읽는 것은 텍스트의 주제를 확인하기 위한 읽기 방법이다. 단락의 주제나 필요한 정보가 포함되었는지를 확인할 수 있다. 이때는 단락의 주제를 알리는 중심단어를 표시해 두기도 한다.

• 시험을 위한 대충읽기는 시험문제에 답을 찾기 위해 대충 읽어보는 방법이다. 시험에서 쓰기를 해야 하는 경우에는, 각 단락의 주제를 제한하는 단어나 구문을 표시하여 나중에 문제를 풀 때 도움이 되도록 한다. 때론 읽기를 할 때 고양이의 습관에 대해 묻는 질문이 있으면, 다른 동물들에 대해서는 넘어가도 된다.

■ 뉴 리터러시 학습에서 단락읽기와 단락쓰기활동을 위해 특별히 사용되는 전략들이 있다.

**뉴 리터러시 읽기학습의 질문하기**

뉴 리터러시 읽기학습에서 질문하기는 작가가 왜 이 주제를 선택했는지, 작가는 왜 이런 특별한 단어를 사용하는지, 등장인물은 왜 그 행동을 하는지 등에 대해 질문을 하는 활동이다. 뉴 리터러시 읽기를 할 때, 왜 특정한 것을 말하는지 등에 대한 질문을 하곤 한다. 하지만 작가가 왜 그런 방식으로 이야기나 에세이를 썼는지를 작가에게 쉽게 물어볼 수가 없다. 때문에 다양한 매체읽기를 하는 경우, 이러한 질문들을 학생자신에게 물어보면서 작가의 생각에 집중하며 읽기를 할 수 있다.

• 다양한 매체읽기를 시작하면서 작가에게 물어보고 싶은 질문을 자신에게 물어보면서 묻는 읽기를 한다. 그리고 작가와 이야기하듯 답을 적어보도록 한다. 작가는 나에게 뭘 가르치려고 하는지, 작가는 왜 그런 방식으로 시작했는지, 사건이나 내용, 그리고 특징을 포함하는 이유가 뭔지, 나의 사전지식이나 경험과 어떻게 연결되는지, 작가가 초기에 말한 것과 끝에 말한 것은 무엇이며, 어떤 연결이 있는지, 작가는 왜 그 단어나 구문을 사용했는지, 작가는 이것에 대해 무슨 생각을 하는지, 작가가 어떤 점을 만들고자 하는지, 작가는 그 아이디어를 어디서 얻었는지 등에 대한 질문을 자신에게 끊임없이 물으면서 묻는 읽기를 한다.

• 질문에 답을 찾아 결론을 내리도록 한다. 작가는 학생이 묻는 질문에 답을 하진 않는다. 하지만 답을 알려주는 실마리를 글에 남겨두었다. 다양한 매체텍스트에는 작가의 쓰기목적이 녹아있기 때문에, 학생들이 하는 질문에 어떤 일이 일어나고 있는지에 대해 추론이 가능하다. 질문에 모든 답을 할 필요는 없지만 답이 맞는지 다시 읽어볼 수 있다. 그리고 최선의 답을 쓰기위해 다른 학생들과 생각을 공유하는 것도 좋다.

• 작가의 목적이 무엇이고 그것이 얼마나 잘 드러났는지를 자신에게 질문하도록 한다. 작가의 쓰기목적을 평가하기 위해 평가표를 사용할 수 있다.

| 작가의 목적 | 스스로에게 묻는 질문들 |
|---|---|
| 설명하기 | 결과로서 도움되는 뭔가를 배웠는지 |
| 즐겁게하기 | 재밌었는지, 웃거나 울게 했는지,<br>다른사람에게 추천할 건지 |
| 설득하기 | 읽기 결과로 마음에 변화가 있는지 |
| 이해시키기 | 새로운 방식에서 주제에 대해 생각하게 하는지 |

**뉴 리터러시 읽기학습의 비판적 읽기**

뉴 리터러시 읽기학습에서 비판적 읽기는 작가가 독자에게 주는 정보를 분석하기 위한 읽기전략이다. 즉, 작가의 관점을 이해하고 평가하는 읽기를 의미한다. 작가의 중심생각이나 글의 일부에 있는 메시지를 찾고 평가하는 읽기이다. 특히, 이는 다양한 매체텍스트에 있는 사실이나 자세한 사항 이상을 찾는 읽기이며 그 사실이나 내용이 의미하는 것을 다시 생각하는 읽기이다. 문장과 문장 사이를 읽고 빠진 것이 뭔지도 생각하며 읽는 것이다. 비판적 읽기는 약간 깊이 있는 읽기이며, 자신에게 질문을 하면서 빠진 게 없는지, 작가는 학생 자신이 던진 질문에 답을 제공하는지, 증거를 어떻게 믿고 신뢰할 수 있는지를 반문하며 읽기를 하는 것이다. 이렇듯 비판적 읽기는 이야기의 다른 면이 있는지 알아보기 위한 읽기이다. 특히 뉴 리터러시 읽기학습에서 읽은 내용이 믿을 만한 것인지를 평가하고 결정하는 데 도움이 되는 읽기방법이다.

비판적 읽기전략은 목록화하기, 적극적 독자가 되기, 평가하기 등의 전략이 있다.

• 목록하기를 할 때 자신에게 묻는 비판적 읽기 질문들의 목록을 작성하도록 한다. 즉, 글의 관점이나 중심생각이 무엇인지, 증거를 가진 중심생각을 작가는 어떻게 잘 지원하는지, 자료들이 권위 있고 얼마나 신뢰가 있는 것인지, 그 증거는 어떻게 확신하는지, 이야기의 다른 면이 있을 수 있는지, 그렇다면 그것은 무엇인지, 작가가 언급하지 않은 뭔가가 있는지, 말하는 사람을 얼마나 신뢰할 수 있는지 등에 대해 비판적 읽기를 하는 동안 자신에게 끊임없이 질문을 하도록 한다.

• 적극적 읽기로서 작가의 중심생각에 초점을 두고, 그 중심생각을 지원하는 증거가 무엇인지를 생각하며 읽기를 하는 것이다. 다양한 매체읽기를 하는 동안 학생이 자신에게 던지는 비판적 읽기 질문들에 답을 찾으면서 읽기를 하는 것이다. 특히 작가가 사용한 자료들이 신뢰가 있는 것인지, 권위 있는 자료들인지에 관심을 갖고 읽기를 하는 것이다.

• 평가하기는 지문에 대한 자신의 생각을 평가하는 전략으로써 평가에 도움에 되는 비판적 읽기 차트를 만드는 것이 좋다. 평가하기는 읽기를 하고 있는 텍스트가 묻는읽기를 할 만한 건지 아닌지를 결정하는 데 도움이 될 것이다. 특히 디지털매체 텍스트가 신뢰 있는 것인지 전문가의 텍스트인지를 평가하는 것은 뉴 리터러시 학습에서 중요한 스킬이다.

〈디지털매체 텍스트 평가하기 질문들〉

| • 작가의 중심생각이나 관점이 명확한가? | 주요관점 기록 |
| • 어떤 증거가 표현되는가? | 증거기록 |
| • 자료들이 권위적이고 신뢰 있는 자료인지? | 자료목록과 코멘트 |
| • 이야기의 다른 면이 있는가? | 증거평가 |
| • 증거가 확신한가? | 가능한 다른 관점쓰기 |

이 같은 질문을 통해 디지털매체 텍스트가 전문가에 의한 것인가; 신뢰있는 글인가, 또는 org, ac, kr 등의 사이트에 있는 텍스트인지를 평가한다.

| | |
|---|---|
| **뉴 리터러시<br>읽기학습의<br>통합하기** | 뉴 리터러시 학습에서 다양한 매체정보의 탐구읽기를 통해 얻는 질문에 답이되는 많은 정보들의 통합하기는 텍스트의 개별요인들이 주제에 어떻게 영향을 미치는지를 결정하는 일이다. 뉴 리터러시 읽기를 할 때, 함께 통합할 수 있는 많은 요인들이 보일 수 있다. 통합하기는 퍼즐의 부분을 맞추는 활동과 같다. 통합하기는 다양한 부분이 어떻게 전체가 되는지를 생각하며 읽기를 하는 것이다. 통합하기 전략은 모든 텍스트(다양한 매체텍스트, 픽션이나 넌픽션 등)에 적용될 수 있는 읽기전략이다. 특히 통합읽기전략은 긴 지문을 읽을 때 훨씬 더 유용한 읽기전략이다.<br><br>• 이야기(픽션)를 통합하기 위해서는 장르, 등장인물이나 환경 등의 많은 다른 요인들을 봐야 한다. 무엇보다 등장인물, 환경, 플롯, 주제, 스타일, 관점들과 다른 요인들이 어떻게 연결되는지를 확인할 때나 읽기활동에서 특정한 점을 상세히 보기위해 통합하기 전략을 사용한다. 이야기를 읽는 동안 각각의 요인들을 적어두면, 퍼즐을 맞추듯 통합하기 활동에서 유용하게 사용될 수 있다.<br><br>• 정보 텍스트(넌픽션)에서 통합하기는 다양한 매체텍스트에서 교과주제에 관해 많은 요인들을 보게 된다. 시작과 끝이 어떻게 연결되고 한 단락의 내용이 다른 단락의 내용과 어떻게 연결하는지를 보게 된다. 전기와 자서전에서는 사람이 어떻게 성장하고, 어떤 사건이 그의 삶을 어떻게 만들었는지를 알게 해준다. 자서전과 전기는 어린 시절, 학교시절, 인물의 특성, 그리고 주요성취 같은 중요한 주제에 초점을 두고 통합할 수 있다. 무엇보다 전기와 자서전은 가족의 주요문제들, 등장인물의 특성, 어린시절, 주요성취, 경험의 주요사건과 학교생활 등이 퍼즐을 맞추듯이 통합되어 전기문과 자서전이 쓰이기 때문이다.<br><br>• 배운 것을 통합하기는 읽기를 마치고 나서 낱개의 부분들을 상세히 보면 주제를 중심으로 통합할 수 있다. 이야기나 기사들의 요인들을 어떻게 통합하고, 상세한 내용을 어떻게 추가하고, 어떤 것이 가장 강력하고, 가장 약한지를 자신에게 물어보며 특정한 특징에 따른 다양한 요인들을 통합하는 읽기활동이다. |
| **뉴 리터러시<br>쓰기학습의<br>요약쓰기** | 뉴 리터러시 쓰기학습에서 요약하기는 자신의 단어로 단락에 있는 주된 사건이나 아이디어를 줄여서 말하는 것이다. 요약하기는 다양한 읽기유형에서 자주 사용되는 쓰기전략이다. 요약하기 전략사용은 읽은 것을 이해하고 기억하는 능력이 향상될 수 있다. 단락을 읽고 요약할 수 있다면 작가의 의도를 |

파악하는 것이 된다. 요약하기는 학생자신의 단어를 사용하면서 다양한 매체텍스트 단락에서 주된 사건이나 아이디어를 다시 표현하는 쓰기활동이다. 요약하기는 원래 한 단락의 길이보다 훨씬 더 짧게 쓴다. 요약을 한다는 것은 주된 아이디어나 관점 찾는 방법을 아는 것을 의미한다. 다양한 매체텍스트를 요약하는 것은 전체이야기를 읽는 동안 특정한 사건이나 상황에 대해 약간의 노트필기를 해두는 것이 좋다. 픽션스토리 요약은 제목과 작가, 플롯, 관점, 주제, 등장인물, 스타일이나 환경 등에 대해 짧게 말하는 것이다.

다양한 매체읽기를 할 때 찾고자 하는 것을 안다는 것은 요약을 할 수 있는 기본이 된다. 요약을 위한 노트필기를 하는 경우에 다음과 같은 간단한 도표를 그려 작성해보면 도움이 된다.

〈요약을 위한 픽션조직도〉

디지털매체넌픽션텍스트의 요약하기는 텍스트에서 중요한 내용을 찾도록 한다. 주제가 뭐고, 뭐에 대해 말하고 있는지, 글에서 두드러진 것이 무엇인지를 반문하며 요약을 한다. 다양한 매체의 정보를 요약할 때는 학생들이 알고 싶은 것이나 필요한 것들을 찾아보도록 한다. 그리고 일반적인 주제, 작가가 주제에 대해 말하는 것, 지원내용, 중요단어나 구문, 그리고 정의나 설명들을 포함하여 요약한다.

〈요약을 위한 넌픽션 조직도〉

| 제목 | |
|------|---|
| 주제 | |
| 서론 | |
| 본론 | |
| 결론 | |

| | |
|---|---|
| **뉴 리터러시 쓰기학습의 다시쓰기** | 뉴 리터러시 쓰기학습에서 다시쓰기는 보고, 듣고, 읽은 것들을 묘사하기 위해 자신의 단어를 사용하여 쓰는 것이다. 다시쓰기는 차트, 지도, 다이어 그램, 수학문제와 그림 같은 비주얼 자료들을 사용하면 효과적이다. 다시쓰 기는 읽은 정보를 이해하는 데 도움이 된다. 작가가 말한 것을 이해하지 못하면 학생자신의 어휘나 문장으로 글을 쓰기 어렵다. 다시쓰기 전략은 어려운 용어의 의미를 설명하거나 문장을 이해하기 어려운 경우에도 사용하는 전략들이다. 텍스트, 에세이, 기사들이나 시 같은 것도 다시쓰기 전략을 사용할 수 있다.

사후읽기는 다양한 매체텍스트의 주제를 이해하기 위해 다시쓰기를 하는 단계이다. 사후읽기에서 다시쓰기를 하는 경우에 자신에게 다음과 같은 질문들을 하면 효과적이다. 이 그래픽이나 지문은 무엇에 관한 것인지, 의미나 중심아이디어에 대해 어떤 실마리나 힌트가 있는지, 중요한 사실과 내용이 눈에 띄는지를 스스로 물어보며 사후읽기를 한다. 그리고서 그래픽에 대해 다시쓰기를 하기 위해 텍스트와 제목을 다시 읽는다. 특히 긴 텍스트 읽기에서 중요한 문장과 중요단락에 초점을 두고 다시 읽는다.

학생자신의 어휘를 사용하는 것은 다시쓰기에서 중요한 점이다. 친구에게나 다른 사람에게 뭔가를 어떻게 설명하는지에 대한 간단한 방법을 생각하는 것이다. 자신의 생각을 분명하게 정리하고 다양한 텍스트의 단락을 여러 번 다시 읽으면서 익숙하지 않은 단어를 찾아보도록 한다. 미국 초등학교 영어수업에서나 한국의 사립초등학교에서 원어민이 수업을 하는 경우, 어휘를 사용하여 학생 자신의 단어나 구문을 사용하면서 문장을 만들게 한다. 또는 스토리를 자신의 글로 다시 쓰게 하는 과제를 내기도 한다. 다시쓰기는 단락에 쓰인 단어나 문장을 학생이 이해한 의미로 다시 표현하는 방법이다. |
| **뉴 리터러시 표현학습의 생각말하기** | 생각말하기는 읽은 것에 대한 자신의 아이디어를 말하는 활동이다. 무엇보다 뭔가를 보고 이해한 것에 대해 큰소리로 말하는 활동이다. 생각말하기 전략은 읽은 것에 대한 학생자신의 생각을 자기자신이나 동료 친구들에게 이야기하는 것을 의미한다. 중요한 것에 대해 자신에게 질문을 하고 질문에 |

답이 되는 생각에 대한 기록을 한다. 이것을 자신에게 조용하게 또는 크게 말함으로써 머릿속에 있는 학생자신의 생각을 말하고 듣게 해준다.

• 학생들이 수학문제나 과학개념에 대해 읽기를 하는 동안 문제 옆에 스케치나 메모를 해두도록 한다. 또는 그림으로 표시해도 된다. 그림이 아무리 엉망이라도 학생들이 읽기내용을 기억하는 데 도움이 된다. 스케치를 하기위해 노트 옆 공간에 메모할 자리를 만들어 두고, 그림을 그리거나 메모를 한다. 이때 그림이 걸작일 필요는 없다. 단순한 그림이라도 없는 것보다는 낫다.

• 생각말하기는 이처럼 학생들이 자신의 생각을 듣도록 하는 전략이다. 스케치처럼 노트에 그리거나 메모한 것에 대해 자신에게 말해보는 전략이다. 다양한 매체읽기과정을 설명하거나 읽기내용에 대해 자신에게 설명하려는 노력은 텍스트를 이해하는 데 도움이 된다. 이야기나 에세이를 자신의 어휘나 말로 표현하는 활동은 그 텍스트를 더 잘 이해하게 해준다.

• 생각말하기는 텍스트 내용을 검토하고 질문에 반영하는 활동으로써 노트 여백에 스케치함으로써 학생 자신에게 텍스트의 중요한 내용을 상기시켜준다. 또는 다양한 매체텍스트 내용에 대한 기억을 되찾게 해준다. 텍스트에서 내용을 왜 그렇게 설명하는지를 검토해보고, 읽기를 하는 동안 학생자신이 생각한 것들에 대해 스케치한 것을 큰소리로 이야기해보는 생각 말하기 활동이다.

■ 단락읽기전략을 위해서도 다양한 읽기방법들을 사용할 수 있다.

| 도식화 조직도 | 다양한 매체단락읽기에서 도식화는 단어에 대한 그림, 차트, 망, 다이어그램이나 여러 도식들을 해보는 것이다. 이는 읽기나 쓰기활동에서 학생들의 중요한 아이디어를 조직하고 시각적으로 표현하는 활동이다. 도식화는 픽션이나 넌픽션 텍스트 둘 다에서 사용될 수 있다. 픽션에서는 등장인물에 대한 추론, 글의 구성에서 중요한 사건들을 추적하고 배경이나 주제에 대한 실마리를 정리해준다. 넌픽션에서는 중요한 사실이나 자세한 사항들을 확인하고 분류하는 데 도움이 되며 증거를 평가하는 데도 도움이 된다. |

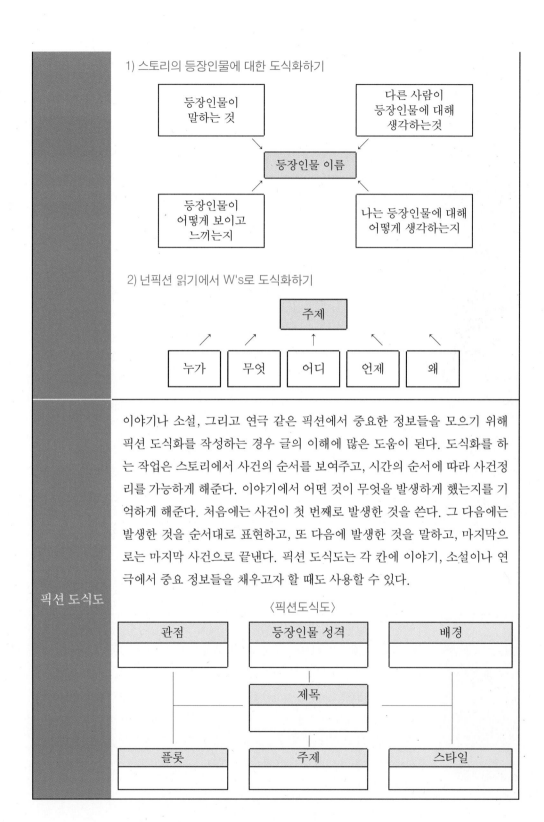

1) 스토리의 등장인물에 대한 도식화하기

| 등장인물이 말하는 것 | | 다른 사람이 등장인물에 대해 생각하는것 |
| --- | --- | --- |
| | 등장인물 이름 | |
| 등장인물이 어떻게 보이고 느끼는지 | | 나는 등장인물에 대해 어떻게 생각하는지 |

2) 넌픽션 읽기에서 W's로 도식화하기

주제

| 누가 | 무엇 | 어디 | 언제 | 왜 |
| --- | --- | --- | --- | --- |

픽션 도식도

이야기나 소설, 그리고 연극 같은 픽션에서 중요한 정보들을 모으기 위해 픽션 도식화를 작성하는 경우 글의 이해에 많은 도움이 된다. 도식화를 하는 작업은 스토리에서 사건의 순서를 보여주고, 시간의 순서에 따라 사건정리를 가능하게 해준다. 이야기에서 어떤 것이 무엇을 발생하게 했는지를 기억하게 해준다. 처음에는 사건이 첫 번째로 발생한 것을 쓴다. 그 다음에는 발생한 것을 순서대로 표현하고, 또 다음에 발생한 것을 말하고, 마지막으로는 마지막 사건으로 끝낸다. 픽션 도식도는 각 칸에 이야기, 소설이나 연극에서 중요 정보들을 채우고자 할 때도 사용할 수 있다.

〈픽션도식도〉

| 관점 | 등장인물 성격 | 배경 |
| --- | --- | --- |
| | 제목 | |
| 플롯 | 주제 | 스타일 |

| 넌픽션<br>도식도 | 넌픽션 텍스트인 스피치를 도식하는 방법은 서론, 본론, 결론으로 나눌 수 있다. 연설자는 서론에서 관점이나 중심생각을 설명한다. 그 다음에 본론에서 증거를 지원하고, 결론에서 연설자의 관점을 재설명한다. 연설자는 본론에서 관점에 대해 증거를 제시하며 객관적으로 설명한다. 연설글은 일반적인 전개 패턴을 따르지 않기도 한다. 어떤 것은 3부분으로 나뉘지 않기도 하고, 연설자가 서론에서 관점이나 중심생각을 설명하지 않기도 한다. 하지만 넌픽션의 글에서는 일반적으로 서론, 본론, 결론이라는 세 부분으로 나누는 것이 일반적이다. 세 부분을 확인하는 방법은 세 개의 제목을 작성해 보면 알게 된다.<br><br>시나 신문기사 같이 정보 글이 짧을 때는 모든 것을 한꺼번에 기억하기가 상당히 쉽다. 하지만 다양한 매체읽기 텍스트가 길 때는 사건이나 정보를 한꺼번에 모두 기억하기가 쉽지 않다. 이럴 때는 사건이나 정보를 검토하고 분류하고 그에 대한 아이디어를 모으기 위해 도식을 사용하는 것이 효과적이다. 넌픽션 도식을 채울 수 있으면 다양한 매체텍스트에서 뭘 모르고, 뭘 아는지를 한 눈에 볼 수 있다.<br><br>넌픽션의 도식은 에세이, 연설문, 기사 등의 글에서 뭘 배울지를 나누는 데 도움이 된다. 넌픽션 글의 전개는 서론, 본론, 결론으로 나뉘어 작성된다.<br><br>表 |

| 주제 | 일반적인 주제를 쓴다. |
|---|---|
| 서론 | 한 두 개의 단락에서 아이디어를 묘사한다. |
| 본론 | 중간부분의 3~4개의 내용, 관점이나 주제를 쓴다. |
| 결론 | 마지막 1~2단락에서 작가가 말하는 것이나 발생한 것을 작성한다. |

| 시간이나<br>나열하기 | 글의 전개가 날짜나 사건의 순서를 추적하는 기록이나 시간적인 전개로 쓰인 글은 순서를 표현하는 도식을 사용하면 글의 이해에 도움이 된다. 순서에 따라 사건들을 전개하면 글의 이해가 훨씬 잘된다. 이야기나 연극들은 때로 시간상 사건의 앞뒤를 돌아다니며 이해하게 된다. 시간전개는 사건이 일어나는 것을 추적하는데도 도움이 된다. |

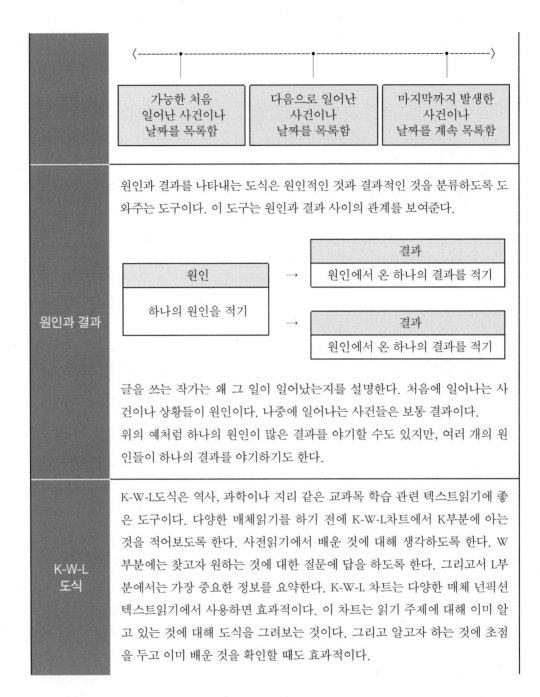

| 가능한 처음 일어난 사건이나 날짜를 목록함 | 다음으로 일어난 사건이나 날짜를 목록함 | 마지막까지 발생한 사건이나 날짜를 계속 목록함 |
|---|---|---|

**원인과 결과**

원인과 결과를 나타내는 도식은 원인적인 것과 결과적인 것을 분류하도록 도와주는 도구이다. 이 도구는 원인과 결과 사이의 관계를 보여준다.

| 원인 |
|---|
| 하나의 원인을 적기 |

→

| 결과 |
|---|
| 원인에서 온 하나의 결과를 적기 |

→

| 결과 |
|---|
| 원인에서 온 하나의 결과를 적기 |

글을 쓰는 작가는 왜 그 일이 일어났는지를 설명한다. 처음에 일어나는 사건이나 상황들이 원인이다. 나중에 일어나는 사건들은 보통 결과이다.
위의 예처럼 하나의 원인이 많은 결과를 야기할 수도 있지만, 여러 개의 원인들이 하나의 결과를 야기하기도 한다.

**K-W-L 도식**

K-W-L도식은 역사, 과학이나 지리 같은 교과목 학습 관련 텍스트읽기에 좋은 도구이다. 다양한 매체읽기를 하기 전에 K-W-L차트에서 K부분에 아는 것을 적어보도록 한다. 사전읽기에서 배운 것에 대해 생각하도록 한다. W부분에는 찾고자 원하는 것에 대한 질문에 답을 하도록 한다. 그리고서 L부분에서는 가장 중요한 정보를 요약한다. K-W-L 차트는 다양한 매체 넌픽션 텍스트읽기에서 사용하면 효과적이다. 이 차트는 읽기 주제에 대해 이미 알고 있는 것에 대해 도식을 그려보는 것이다. 그리고 알고자 하는 것에 초점을 두고 이미 배운 것을 확인할 때도 효과적이다.

| 〈읽기에서 K-W-L 도식〉 | | |
|---|---|---|
| 내가 아는 것 (K)<br>(What I Know) | 내가 알고자 한 것 (W)<br>(What I Want to know) | 내가 배운 것 (L)<br>(What I Learned) |
| 주제에 대해<br>이미 알고 있는 것을<br>적는다. | 주제에 대해 알고자<br>한 2~4개 질문을<br>적는다. | 읽기를 한 후 중요한 정<br>보와 질문에 답을<br>적는다. |

생각나무 도식은 읽기개념이 무엇에 대한 것인지를 예측하기 어렵고, 그것이 어디로 이끌어 가는 것인지를 예측하기 어려울 때 사용하면 효과적이다. 생각나무 도식은 원하는 만큼의 생각가지를 만들 수 있다. 생각나무 도식으로 개념을 생각가지에 기록하도록 한다. 생각나무 도식은 읽기가 무엇에 대한 것인지에 대해 아무것도 모를 때 사용하면 매우 효과적이다. 생각나무 도식을 하게 되면, 다른 아이디어나 상세한 내용들 사이에 연결을 보게 된다. 생각나무 도식은 작가의 아이디어나 서로 관련된 아이디어를 생각가지로 연결하는 목록을 만드는 것이다.

**생각나무**

〈생각나무 만들기〉

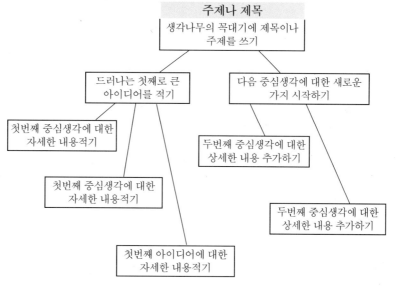

순서대로 차례차례 한 페이지씩 넘기는 인쇄매체의 책 읽기와는 다르게, 웹사이트 디지털매체 텍스트는 순서 없이 다양한 방식으로 텍스트에서 원하는 것을 선택하게 한다. 링크를 통해 원하는 길을 학생이 주관적으로 선택할 수 있다. 학생들이 클릭만 하면 언제든지 다른 페이지로 직접 연결된다.

〈책과 웹페이지 전개순서 비교〉

| 책 | 웹사이트 |
|---|---|
| 첫페이지 내용이 다음 페이지로 순서대로 연결된다.<br>페이지1→페이지2→페이지3 | 홈페이지를 중심으로 여러방향에서 주제관련 텍스트들이 접근된다. |

다양한 매체읽기를 할 때, 학생 자신의 주관적인 생각으로 교과주제 관련 정보를 택하게 된다. 학생이 누구인지, 배경이 무엇인지, 주제에 대해 이미 알고 있는 것들로 인해 학생들은 특별한 웹사이트에 특별한 관심을 가지게 된다. 특히 나중에 지금의 사이트를 기억하길 원한다면, 필기를 해둘 수 있는 웹사이트 도식을 사용하면 좋다.

〈웹사이트 도식〉

| | | |
|---|---|---|
| 제목 | | |
| URL | | |
| 저작권 | | |
| 스폰서 | | 날짜 | |
| 관점 | | |
| 전문지식 | | |
| 반응 | | |

**웹사이트 프로파일**

# 참고문헌

김지숙. (2014). *뉴 리터러시 교육*. 서울: 동인

Achieve, Inc. (2005a). 2005 National Education Summit briefing book. Retrieved from http://www.achieve.org/files/Achievebriefingbook2005.pdf.

Achieve, Inc. (2005b). Ready or not: Creating a high school diploma that counts. Retrieved from http:www.achieve.org/files/ADPreport_7.pdf.

Alexander, P. A., & Jetton, T. L. (2000). Learning from text: A multidimensional and developmental perspective. In M. L. Kamil, P. B. Mosenthal, P. D. Pearson, & R. Barr (Eds.), *Handbook of reading research* (Vol. 3, 285—310). Mahwah, NJ: Erlbaum.

AASL. (2009). *Standards for the 21st-Century Learner*. Available at http://www.ala.org/aasl/standards/learning.

Bazilai, S., & Zohar, A. (2012). Epistemic thinking in action: Evaluating and integrating online sources. *Cognition and Instruction*, *30*(1), 2012, 39—85.

Beatrice, S. M. (1964). *Reading Power*. Boston, Mass: Addison-Wesley Publishing Company.

Bennett, S., Maton, K., & Kervin, L. (2008). The digital natives debate: A critical review of the evidence. *British Journal of Educational Technology*, *39*(5), 775—786.

Biancarosa, C., & Snow, C. E. (2006). Reading next—A vision for action and research in middle and high school literacy: A report to Carnegie Corporation of New York (2nd ed.). Retrieved May 3, 2007, from Alliance for Excellent Education website: http://www.all4ed.org/publications/ReadingNext/ReadingNext.pdf.

Biancarosa, C., & Snow, C. E. (2006). Reading next—A vision for action and research in middle and high school literacy:A report to Carnegie Corporation of New York (2nd ed.).Washington, DC:Alliance for Excellent Education.

Bilal, D. (2000). Children's use of the Yahooligans! Web search engine: Cognitive, physical, and affective behaviors on fact-based search tasks. *Journal of the American Society for Information Science, 51*, 646—65.

Bleha, T. (2005, May/June). Down to the wire. Foreign Affairs. Retrieved December 15, 2005, from http://www.foreignaffairs.org/20050501faessay84311/thomas-bleha/down-to-the-wire.html

Bloom, B., Englehart, M. Furst, E., Hill, W., & Krathwohl, D. (1956). Taxonomy of educational objectives: *The classification of educational goals. Handbook I: Cognitive domain*. New York, Toronto: Longmans, Green.

Bransford, J. D., Brown, A. L., & Cocking, R. R. (Eds.). (2000). *How people learn: Brain, mind, experience, and school* (expanded ed.). Washington, DC: National Academy Press.

Bruce, B. C. (1997). Literacy technologies: What stance should we take? *Journal of Literacy Research, 29*, 289—309.

Castek, J. M. (2006, April). Adapting reciprocal teaching to the Internet using telecollaborative projects. In D. J. Leu & D. P. Reinking (Chairs), Developing

Internet reading comprehension strategies among adolescents at risk to become dropouts. Symposium conducted at the meeting of the American Educational Research Association, San Francisco, CA.

Castek, J. (2007). An examination of classroom instruction that integrates the new literacies of online reading comprehension: Exploring the contexts that facilitate acquisition and the learning outcomes that result. Doctoral dissertation proposal, University of Connecticut.

Castek, J., Leu, D. J., Jr., Coiro, J., Gort, M., Henry, L. A., & Lima, C. (2008). Developing new literacies among multilingual learners in the elementary grades. In L. Parker (Ed.), *Technology-based learning environments for young English learners: Connections in and out of school*. (III—153). Mahwah, NJ: Erlbaum.

Castek, J., Leu, D. J, Jr., Coiro, J., Kulikowich, J., Hartman, D., & Henry, L. A. (2006). Exploring theeffects of teaching the new literacies of online reading comprehension in a 7th grade science classroom: Literacy and learning with laptops. Unpublished manuscript, University of Connecticut, Storrs.

Chandler-Olcott, K., & Mahar, D. (2003). "Tech-savviness" meets multiliteracies: Exploring adolescent girls' technology-mediated literacy practices. *Reading Research Quarterly, 38*, 356—85.

Christel, M. T., & Sullivan, S. (Eds.). (2010). *Lesson plans for developing digital literacies*. Urbana, IL: NCTE.

"Common Core State Standards For English Language Arts & Literacy In History/Social Studies, Science, And Technical Subjects." retrieved from http://www.cde.ca.gov/be/st/ss/documents/finalelaccssstandards.pdf.

Cochran-Smith, M., & Lytle, S. (2009). *Inquiry as stance: Practitioner research for the next generation*. New York, NY: Teachers Colleage Press.

Coiro, J. (2003). Reading comprehension on the Internet: Expanding our understanding of reading comprehension to encompass new literacies. *The Reading Teacher, 56*, 458—64. Retrieved May 1, 2007, from Reading Online: http://www.readingonline.org/electronic/elec_index.asp?HREF=/electronic/rt/2-03_Column/index.html.

Coiro, J. (2007). Exploring changes to reading comprehension on the Internet: Paradoxes and possibilities for diverse adolescent readers. Unpublished doctoral dissertation, University of Connecticut, Storrs.

Coiro, J. (2011). Predicting reading comprehension on the Internet: Contributions of offline reading skills, online reading skills, and prior knowledge. *Journal of Literacy Research, 43*(4), 352—392.

Coiro, J. (2012). Digital Literacies: Understanding dispositions toward reading on the Internet. *Journal of Adolescent and Adult Literacy, 55*(7), 645—648.

Coiro, J. (2014). Online reading comprehension: Challenges and opportunities. Virtual paper presented to the annual meeting of the XI Encontro Virtual de Documentacao em Software Livre (EVIDOSOL) e VIII Congresso Internacional de Linguagem e Tecnologia online (CILTE-online). Retrieved from www.periodicos.letras.ufmg.br/index.php/anais_linguagem_tecnologia/article/view/5859/5092.

Coiro, J., & Coscarelli, C. (2013). Investigating criteria seventh-graders use to evaluate the quality of online information. Symposium presented at the 63rd annual meeting of the Literacy Research Association, Dallas, TX.

Coiro, J., & Dobler, E. (2007). Exploring the online reading comprehension strategies used by sixth-grade skilled readers to search for and locate information on the internet. *Reading Research Quarterly, 42*(2), 214—257.

Coiro, J., Knobel, M., Lankshear, C., & Leu, D. (Eds.). (2008). *Handbook of research on new literacies.* Mahwah, NJ: Erlbaum.

Cope, B., & Kalantzis, M. (2003). *Text-made text*. Melbourne, Australia: Common Ground.

Cuban, L. (2001). *Oversold and underused: Computers in the classroom*. Cambridge, MA: Harvard University Press.

de Argaez, E. (2006, January). One billion Internet users. *Internet world stats news, 14*. Retrieved February 1, 2006, from http://www.internetworldstats.com/pr/edi014.htm#3.

Drucker, P. F. (1994, November). The age of social transformation. *Atlantic Monthly, 274*, 53—80.

Dyson, A.H. (1997). *Writing Superheroes: Contemporary Childhood, Popular Culture and Classroom Literacy*. New York: Teachers College Press.

FABOS, B. (2008). The price of information: Critical literacy education and today's Internet. In

Flanajn, A. J., & Metzger, M. J. (2008), Digital Media and Youth: Unparalleled Opportunity and Unprecedented Responsibility. In M. J. Metzger & (Eds.) *Digital Media, Youth, and Credibility*. Cambridge, MA: The MIT Press.

Freire, P. (1972). *Cultural action for freedom*. Harmondsworth, England: Penguin.

Freire, P. (1972). *Pedagogy of the oppressed*. Harmondsworth, England: Penguin.

Friedman, T. L. (2005). *The world is flat: A brief history of the twenty-first century*. New York: Farrar, Straus and Giroux.

Gee, J. P. (1999). *An Introduction to Discourse Analysis: Theory and Method*. London: Routledge.

Gee, J. P. (2003). *What video games have to teach us about learning and literacy*. New York: Palgrave Macmillian.

Gee, J. P. (2004). *Situated Language and Literacy: A Critique of Traditional Schooling*. London: Routledge.

Gilster, P. (1997). *Digital literacy*. New York: Wiley.

Global Reach. (2003) Evolution of non-English speaking online population. Retrieved October 15, 2005, from http://global-reach.biz/globstats/evol.html.

Graham, S., & Perin, D. (2007). *Writing next: Effective strategies to improve writing of adolescents in middle and high schools – A report to Carnegie Corporation of New York*. Washington, DC:Alliance for Excellent Education.

Greene, J., & Winters, M. (2005). Public High School Graduation and College-Readiness Rates: 1991-2002. New York: Manhattan Institute for Policy Research.

Guinee, K., Eagleton, M. B., & Hall, T. E. (2003). Adolescents' Internet search strategies: Drawing upon familiar cognitive paradigms when accessing electronic information sources. *Journal of Educational Computing Research, 29*, 363—74.

Gunning, T. G. (1998). *Assessing and correcting reading and writing difficulties*. Boston, MA: Allyn & Bacon. Johnson, D. D., and P. Pearson. 1984. Teaching

Gunning, T. G. (2005). Creating Literacy Instruction for All Children. Boston, MA: Allyn & Bacon/Pearson Education.

Hagood, M. C., Alvermann, D. E., & Heron-Hruby, A. (2010). *Bring it to class: Unpacking pop culture in literacy learning*. New York: Teachers College Press.

Harris, J. B., & Jones, G. (1999). A descriptive study of telementoring among students, subject matter experts, and teachers: Message flow and function patterns. *Journal of Research on Computing in Education, 32*(1), 36—53.

Hartman, D. K., Morsink, P. M., ZHENG, J. (2010). From print to pixels: The evolution of cognitive conceptions of reading comprehension. In E. A. Baker (Ed.), *The new literacies: Multiple perspectives on research and practice.* (131—164). New York, NY: Guilford Press.

Hartman, D. (2004, December). An analysis of the employment opportunities for reading, language arts, and literacy faculty in higher education during the 2003—2004 academic year. Paper presented at the meeting of the National Reading Conference, San Antonio, TX.

Hartman, D. K. (1995). Eight readers reading: The intertextual links of proficient readers reading multiple passages. *Reading Research Quarterly, 30*, 520—61.

Hartman, D. K. (2000). What will be the influences of media on literacy in the next millennium? *Reading Research Quarterly, 35*, 280—2.

Henry, L. A. (2005, April). Information search strategies on the Internet: A critical component of new literacies. *Webology, 2*(1), Article 9. Retrieved May 3, 2007, from http://www.webology.ir/2005/v2n1/a9.html.

Henry, L. A. (2006). SEARCHing for an answer: The critical role of new literacies while reading on the Internet. *The Reading Teacher, 59*, 614—27.

Hirsh, S. G. (1999). Children''s relevance criteria and information seeking on electronic resources. *Journal of the American Society for Information Science, 50*, 1265—83.

Hmelo-Silver, C. E. (2004). Problem-based learning: What and how do students learn? *Educational Psychology Review, 16*, 235—66.

Hobbs, R. (2010, Nov. 10). Copyright clarity: Can my students use images in their writing? Retrieved from http://mediaeducationlab.com/copyright-clarity-can-mystudents-use-imagestheir-writing.

Hull, G., & Schultz, K. (Eds.). (2002). *School's out! Bridging out-of-school literacies with classroom practice*. New York: Teachers College Press.

International ICT Literacy Panel. (2002, May). Digital transformation: A framework for ICT literacy. Retrieved May 1, 2007, from Educational Testing Service website: http://www.ets.org/Media/Tests/Information_and_Communication_Technology_Literacy/ictrepor t.pdf.

International Reading Association. (2001). Integrating literacy and technology in the curriculum: A position statement of the International Reading Association. Newark, DE: Author.

Internet World Stats: Usage and Population Statistics. (n.d.). Internet usage statistics: The big picture. Retrieved October 25, 2005, from http://www.internetworldstats.com/stats.htm.

ISTE National Educational Technology Standards for Students (NETS*S) NETS for Students: Profiles for Technology Literate Students. Available at http://cnets.iste.org/students/s_profiles.html
https://www.iste.org/

Jacobs, G. E. (2008). People, purposes, and practices: Insights from cross-disciplinary research into instant messaging. In J. Coiro, M. Knobel, C. Lankshear, & D. Leu (Eds.), *Handbook of research on new literacies*. Mahwah, NJ: Erlbaum

Jenkins, H. (2006). *Confronting the challenges of participatory culture: Media education for the 21st century*. Chicago: The MacArthur Foundation.

Jenkins, H. (2008). Confronting the challenges of participatory culture: Media Education for the 21st Century. McArthur Foundation.

Kamil, M. L., Mosenthal, P. B., Pearson, P. D., & Barr, R. (Eds.). (2000). *Handbook of reading research* (Vol. 3). Mahwah, NJ: Erlbaum.

Karchmer, R. A. (2001). The journey ahead: Thirteen teachers report how the Internet influences literacy and literacy instruction in their K—12 classrooms. *Reading Research Quarterly, 36*, 442—66.

Kena, G., Musu-Gillette, L., Robinson, J., Wang, X., Rathbun, A., Zhang, J., Wilkinson-Flicker, S., Barmer, A., and Dunlop Velez, E. (2015). *The Condition of Education 2015* (NCES 2015-144). U.S. Department of Education, National Center for Education Statistics. Washington, DC. Retrieved [date] from http://nces.ed.gov/pubsearch.

Kress, G. (2003). *Literacy in the new media age*. London: Routledge.

Kuiper, E., & Volman, M. (2008). The web as a source of information for students in K—12 education. In J. Coiro, M. Knobel, C. Lankshear, & D. Leu (Eds.), *Handbook of research on new literacies*. Mahwah, NJ: Erlbaum.

Labbo, L. D., & Reinking, D. (1999). Negotiating the multiple realities of technology in literacy research and instruction. *Reading Research Quarterly, 34*, 478—92.

Lankshear, C., & Knobel, M. (2003). *New literacies: Changing knowledge and classroom learning*. Buckingham, England: Open University Press.

Laura. R. (2002). *Reader's Handbook. A student Guide for Reading and Learning*. Wilmington, MA: Great Source.

Lebo, H. (2003, February). The UCLA Internet report: Surveying the digital future: Year Three. Retrieved May 12, 2003, from University of California at Los Angeles, Center for Communication Policy website: http://www.digitalcenter.org/pdf/InternetReportYearThree.pdf.

Lemke, J. L. (1998). Metamedia literacy: Transforming meanings and media. In D. Reinking, M. C. McKenna, L. D. Labbo, & R. D. Kieffer (Eds.), *Handbook of literacy and technology: Transformations in a post-typographic world.* (283—301). Mahwah, NJ: Erlbaum.

Lemke, J. L. (2002). Travels in hypermodality. *Visual Communication, 1*, 299—325.

Lenhart, A., Madden, M., & Hitlin, P. (2005, July 27). Teens and Technology: Youth are leading the transition to a fully wired and mobile nation. Retrieved April 15, 2006, from http://www.pewinternet.org/pdfs/PIP_Teens_Tech_July2005web.pdf.

Lenhart, A., Madden, M., Macgill, A., & Smith, A. (2007). *Teens and social media.* Washington, DC: Pew Internet & American Life Project.

Lenhart, A., Simon, M., & Graziano, M. (2001, September 1). The Internet and education: Findings of the Pew Internet & American Life Project. Retrieved October 15, 2005, from http://www.pewinternet.org/pdfs/PIP_Schools_Report.pdf.

Lessig, L. (2004). *Free Culture: How Big Media Uses Technology and the Law to Lock Down Culture and Control Creativity.* New York: Penguin.

Leu, D. J., Jr. (2000). Literacy and technology: Deictic consequences for literacy education in an information age. In M. L. Kamil, P. B. Mosenthal, P. D. Pearson, & R. Barr (Eds.), *Handbook of reading research* (Vol. 3, 743—70). Mahwah, NJ: Erlbaum.

Leu, D. J., Jr. (2001). Internet project: Preparing students for new literacies in a global village. *The Reading Teacher, 54,* 568—72.

Leu, D. J., Jr. (2002). Internet workshop: Making time for literacy. *The Reading Teacher. 55,* 466—72.

Leu, D. J. (2006). New literacies, reading research, and the challenges of change: A

Deictic Perspective. In J. V. Hoffman, D. L. Schallert, C. M. Fairbanks, J. Worthy, & B. Maloch (Eds.), *55th Yearbook of the National Reading Conference.* (1-20). Oak Creek, WI: National Reading Conference.

Leu, D. J., & Castek, J. (2006, April). What skills and strategies are characteristic of accomplished adolescent users of the Internet? In D. J. Leu & D. P. Reinking (Chairs), *Developing Internet reading comprehension strategies among adolescents at risk to become dropouts.* Symposium conducted at the meeting of the American Educational Research Association, San Francisco, CA.

Leu, D. J., Ataya, R., & Coiro, J. (2002, December). Assessing assessment strategies among the 50 states:Evaluating the literacies of our past or our future? Paper presented at the meeting of the National Reading Conference, Miami, FL.

Leu, D. J., Castek, J., Hartman, D. K., Coiro, J., Henry, L. A., Kulikowich, J. M., & Lyver, S. (2005). Evaluating the development of scientific knowledge and new forms of reading comprehension during online learning (Final report submitted to the North Central Regional Educational Laboratory/Learning Point Associates). Retrieved May 15, 2006, from http://www.newliteracies.uconn.edu/ncrel_files/ FinalNCRELReport.pdf.

Leu, D. J., Jr., Kinzer, C. K., Coiro, J. L., & Cammack, D. W. (2004). Toward a theory of new literacies emerging from the Internet and other information and communication technologies. In R. B. Ruddell & N. Unrau (Eds.), *Theoretical models and processes of reading* (5th ed.). (1570—1613). Newark, DE: International Reading Association. Retrieved October 15, 2005, from Reading Online: http://www.readingonline.org/newliteracies/lit_index.asp?HREF=/ newliteracies/leu.

Leu, D. J., Leu, D. D., & Coiro, J. (2004). *Teaching with the Internet K—12: New literacies for new times* (4th ed.). Norwood, MA: Christopher-Gordon.

Leu, D. J., J. Coiro, J., Knobel, M., & Lankshear, C. (Eds). Handbook of research on new lireracies. Mahwah, NJ : Erlcbaym.

LeVine, R. A., LeVine, S. E., & Schnell, B. (2001). "Improve the women": Mass schooling, female literacy, and worldwide social change. *Harvard Educational Review, 71*, 1—50.

Lewis, C., & Fabos, B. (2005). Instant messaging, literacies, and social identities. *Reading Research Quarterly, 40*, 470—501.

Lyman, P., & Varian, H. R. (2003). How Much Information 2003? Available from University of California, Berkeley, School of Information Management and Systems website: http://www.sims.berkeley.edu/research/projects/how-much-info-2003/.

Madden, A., Ford, N., Miller, D., & Levy, P. (2005). Using the Internet in teaching: The views of practitioners (A survey of the views of secondary school teachers in Sheffield, UK). *British Journal of Educational Technology, 36*, 255—80.

Manguel, A. (1996). *A history of reading.* New York: Viking.

Markham, A. N. (1998). *Life online: Researching real experience in virtual space.* Walnut Creek, CA: AltaMira Press.

Marsh, J. and Millard, E. (2000). *Literacy and Popular Culture: Using Children's Culture in the Classroom.* London: Paul Chapman.

Matteucci, N., O'Mahony, M., Robinson, C., & Zwick, T. (2005). Productivity, workplace performance and ICT: Industry and firm-level evidence for Europe and the US. *Scottish Journal of Political Economy, 52*, 359—86.

Mayer, R. E. (2001). *Multimedia learning.* Cambridge, England: Cambridge University Press.

Mikulecky, L., & Kirkley, J. R. (1998). Changing workplaces, changing classes: The new role of technology in workplace literacy. In D. Reinking, M. C. McKenna, L. D. Labbo, & R. D. Kieffer (Eds.), *Handbook of literacy and technology: Transformations in a post-typographic world.* (303—20). Mahwah, NJ: Erlbaum.

McKenzie, J. (2005). *Learning to question to wonder to learn.* Bellingham, WA: FNO Press.

Miller, C., & Bartlett, J. (2012). 'Digital fluency': Toward young people's critical use of the Internet. *Journal of Information Literacy, 6*(2), 35—55.

Mortensen, T. E. (in press). Of a divided mind: Weblog literacy. In J. Coiro, M. Knobel, C. Lankshear, & D. Leu (Eds.), *Handbook of research on new literacies.* Mahwah, NJ: Erlbaum.

Nachmias, R., & Gilad, A. (2002). Needle in a hyperstack: Searching for information on the World Wide Web. *Journal of Research on Technology in Education, 34,* 475—86.

National Institute of Child Health and Human Development (NICHD). (2000). Report of the National Reading Panel: Teaching children to read: An evidence-based assessment of the scientific research literature on reading and its implications for reading instruction (NIH Publication No. 00-4769). Washington, DC: U.S. Government Printing Office.

New London Group. (2000). A pedagogy of multiliteracies designing social futures. In B. Cope & M. Kalantzis (Eds.), *Multiliteracies: Literacy learning and the design of social futures.* (9—37). London: Routledge.

Nielsen//NetRatings. (2004). Three out of four Americans have access to the Internet, according to Nielsen//NetRatings. Retrieved March 18, 2004, from http://www.nielsennetratings.com/pr/pr_040318.pdf.

OECD. (2003). The PISA 2003 Assessment Framework: Mathematics, Reading, Science and Problem Solving Knowledge and Skills, PISA, OECD Publishing.

OECD. (2010). Draft PISA 2012 Mathematics Framework, OECD Publishing. Available at http://www.oecd.org/pisa/pisaproducts/46961598.pdf2 52

OECD. (2010). Pathways to Success: How knowledge and skills at age 15 shape future lives in Canada, PISA, OECD Publishing, Available atwww.OECD.org/dataOECD/59/35/44574748.pdf.

OECD. (2012). PISA 2015 Design [Ref: EDU/PISA/GB(2012)5]. Paper presented at the 33rd meeting of PISA Governing Board, Tallinn, April 2012.

OECD. (2015). PISA 2015 Assessment and Analytical Framework: Science, Reading, Mathematic and Financial Literacy, OECD Publishing(2016, 4. 19). Available at http://www.oecd.org/publications/pisa-2015-assessment-and-analytical-framework-9789264255425-en.htm.

Parsad, B., & Jones, J. (2005). Internet access in U.S. public schools and classrooms: 1994—2003 (NCES 2005—015).Washington, DC: U.S. Department of Education, National Center for Education Statistics. Retrieved October 15, 2005, from http://nces.ed.gov/pubs2005/2005015.pdf.

Persky, A.M., Brazeau, G. a & Hochhaus, G. (2003). Pharmacokinetics of the dietary supplement creatine. *Clinical pharmacokinetics, 42*(6):557–74.

Prensky, M. (2001). Digital natives, digital immigrants. *On the Horizon, 9*(5), 1—6.

Prensky, M. (2012). *Brain gain: Technology and the quest for digital wisdom.* New York, NY: Palgrave McMillan.

RAND Reading Study Group. (2002). Reading for understanding: Toward an R&D program in reading comprehension. Santa Monica, CA: Rand.

Reinking, D. (1998). Introduction: Synthesizing technological transformations of literacy in a posttypographic world. In D. Reinking, M. C. McKenna, L. D. Labbo,

& R. D. Kieffer (Eds.), *Handbook of literacy and technology: Transformations in a post-typographic world.* (xi—xxx). Mahwah, NJ: Erlbaum.

Robin, B. (2008). The effective uses of digital storytelling as a teaching and learning tool. In J. Flood, S. B. Heath, & D. Lapp (Eds.), *Handbook of research on teaching literacy through the communicative and visual arts.* (429—40). New York: Lawrence Erlbaum.

Rosenblatt, L. M. (1938). *Literature as exploration.* New York: Appleton-Century.

Rothstein, D., & Santana. L. (2011). *Make just one change: Teach students to ask their own questions.* Cambridge, MA: Harvard Education Press.

Rouet, J. F. (2006). *The skills of document use: From text comprehension to web-based learning.* Mahwah, NJ: Lawrence Erlbaum Associates.

Steinkuehler, C. A. (in press). Cognition and literacy in massively multiplayer online games. In J. Coiro, M. Knobel, C. Lankshear, & D. Leu (Eds.), *Handbook of research on new literacies.* Mahwah, NJ: Erlbaum.

Ruddell, R. B., & Alvermann, D. (Eds.). (2013). *Theoretical Models and Processes of Reading*, Sixth Edition, Newark, DE: International Reading Association.

Rushkoff, D. (2010). Digital nation: Life on the virtual frontier. Retrieved May 18, 2011, from http://www.pbs.org/wgbh/pages/frontline /digitalnation/view/.

Street, B. (2003). What's "new" in new literacy studies? Critical approaches to literacy in theory and practice. *Current Issues in Comparative Education*, 5, 77—91.

Street, Brian V. (2003). "What's "new" in New Literacy Studies? Critical approaches to literacy in theory and practice". *Current issues in comparative education*, 5(2): 77—91.

Street, Brian V. (2003). "The limits of the local 'autonomous' or 'disembedding'". *International Journal of Learning, 10*, 2825–2830.

Siegel, M. (2006). Rereading the signs: Multimodal transformations in the field of literacy education. *Language Arts, 84*, 65—7.

Street, B. V. (1995). *Social literacies: Critical approaches to literacy in development, ethnography and education*. London: Longman.

Taboada, A., & Guthrie, J. T. (2006). Contributions of student questioning and prior knowledge to construction of knowledge from reading information text. *Journal of Literacy Research, 38*, 1—35.

Tao, L., & Reinking, D. (2000). Issues in technology: E-mail and literacy education. *Reading and Writing Quarterly, 16*, 169—74.

The National Commission on Writing in America's Schools and Colleges. (2004, September). *Writing: A ticket to work···Or a ticket out: A survey of business leaders*. New York: College Entrance Examination Board. Retrieved from http://www.writingcommission.org/prod_downloads/writingcom/writing-ticket-to-work.pdf.

The National Commission on Writing in America's Schools and Colleges. (2005, July). *Writing: A powerful message from state government*. New York: College Entrance Examination Board. Retrieved from http://www.writingcommission.org/prod_downloads/writingcom/powerful-message-from-state.pdf.

Thomas, A. (2008). *Youth Online: Identity and Literacy in the Digital Age*. New York, NY: Peter Lang.

Thomas, A. (in press). Cyberspace, cybercommunity, cyberculture, cybercitizenship. In J. Coiro, M. Knobel, C. Lankshear, & D. Leu (Eds.), *Handbook of research on new literacies*. Mahwah, NJ: Erlbaum.

U.S. Department of Education, National Center for Education Statistics. (2005). *The Condition of Education 2005 (NCES 2005–094). Washington, DC: U.S. Government Printing Office.*

U.S. Department of Commerce. (2002). A nation online: How Americans are expanding their use of the Internet. Washington, DC: Author.

van Ark, B., Inklaar, R., & McGuckin, R. H. (2003). ICT and productivity in Europe and the United States: Where do the differences come from? *CESifo Economic Studies, 49,* 295–318.

Vasudevan, L. M. (2006). Looking for angels: Knowing adolescents by engaging with their multimodal literacy practices. *Journal of Adolescent & Adult Literacy, 50,* 252–56.

Walraven, A., Brand-Gruwel, S., & Boshuizen, H. P. (2009). How students evaluate information and sources when searching the World Wide Web for information. *Computers & Education, 52,* 234–246.

Ware, P. D. (2006). From sharing time to showtime! Valuing diverse venues for storytelling in technology-rich classrooms. *Language Arts, 84,* 45–4.

Webber, S., & Johnson, B. (2000). Conceptions of information literacy: New perspectives and implications. *Journal of Informational Science, 26,* 381–97.

## ― 반복 리딩 효과에 관한 참고 문헌

1. Fluency and Comprehension Gains as a Result of Repeated Reading.

2. Fluency and Comprehension Gains as a Result of Repeated Reading: A Meta-Analysis.

3. The effect of practice through repeated reading on gain in reading ability using a

computer-based instructional system. *Reading Research Quarterly, 16*, 374—390.

4. The Effects of Repeated Readings and Attentional Cues on Reading Fluency and Comprehension.

## — Web Sites for Reference

Rio Hondo Community College Library.

http://library.riohondo.edu/Research_Help/Research_Topics/index.htm.

http://www.newliteracies.uconn.edu/iesproject/.

http://www.reading.org/resources/issues/positions_coach.html).2004.

http:www.google.co.kr/search?q=bloom's+revised+taxonomy&newwindow.

http://newliteracies.uconn.edu/.

http://coiroevidosol.wikispaces.com/.

https://www.googlesciencefair.com/en/.

http://www.standards.dfes.gov.uk/primaryframework/assessment/dafl/lt/qd.

https://www.facinghistory.org/resource-library/teaching-strategies/text-text-text-self-text-world.

http://www.csulb.edu/library/subj/Paper_Topics/hottopics/index.html.

http://www.allergy.or.kr/.

http://www.ginasthma.org/.

http://www.ginasthma.org/documents/1/Pocket-Guide-for-Asthma- Management-and-Prevention.

http://www.ginasthma.org/.

http://www.newliteracies.uconn.edu/reading.html.

http://www.innerbody.com/ htm/body.html.

http://www.wordsorting.org.

http://animalstime.com/how-long-do-ants-live-in-the-same-place/.

http://books.google.co.kr/books?id=nTwbBAAAQBAJ&pg=PA91&dq.

https://pjgalien.wordpress.com/tag/spatial-order-paragraph/.

http://pjgalien.wordpress.com by Patricia Galien.

http://www.durasupreme.com/sites/aaidura.victor.aaidev.net/files/One_wall.jpg.

http://lrs.ed.uiuc.edu/students/fwalters/cause.html.

http://thequantum-class.blogspot.kr/2011/12/writing-paragraph-using-order-of.html.
Quantum Class by Indah Rahmawati.

http://myreadwritebooster.wordpress.com/writing-3/2-paragraph-writing/10-
paragraph-of-comparison-and-contrast/.

http://examples.yourdictionary.com/what-are-examples-classification-paragraphs.
html.

http://prezi.com/o5qyvra15olw/1012/ - 말하기 쓰기능력 신장을 위한 초등영어교육의
방향.

http://www.differencebetween.net/technology/internet/difference-between-web-1-0-
and-web-2-0/

## 김
## 지
## 숙

    현재 상지대학교 조교수로 재직하고 있다. 또한, 중앙대, 가천대 및 강남대 외래교수, 그리고 한국연구재단 연구교수로 재직하였다.

    대학졸업 후 고등학교 영어교사로 교육일선에서 학생들의 효과적인 교수학습 활동을 위해 교육매체의 필요성을 느끼게 되었다.

    이후 미국 네바다 주립대학교(University of Nevada, Reno)의 초등교육학 석사과정에서 교육매체 기반 리터러시 교육에 관심을 가졌다. 졸업 후 오랜 기간 ㈜JC인터랩 언어교육 연구소에서 수석연구원과 원장으로 재임하며 우리나라 사교육현장에 적합한 영어 리터러시 교육 프로그램에 관심을 갖고 교실수업용 컴퓨터 프로그램과 다양한 영어교육 관련 교재를 개발해왔다. 특히 교실수업에서 실제 적용 가능한 효과적인 교수학습 방법을 위해 교사교육에도 치중하였다.

    하지만 교육현장의 영어 리터러시 수업이 언어학습 자체에 초점을 두었던 현실에 한계를 느끼고 중앙대학교 박사과정에서 내용중심교육(CBI) 및 내용과 언어의 통합교육(CLIL)을 위한 영어교수학습 전략을 연구하였다. 이때 초등학교 현장에서 교과목 중심의 영어 이머전(몰입) 교육 디렉터 및 리터러시 전문코치로 재직하며 우리나라 초등학교 교과과정에 맞춘 독창적인 영어 이머전 교육과정과 영어 리터러시 교수학습 방법을 연구 개발하였고 이의 성공적인 성과를 이루어 냈다.

이후 ㈜능률교육 영어교육 연구소장을 역임하며 영어교육에 대한 이론과 교육현장의 실제를 연결하는 연령에 맞는 영어교육 프로그램 개발 및 그에 따른 연령별 효과적인 교수학습 방법을 수립하는 데 기여하였다. 뿐만 아니라 국내외 영어교육 방향과 전망을 예측하고 이를 교육현장과 수준에 맞는 영어교육 방향을 제시하고 영어교육 컨설팅을 해왔다.

대표 저서로는 『뉴 리터러시 교육』(2014, 동인), 『초등영어몰입교육 : CBI와 CLIL 기반 영어 상용화 학습활동』(공저), 『유비쿼터스시대 이젠 교육도 경영이다』(공저) 및 영어교육 관련 실용서가 다수 있으며, 『교과학습에서 뉴 리터러시 학습』(2016, 국학자료원)이 출판 예정되어있다.

논문으로는 「인성기반 창의·융합적 리터러시 교육—뉴 3Rs 리터러시 언어학습 모형을 중심으로」, 「창의·융합적 인재 양성을 위한 초등 뉴 리터러시 교수학습 방법과 프로토콜」, 「뉴 리터러시 교육에서 주제통합학습 성과 고찰」, 「조기 영어몰입수업에서 업테이크와 지연된 학업성취도와의 상호관계성 연구」, 「영어 몰입수업의 담화유형과 학생 오류 연구 : 대립균형 교수학습활동의 적용」, 「수준별 조기영어 몰입수업에서 형태초점 교수전략 효과연구」, 「몰입식 초등영어교육에서 교정피드백과 업테이크 상호관련성 연구」 등이 있다.

인문학 접근의 창의 · 융합적 인재양성의 길잡이

# 뉴 리터러시 학습 길잡이

| | |
|---|---|
| 초판 1쇄 인쇄일 | 2016년 7월 2일 |
| 초판 1쇄 발행일 | 2016년 7월 3일 |

| | |
|---|---|
| 지은이 | 김지숙 |
| 펴낸이 | 정진이 |
| 편집장 | 김효은 |
| 편집 / 디자인 | 우정민 백지윤 박재원 |
| 마케팅 | 정찬용 정구형 |
| 영업관리 | 한선희 이선건 최인호 최소영 |
| 책임편집 | 우정민 |
| 인쇄처 | 국학인쇄사 |
| 펴낸곳 | 국학자료원 새미(주) |
| | 등록일 2005 03 15 제251002005000008호 |
| | 서울시 강동구 성내동 447-11 현영빌딩 2층 |
| | Tel 442-4623 Fax 6499-3082 |
| | www.kookhak.co.kr |
| | kookhak2001@hanmail.net |

| | |
|---|---|
| ISBN | 979-11-86478-99-8 *93370 |
| 가격 | 25,000원 |